영어가 트이는 영단어 암기법

국어단어 잘 잡고
영어단어 꽉 잡기

렛츠북

목차

save	살리다	6
age	나이 / 나이 들다 / 나이 들게 하다	8
old	나이 든	8
cover	덮다 / 덮개	10
net	그물 / 그물을 치다 / 그물에 넣다 / 그물의	12
suit	한 벌 / 한 벌이다 / 한 벌이 되게 하다	12
lie	1. 눕다 / 누워 있다 2. 거짓말 / 거짓말하다	14
lay	눕혀 놓다	14
leave	두고 가다	16
have ①②	가지다 / 가지고 있다 / 가지게 하다	18
stay	머물다 / 머물게 하다 / 머물기	22
fill	가득 채우다	24
full	가득한	24
get ①②	1. 얻다 / 얻게 하다 2. 받다 / 받게 하다	26
tie	묶다 / 묶이다 / 묶임 / 묶는 것	30
brush	솔 / 솔질 / 솔질하다 / 솔에 닿다	30
make ①②	만들다	32
carry	들고 나르다 / 들고 날라지다	36
run ①②	달리다 / 달리게 하다 / 달리기	38
light	빛 / 빛의 / 빛을 놓다	42
head	머리 / 머리가 되는 / 머리가 되다 / 머리를 두다	44
excuse	이유를 없애다 / 이유 없애기	44
call	부르다 / 부르짖다 / 부름	46

buy	사다	48
sell	팔다 / 팔리다	48
rule	자 / 자를 대다	50
ruler	자 / 자를 대는 사람	50
spread	1. 퍼지다 / 퍼뜨리다 / 퍼지는 것　　2. 펴지다 / 펴다 / 펴는 것	52
hang	1. 걸다 / 걸리다　　2. 달다 / 달리다	54
try	1. 해 보다　　2. 시험해 보다	56
grow	자라다 / 자라게 하다	58
wear	입다 / 입히다 / 입는 것	60
balance	양팔저울 / 양팔저울질하다 / 양팔저울이다	60
sharp	날카로운	62
search	뒤지다 / 뒤지기	62
move	움직이다 / 움직이게 하다 / 움직임	64
top	맨 위 / 맨 위의 / 맨 위이다 / 맨 위에 놓다	66
rise	오르다 / 오름	68
raise	올리다 / 올림	68
season	계절 / 계절을 들이다	70
life	삶	70
put ①②	두다	72
board	판자 / 판자를 대다	76
air	공기 / 공기에 두는 / 공기에 두다 / 공기에 두는 것	76
bring	1. 가져오다　　2. 데려오다	78
take ①②	1. 가져가다　　2. 취하다　　3. 데려가다	80

work	일하다 / 일 시키다 / 일 / 일한 것	84
follow	따라가다	86
break	깨다 / 깨지다 / 깨는 것	88
color	색 / 색의 / 색칠하다 / 색되다	90
paint	물감 / 물감칠하다	90
for ①②	~에 대응하여 / ~에 대응한	92
pick	쏙 집다	96
catch	잡다 / 잡히다 / 잡는 것 / 잡은 것	98
dress	옷을 입다 / 옷을 입히다 / 옷	100
treat	대하다	100
lose	잃다 / 잃게 하다	102
master	달인 / 달인이 되다	104
hot	뜨거운	104
figure	형상화하다 / 형상화된 것	106
turn	돌다 / 돌리다 / 도는 것	108
play	놀다 / 놀리다 / 놀이 / 놀리는 것	110
wash	씻다 / 씻기다	112
rank	줄 서다 / 줄 세우다 / 줄	112
reach	손을 뻗다 / 손 뻗기	114
sink	가라앉다 / 가라앉히다 / 가라앉히는 것	116
dig	파다	116
enter	들어가다 / 들어가게 하다	118
charge	짐을 지우다 / 짐을 지다 / 짐 지우는 것	118

stand	서다 / 서 있다 / 서게 하다 / 서게 하는 것	120
come	오다	122
apply	대다 / 대어지다	124
paper	종이 / 종이의	124
give	주다	126
cast	던지다 / 던지는 것 / 던지는 사람들	128
way	길	130
study	파고들다 / 파고들기 / 파고드는 곳	130
build	쌓아올리다 / 쌓여 올라가다	132
twist	비틀다 / 비틀리다 / 비틀기	134
power	힘 / 힘의 / 힘을 주다	134
with ①②	~와 함께하여 / ~와 함께한	136
set	앉혀놓다 / 앉혀지다 / 앉혀놓은 / 앉혀놓은 것	140
settle	자리잡다 / 자리잡게 하다	142
fall	떨어지다 / 떨어지는 것	144
drop	뚝 떨어지다 / 뚝 떨어뜨리다 / 뚝 떨어짐	146
go	가다	148
drive	몰다 / 몰리다 / 몰기	150
pass	지나가다 / 지나가게 하다 / 지나가게 하는 것	152
beat	두들기다 / 두들겨지다 / 두들김	154
hit	때리다 / 때리기	156
strike	탁 치다 / 탁 치이다 / 탁 치기	156
fix	고정시키다	158

save [쎄입] [세이브]

살리다

(생명, 목숨을) 살리다 = 구하다	빠른 응급 처치로 소중한 생명을 save
(생명, 목숨을) 살리다 = 살려주다, 구하다	나무에서 떨어진 아기 새를 save
(위험, 위기에서) 살리다 = 구해주다, 구해내다, 구하다	자동차에 치일 뻔한 사람을 save
(위험, 위기에서) 살리다 = 구조하다, 구하다	그물에 걸린 돌고래를 save
(재난, 재앙에서) 살리다 = 구조하다, 구출하다	폭설로 고립된 사람들을 save
(어려움, 가난 등에서) 살리다 = 돕다, 도와주다, 구제하다	선배 가수가 무명의 후배 가수를 save
(곤란, 난처함 등에서) 살리다 = 도와주다, 돕다, 구제하다	친구들의 짓궂은 질문에 당황하는 남자친구를 save
(신이 사람의 영혼을) 살리다 = 구원하다	신이 그의 영혼을 save
(위기의 지구를) 살리다 = 구하다, 소중히 하다, 보호하다, 지키다	기후 변화로 시름하는 지구를 save
(위기의 바다를) 살리다 = 구하다, 소중히 하다, 보호하다, 지키다	쓰레기로 가득한 바다를 save
(위기의 인류, 세계 등을) 살리다 = 구하다	식량 위기에 빠진 인류를 save
(위기의 회사, 기업을) 살리다 = 구하다	히트 상품으로 파산 직전의 회사를 save
(체면을) 살리다 = 세우다	동생과의 팔씨름을 간신히 이겨서 형의 체면을 save
(잃을 뻔한 명예, 평판을) 살리다 = 지키다	거짓 소문을 잠재우고 실추된 명예를 save
(잃을 뻔한 손실을) 살리다 = 만회하다, 메꾸다	매장의 판매 부진을 배달로 save
(공간을) 살리다 = (공간을) 비워 두다, 남겨 두다	책상 놓을 자리를 save
(자리를) 살리다 = (자리를) 맡아 두다, 남겨 두다, 비워 두다	학원에 먼저 와서 친구의 자리를 save
(음식을) 살리다 = (먹지 않고) 남겨 두다, 챙겨 두다	언니를 위해 피자를 save
(음식을) 살리다 = (먹다 남아서) 보관하다, 남겨 놓다	치킨이 남아서 내일 먹으려고 save
(수비로 팀과 얻은 점수를) 살리다 = (상대 팀의 공격을) 막다, 구하다	골키퍼가 상대편의 슛으로부터 save
(파일을 컴퓨터 저장 장치에) 살리다 = 저장하다	작업한 워드 파일을 save
(장래를 위하여 돈을) 살리다 = 저축하다, 저금하다	미래를 대비해 돈을 save
(모아서 돈을) 살리다 = (돈을) 모으다, 저축하다	집을 사기 위해 월급을 save
(아껴서 돈을) 살리다 = (돈을) 아끼다, 절약하다	도시락을 싸서 점심값을 save
(전기, 에너지 등을) 살리다 = 아끼다, 절약하다	절전형 제품으로 전기를 save
(물, 가스 등을) 살리다 = 절약하다, 아끼다	비누칠하는 동안 수도꼭지를 닫아 물을 save
(세제, 샴푸, 종이, 티슈 등을) 살리다 = 절약하다, 아끼다	불필요한 사용량을 줄여서 세제를 save
(시간을) 살리다 = (시간을) 아끼다, 절약하다	온라인 주문으로 쇼핑 시간을 save
(시간을) 살리다 = (시간을) 절약하다, 아끼다	고속 열차가 개통되어 이동 시간을 save
(날, 시간을) 살리다 = (날, 시간을) 비워 두다, 남겨 두다	맞선이 있어서 토요일에 시간을 save
(인력, 인건비를) 살리다 = (인력, 인건비를) 아끼다, 절약하다	무인 계산대를 설치하여 인건비를 save
(일하기 위해 힘을) 살리다 = (힘을) 아껴 두다, 아끼다	내일 중요한 일을 위해 힘을 save
(수고, 절차로부터) 살리다 = (수고, 절차를) 덜다, 하지 않아도 되다	인터넷 발급으로 발급처에 갈 수고를 save
(노동, 작업으로 부터) 살리다 = (힘든 일을) 하지 않아도 되다	로봇으로 인해 위험한 작업에서 save

빠른 응급 처치로 소중한 생명을 **살리다**	빠른 응급 처치로 소중한 생명을 **구하다**
나무에서 떨어진 아기 새를 **살리다**	나무에서 떨어진 아기 새를 **살려주다**
자동차에 치일 뻔한 사람을 **살리다**	자동차에 치일 뻔한 사람을 **구해주다**
그물에 걸린 돌고래를 **살리다**	그물에 걸린 돌고래를 **구조하다**
폭설로 고립된 사람들을 **살리다**	폭설로 고립된 사람들을 **구조하다**
선배 가수가 무명의 후배 가수를 **살리다**	선배 가수가 무명의 후배 가수를 (인기를 얻게) **돕다**
친구들의 짓궂은 질문에 당황하는 남자친구를 **살리다**	친구들의 짓궂은 질문에 당황하는 남자친구를 **도와주다**
신이 그의 영혼을 **살리다**	신이 그의 영혼을 **구원하다**
기후 변화로 시름하는 지구를 **살리다**	기후 변화로 시름하는 지구를 **구하다**
쓰레기로 가득한 바다를 **살리다**	쓰레기로 가득한 바다를 **구하다** (청소하다, 정화하다)
식량 위기에 빠진 인류를 **살리다**	식량 위기에 빠진 인류를 **구하다**
히트 상품으로 파산 직전의 회사를 **살리다**	히트 상품으로 파산 직전의 회사를 **구하다**
동생과의 팔씨름을 간신히 이겨서 형의 체면을 **살리다**	동생과의 팔씨름을 간신히 이겨서 형의 체면을 **세우다**
거짓 소문을 잠재우고 실추된 명예를 **살리다**	거짓 소문을 잠재우고 실추된 명예를 **지키다**
매장의 판매 부진을 배달로 **살리다**	매장의 판매 부진을 배달로 **만회하다**
책상 놓을 자리를 **살리다**	책상 놓을 자리를 **비워 두다**
학원에 먼저 와서 친구의 자리를 **살리다**	학원에 먼저 와서 친구의 자리를 **맡아 두다**
언니를 위해 피자를 **살리다**	언니를 위해 피자를 **남겨 두다**
치킨이 남아서 내일 먹으려고 **살리다**	치킨이 남아서 내일 먹으려고 **보관하다**
골키퍼가 상대편의 슛으로부터 **살리다**	골키퍼가 상대편의 슛을 **막다** (수비로 팀을 구하다)
작업한 워드 파일을 **살리다**	작업한 워드 파일을 **저장하다**
미래를 대비해 돈을 **살리다**	미래를 대비해 돈을 **저축하다**
집을 사기 위해 월급을 **살리다**	집을 사기 위해 월급을 **모으다**
도시락을 싸서 점심값을 **살리다**	도시락을 싸서 점심값을 **아끼다**
절전형 제품으로 전기를 **살리다**	절전형 제품으로 전기를 **아끼다**
비누칠하는 동안 수도꼭지를 닫아 물을 **살리다**	비누칠하는 동안 수도꼭지를 닫아 물을 **절약하다**
불필요한 사용량을 줄여서 세제를 **살리다**	불필요한 사용량을 줄여서 세제를 **절약하다**
온라인 주문으로 쇼핑 시간을 **살리다**	온라인 주문으로 쇼핑 시간을 **아끼다**
고속 열차가 개통되어 이동 시간을 **살리다**	고속 열차가 개통되어 이동 시간을 **절약하다**
맞선이 있어서 토요일에 시간을 **살리다**	맞선이 있어서 토요일에 시간을 **비워 두다**
무인 계산대를 설치하여 인건비를 **살리다**	무인 계산대를 설치하여 인건비를 **아끼다**
내일 중요한 일을 위해 힘을 **살리다**	내일 중요한 일을 위해 힘을 **아껴 두다**
인터넷 발급으로 발급처에 갈 수고를 **살리다**	인터넷 발급으로 발급처에 갈 수고를 **덜다**
로봇으로 인해 위험한 작업에서 **살리다**	로봇으로 인해 위험한 작업을 **하지 않아도 되다**

age [에이쥐] [에이쥐]

나이 / 나이 들다 / 나이 들게 하다

(사람의) 나이 = 연령, 연세	아이가 학교에 갈 **age**가 되다
(나무, 동물 등 생물의) 나이 = 수령 (나무의 나이)	이 소나무의 **age**는 약 300년쯤 된다
(지구, 건물 등 사물의) 나이	지구와 태양의 **age**를 유추하다
(삶의) 나이 = 수명, 일생	식생활의 개선으로 **age**가 늘어나다
(시대 구별의) 나이 = 시대, 연대	**age**를 앞서가는 새로운 장르의 음악이 나오다
(세대 구별의) 나이 = 시기, 세대	기술이 비약적으로 발전하는 새로운 **age**가 오다
(많은) 나이 = 노년, 고령, 노령, 노인, 노인들	그는 **age**가 되어 활발한 취미 활동을 한다
(생애의 특정한) 나이 = ~년 (성년, 중년, 노년 등), 성년	어느새 우리는 {중간 **age**}가 되다
(사람, 동물이) 나이 들다 = 나이를 먹다, 늙다	한 해가 지나고 또 **age**
(사람, 동물이) 나이 들다 = 늙다, 나이를 먹다	한평생 일만 하다 **age**
(물건이) 나이 들다 = 낡다, 오래되다, 묵다	책상이 **age**
(술, 치즈 등이) 나이 들다 = 숙성하다, 익다	작년에 담근 포도주가 **age**
(술, 치즈 등을) 나이 들게 하다 = 숙성시키다, 익히다	숙성실에서 치즈를 **age**
(걱정이나 병 등이) 나이 들게 하다 = 늙게 하다, 나이 먹게 하다	밤샘 근무가 그의 얼굴을 **age**

old [오울(ㄷ)] [올드]

나이 든

나이 든 = 나이 먹은, 노련한	**old** 사람에게 지혜를 얻다
나이 든 = (사람, 동식물이) 늙은, 나이 먹은	**old** 호박으로 요리를 하다
나이 든 = (실제로) 나이 많은, 고령의, 노년의	젊은 사람 보다 **old** 사람들의 행복감이 더 높다
나이 든 = (비교하여) 나이 많은, 연상의	**old**est 멤버가 그룹의 리더가 되다
나이 든 = 나이 많아 보이는, 늙어 보이는, 조숙한	학생이 **old** 사람에게 자리를 양보하다
나이 든 = (물건, 집, 건물, 도로 등이) 오래된, 낡은, 옛날의	**old** 집을 수리하다
나이 든 = (방식, 방법, 수단 등이) 옛날의, 오래된, 오랜	**old** 방식으로 간장을 담그다
나이 든 = (습관, 관습, 문화, 제도, 역사 등이) 오래된, 낡은, 옛날의	**old** 습관을 고치기는 쉽지 않다
나이 든 = (알고 지낸 지가) 오랜, 오래된, 오래 사귄	**old** 친구들과 저녁 식사를 하다
나이 든 = (물건이) 낡은	자동차의 **old** 부품을 교체하다
나이 든 = (물건이) 헌	베란다에 있는 **old** 옷들을 정리하다
나이 든 = (음식, 물건, 건물, 땅 등이) 묵은, 숙성된	**old** 김치로 찌개를 만들다
나이 든 = (생각, 농담 등이) 시대에 뒤떨어진, 케케묵은, 구식의	회사 임원들이 **old** 사고방식을 고집하다
나이 든 = (시간이) 옛날의, 예전의, 고대의, 오래된	**old** 영화를 보다
나이 든 = (나이가) ~살의, ~세의, ~살 먹은	아이가 어느새 {5년 **old** 이다}
나이 든 = (제품 나이가, 연식이) ~된	7년 **old** 자동차가 아직 새것 같다

아이가 학교에 갈 **나이**가 되다	아이가 학교에 갈 **연령**이 되다
이 소나무의 **나이**는 약 300년쯤 된다	이 소나무의 **수령**은 약 300년쯤 된다
지구와 태양의 **나이**를 유추하다	지구와 태양의 **나이**를 유추하다
식생활의 개선으로 **나이**가 늘어나다	식생활의 개선으로 **수명**이 늘어나다
나이를 앞서가는 새로운 장르의 음악이 나오다	**시대**를 앞서가는 새로운 장르의 음악이 나오다
기술이 비약적으로 발전하는 새로운 **나이**가 오다	기술이 비약적으로 발전하는 새로운 **시기**가 오다
그는 **나이**가 되어 활발한 취미 활동을 한다	그는 **노년**이 되어 활발한 취미 활동을 한다
어느새 우리는 {중간 **나이**}가 되다	어느새 우리는 {중년}이 되다
한 해가 지나고 또 **나이 들다**	한 해가 지나고 또 **나이를 먹다**
한평생 일만 하다 **나이 들다**	한평생 일만 하다 **늙다**
책상이 **나이 들다**	책상이 **낡다**
작년에 담근 포도주가 **나이 들다**	작년에 담근 포도주가 **숙성하다**
숙성실에서 치즈를 **나이 들게 하다**	숙성실에서 치즈를 **숙성시키다**
밤샘 근무가 그의 얼굴을 **나이 들게 하다**	밤샘 근무가 그의 얼굴을 **늙게 하다**

나이 든 사람에게 지혜를 얻다	**나이 먹은** 사람에게 지혜를 얻다
나이 든 호박으로 요리를 하다	**늙은** 호박으로 요리를 하다
젊은 사람 보다 **나이 든** 사람들의 행복감이 더 높다	젊은 사람 보다 **나이 많은** 사람들의 행복감이 더 높다
가장 **나이 든** 멤버가 그룹의 리더가 되다	가장 **나이 많은** 멤버가 그룹의 리더가 되다
학생이 **나이 든** 사람에게 자리를 양보하다	학생이 **나이 많아 보이는** 사람에게 자리를 양보하다
나이 든 집을 수리하다	**오래된** 집을 수리하다
나이 든 방식으로 간장을 담그다	**옛날(의)** 방식으로 간장을 담그다
나이 든 습관을 고치기는 쉽지 않다	**오래된** 습관을 고치기는 쉽지 않다
나이 든 친구들과 저녁 식사를 하다	**오랜** 친구들과 저녁 식사를 하다
자동차의 **나이 든** 부품을 교체하다	자동차의 **낡은** 부품을 교체하다
베란다에 있는 **나이 든** 옷들을 정리하다	베란다에 있는 **헌** 옷들을 정리하다
나이 든 김치로 찌개를 만들다	**묵은** 김치로 찌개를 만들다
회사 임원들이 **나이 든** 사고방식을 고집하다	회사 임원들이 **시대에 뒤떨어진** 사고방식을 고집하다
나이 든 영화를 보다	**옛날(의)** 영화를 보다
아이가 어느새 {5년 **나이 든**}이다 (5년 나이 들다)	아이가 어느새 {5년 **살(의)**}이다 (5살이다)
7년 나이 든 자동차가 아직 새것 같다	**7년 된** 자동차가 아직 새것 같다

cover [커ᵇ릴] [커버]

덮다 / 덮개

(흙, 진흙, 모래 등으로) 덮다	웅덩이를 흙으로 cover
(먼지, 가루 등으로) 덮다 = 뒤덮다	먼지가 창고를 cover
(하늘을 구름, 새떼 등이) 덮다 = 뒤덮다	먹구름이 하늘을 cover
(땅을 눈, 사막, 잔디 등이) 덮다 = 뒤덮다	눈이 온 세상을 하얗게 cover
(더위 등의 기온이) 덮다 = 뒤덮다	무더위가 전국을 cover
(보호하기 위해) 덮다 = 씌우다, 덧씌우다	폭우가 쏟아져서 야구장을 방수천으로 cover
(가리기 위해) 덮다 = 가리다	개발 중인 신차의 일반 도로 주행에 앞서 외관을 cover
(몸, 머리 등을 옷이나 모자로) 덮다 = (덮어) 입다, 쓰다, 두르다	오리털 점퍼를 cover
(영광, 명예 등을) 덮다 = (영광, 명예 등을) 입다	피아노 콩쿠르 대회에서 대상의 영광을 cover
(머리카락으로 눈, 얼굴 등을) 덮다 = 가리다, 뒤덮다	긴 앞머리가 눈을 cover
(주근깨 등이 얼굴을) 덮다 = 뒤덮다, 가득하다	주근깨가 얼굴을 cover
(좋은 감정, 표정 등이) 덮다 = (덮어) 나타나다, 드러나다	그를 좋아하는 표정이 그녀의 얼굴을 cover
(슬픈 감정, 표정 등을) 덮다 = (덮어) 감추다, 숨기다	슬픈 표정을 애써 cover
(자신의 실수, 과오 등을) 덮다 = (덮어) 감추다, 숨기다	그가 아내 몰래 바람피운 것을 cover
(남의 실수, 과오 등을) 덮다 = 감싸주다, 모른 체해주다	부하 직원의 실수를 cover up
(남의 범행, 부정행위 등을) 덮다 = 눈감아 주다, 없던 일로 해 주다	배가 고파서 빵 훔친 사람의 잘못을 cover up
(자리 비운 사람의 일을) 덮다 = 대신하다, 떠맡다	휴가 중인 동료 아나운서의 자리를 cover
(다른 병사를 보호하여) 덮다 = 엄호하다, 엄호 사격하다	아군이 무사히 다리를 건너도록 뒤에서 cover
(벽지, 페인트, 타일 등을) 덮다 = 바르다, 칠하다, 붙이다	낡은 벽지를 뜯고 새 벽지를 cover
(기존 음악을 다른 색으로) 덮다 = 커버하다 (덮어서 새롭게 하다)	후배 가수가 선배 가수의 노래를 cover
(범위를) 덮다 = 차지하다, 이르다, 걸치다	이 나라는 국토의 95%를 사막이 cover
(범위를) 덮다 = 이르다, 걸치다, 차지하다	가전제품이 회사 매출의 70%를 cover
(범위를) 덮다 = 포함하다, 걸치다, 이르다	결혼생활은 행복뿐만 아니라 많은 갈등을 cover
(이동 거리를) 덮다 = (얼마만큼의 거리를 덮어) 가다, 이동하다	3시간 걸어서 7km의 거리를 cover
(돈으로) 덮다 = 충당하다, 대다, 부담하다	이번 달 보너스로 냉장고 구입비를 cover
(돈으로) 덮다 = 부담하다, 대다	부모님이 자녀의 학자금을 cover
(사건 등을 뉴스 내용으로) 덮다 = 취재하다, 다루다	방송국에서 사고 현장을 cover
(전망 등을 뉴스 내용으로) 덮다 = 보도하다, 다루다	내년의 경제 전망을 상세히 cover
(병, 필기구 등의) 덮개 = 뚜껑, 커버	병 cover을 열다
(책의) 덮개 = (책의) 표지, 커버	잡지의 5월호 cover에 신인 배우의 얼굴이 실리다
(앨범의) 덮개 = (앨범의) 표지, 자켓, 커버	앨범 cover를 가수가 직접 디자인하다
(각종 물건의) 덮개 = 커버, 씌우개, 가리개	의자 cover를 새것으로 교체하다
(침대의) 덮개 = (침대의) 커버	침대 cover을 세탁하다
(기존 음악의) 덮개 = (기존 음악의) 커버, 커버곡, 커버 버전	비틀즈의 '예스터데이'는 다양한 cover이 있다

웅덩이를 흙으로 **덮다**	웅덩이를 흙으로 **덮다**
먼지가 창고를 **덮다**	먼지가 창고를 **뒤덮다**
먹구름이 하늘을 **덮다**	먹구름이 하늘을 **뒤덮다**
눈이 온 세상을 하얗게 **덮다**	눈이 온 세상을 하얗게 **뒤덮다**
무더위가 전국을 **덮다**	무더위가 전국을 **뒤덮다**
폭우가 쏟아져서 야구장을 방수천으로 **덮다**	폭우가 쏟아져서 야구장을 방수천으로 **씌우다**
개발 중인 신차의 일반 도로 주행에 앞서 외관을 **덮다**	개발 중인 신차의 일반 도로 주행에 앞서 외관을 **가리다**
오리털 점퍼를 **덮다**	오리털 점퍼를 **입다**
피아노 콩쿠르 대회에서 대상의 영광을 **덮다**	피아노 콩쿠르 대회에서 대상의 영광을 **입다**
긴 앞머리가 눈을 **덮다**	긴 앞머리가 눈을 **가리다**
주근깨가 얼굴을 **덮다**	주근깨가 얼굴을 **뒤덮다**
그를 좋아하는 표정이 그녀의 얼굴을 **덮다**	그를 좋아하는 표정이 그녀의 얼굴에 **나타나다**
슬픈 표정을 애써 **덮다**	슬픈 표정을 애써 **감추다**
그가 아내 몰래 바람피운 것을 **덮다**	그가 아내 몰래 바람피운 것을 **감추다**
부하 직원의 실수를 **덮다**	부하 직원의 실수를 **감싸주다**
배가 고파서 빵 훔친 사람의 잘못을 **덮다**	배가 고파서 빵 훔친 사람의 잘못을 **눈감아 주다**
휴가 중인 동료 아나운서의 자리를 **덮다**	휴가 중인 동료 아나운서의 자리를 **대신하다**
아군이 무사히 다리를 건너도록 뒤에서 **덮다**	아군이 무사히 다리를 건너도록 뒤에서 **엄호하다**
낡은 벽지를 뜯고 새 벽지를 **덮다**	낡은 벽지를 뜯고 새 벽지를 **바르다**
후배 가수가 선배 가수의 노래를 **덮다**	후배 가수가 선배 가수의 노래를 **커버하다**
이 나라는 국토의 95%를 사막이 **덮다**	이 나라는 국토의 95%를 사막이 **차지하다**
가전제품이 회사 매출의 70%를 **덮다**	가전제품이 회사 매출의 70%에 **이르다**
결혼생활은 행복뿐만 아니라 많은 갈등을 **덮다**	결혼생활은 행복뿐만 아니라 많은 갈등을 **포함하다**
3시간 걸어서 7km의 거리를 **덮다**	3시간 걸어서 7km의 거리를 **가다**
이번 달 보너스로 냉장고 구입비를 **덮다**	이번 달 보너스로 냉장고 구입비를 **충당하다**
부모님이 자녀의 학자금을 **덮다**	부모님이 자녀의 학자금을 **부담하다**
방송국에서 사고 현장을 **덮다**	방송국에서 사고 현장을 **취재하다**
내년의 경제 전망을 상세히 **덮다**	내년의 경제 전망을 상세히 **보도하다**
병 **덮개**를 열다	병 **뚜껑**을 열다
잡지의 5월호 **덮개**에 신인 배우의 얼굴이 실리다	잡지의 5월호 **표지**에 신인 배우의 얼굴이 실리다
앨범 **덮개**를 가수가 직접 디자인하다	앨범 **표지**를 가수가 직접 디자인하다
의자 **덮개**를 새것으로 교체하다	의자 **커버**를 새것으로 교체하다
침대 **덮개**를 세탁하다	침대 **커버**를 세탁하다
비틀즈의 '예스터데이'는 다양한 **덮개**가 있다	비틀즈의 '예스터데이'는 다양한 **커버**가 있다

net [네엩] [넷] [네트]

그물 / 그물을 치다 / 그물에 넣다 / 그물의

(물고기, 새, 곤충 등을 잡는) 그물 = 망 (網그물망)	net을 던져 물고기를 잡다
그물 = (그물같이 공간이 많게 짠) 망사	창문에 net 커튼을 달다
그물 = 망 (양파망, 세탁망, 모기장, 보호용 안전망 등)	양파를 캐서 양파 net에 넣다
그물 = 망 (물리적인 안전망, 사회적인 안전망 등)	사회 안전 net을 확충하다
그물 = 통신망 (network), 인터넷 (internet)	한국은 net이 잘 발달되어 있다
그물 = (테니스, 배구, 축구, 하키, 농구 등의) 망, 골문, 네트	축구공이 골 net을 가르다
그물 = (누군가 잡기 위한) 망 (포위망 등), 함정, 계략	범인은 포위 net이 좁혀오자 자수를 했다
그물을 치다 = 그물을 던지다, 망을 치다, (배구 등에서) 네트에 맞히다	고등어를 잡기 위해 net
(계략의) 그물을 치다 = 계략을 꾸미다, 함정을 놓다	그를 모함하기 위해 net
그물에 넣다 = 그물로 잡다	고구마밭에 들어온 고라니를 net
그물에 넣다 = (축구, 하키 등에서) 득점하다	공격수가 공을 net
그물의 (안에 걸린) = (순이익 등의) 순~	소비자와 직거래로 net 이익이 많다
그물의 (안에 걸린) = (순자산 등의) 순~	net 자산 1000억 대의 부자가 강연을 하다
그물의 (안에 걸린) = (포장 등의 무게를 뺀 실중량의) 실~	net 중량 500g의 통조림을 구입하다
그물의 (안에 걸린) = (정가 등의) 정~, 에누리 없는	{net 가격}에서 30% 할인하여 옷을 팔다
그물의 (안에 걸린) = 최종적인, 최종의	net 결과를 기다리다

suit [쑤웉] [슈트]

한 벌 / 한 벌이다 / 한 벌이 되게 하다

(위아래 이어지게 입은) 한 벌 = 정장, (남녀) 정장 한 벌, 슈트	suit을 입고 예식장에 가다
(위아래 이어지게 입은) 한 벌 = ~복 (잠수복, 우주복, 수영복 등)	잠수 suit을 입고 바닷물 속으로 들어가다
(갑옷, 무구, 마구 등의 이어지게 갖춘) 한 벌 = 슈트	suit을 갖춘 군인들이 전쟁에 나서다
(호소가 법의 판결로 이어지는) 한 벌 = 소송 (lawsuit), 고소	손해 배상 청구 suit에서 승소하다
(청함이 결혼으로 이어지는) 한 벌 = (여자에 대한) 청혼 (문어), 구혼	3년 넘게 사귄 여자친구에게 suit을 하다
(몸과 이어지게 입은 듯) 한 벌이다 = (옷, 신발 등이) 어울리다	하늘색 티셔츠가 그와 suit
(사람과 별명이 이어지듯) 한 벌이다 = (별명, 이름이) 어울리다	그녀의 활달한 성격과 별명이 suit
(제품 특성과 제품명이 이어지듯) 한 벌이다 = (제품명이) 어울리다	제품명이 상품의 특성과 suit
(음식과 입맛이) 한 벌이다 = (음식 등이 입에) 맞다, 만족하다	피자는 어린이들 입맛과 suit
(기후가 농사나 사람에게) 한 벌이다 = (기후 등이) 적합하다, 맞다	기후와 토양이 배추 농사에 suit
(일과 적성이 이어지듯) 한 벌이다 = (일이) 적성에 맞다, 적합하다	옷을 판매하는 일이 나와 suit
(어떤 시간과) 한 벌이다 = (어떤 시간이) 좋다, 편리하다, 마음에 들다	"약속을 5시로 하는 것이 나에게 suit"
(이어지게 입은 듯) 한 벌이 되게 하다 = 어울리게 하다, 맞추다	가방을 의상과 suit
(이어지게 입은 듯) 한 벌이 되게 하다 = 맞추다, 어울리게 하다	고사양 게임에 컴퓨터가 suit

그물을 던져 물고기를 잡다	망을 던져 물고기를 잡다
창문에 그물 커튼을 달다	창문에 망사 커튼을 달다
양파를 캐서 양파 그물에 넣다	양파를 캐서 양파망에 넣다
사회 안전 그물을 확충하다	사회 안전망을 확충하다
한국은 그물이 잘 발달되어 있다	한국은 통신망이 잘 발달되어 있다
축구공이 골 그물을 가르다	축구공이 골망을 가르다
범인은 포위 그물이 좁혀오자 자수를 했다	범인은 포위망이 좁혀오자 자수를 했다
고등어를 잡기 위해 그물을 치다	고등어를 잡기 위해 그물을 던지다
그를 모함하기 위해 그물을 치다	그를 모함하기 위해 계략을 꾸미다
고구마밭에 들어온 고라니를 그물에 넣다	고구마밭에 들어온 고라니를 그물로 잡다
공격수가 공을 그물에 넣다	공격수가 공을 넣어 득점하다
소비자와 직거래로 그물의 이익이 많다	소비자와 직거래로 순이익이 많다
그물의 자산 1000억 대의 부자가 강연을 하다	순자산 1000억 대의 부자가 강연을 하다
그물의 중량 500g의 통조림을 구입하다	실중량 500g의 통조림을 구입하다
{그물의 가격}에서 30% 할인하여 옷을 팔다	{정가}에서 30% 할인하여 옷을 팔다
그물의 결과를 기다리다	최종적인 결과를 기다리다

한 벌을 입고 예식장에 가다	정장을 입고 예식장에 가다
잠수 한 벌을 입고 바닷물 속으로 들어가다	잠수복 (다이빙 슈트)을 입고 바닷물 속으로 들어가다
한 벌을 갖춘 군인들이 전쟁에 나서다	슈트 (장비 일체)를 갖춘 군인들이 전쟁에 나서다
손해 배상 청구 한 벌에서 승소하다	손해 배상 청구 소송에서 승소하다
3년 넘게 사귄 여자친구에게 한 벌을 하다	3년 넘게 사귄 여자친구에게 청혼을 하다
하늘색 티셔츠가 그와 한 벌이다	하늘색 티셔츠가 그에게 어울리다
그녀의 활달한 성격과 별명이 한 벌이다	그녀의 활달한 성격과 별명이 어울리다
제품명이 상품의 특성과 한 벌이다	제품명이 상품의 특성과 어울리다
피자는 어린이들 입맛과 한 벌이다	피자는 어린이들 입맛에 맞다
기후와 토양이 배추 농사에 한 벌이다	기후와 토양이 배추 농사에 적합하다
옷을 판매하는 일이 나와 한 벌이다	옷을 판매하는 일이 나의 적성에 맞다
"약속을 5시로 하는 것이 나에게 한 벌이다"	"약속을 5시로 하는 것이 나는 좋다"
가방을 의상과 한 벌이 되게 하다	가방을 의상과 어울리게 하다
고사양 게임에 컴퓨터가 한 벌이 되게 하다	고사양 게임에 (원활한) 컴퓨터를 맞추다

lie [(을)라이] [라이]

1. 눕다 / 누워 있다   2. 거짓말 / 거짓말하다

(사람, 동물이) 눕다, 드러눕다 (down), 누워 있다	자려고 침대에 lie
(피곤해서, 아파서, 맞아서) 눕다 = 드러눕다 (down), 누워 있다	피곤해서 자리에 lie down
(죽어서 무덤에) 누워 있다 = 묻혀 있다, 잠들어 있다	한국전쟁 때 전사한 그는 현충원에 lie
(물건이 자리를 잡고) 누워 있다 = 놓여 있다, 가로놓이다, 있다	책상에 핸드폰이 lie
(사용, 유통이 안 돼) 누워 있다 = (재고 등이) 쌓여 있다	창고에 안 팔린 제품들이 lie
(사용, 유통이 안 돼) 누워 있다 = (돈, 투자금 등이) 잠자고 있다	불황이라 투자처 없는 자금이 은행에 lie
(사용, 작동이 안 돼) 누워 있다 = (기계 등이) 멈춰 있다	일감이 없어서 공장의 기계들이 lie
(어떤 상태 그대로) 누워 있다 = 그대로 있다, 가로놓이다, 있다	싱크대에 밀린 설거짓거리가 lie
(강, 계곡 등이) 누워 있다 = (길게 가로) 놓여 있다, 가로놓이다, 있다	산에 계곡이 lie
(어느 위치에) 누워 있다 = (길게 가로 놓여) 있다, 가로놓이다	그 도시는 호수의 동쪽에 lie
(풍경, 전망 등이 눈앞에) 누워 있다 = 펼쳐져 있다, 가로놓이다, 있다	눈앞에 설경이 lie
(미래, 장래가 누군가의 앞에) 누워 있다 = 펼쳐져 있다	졸업생들 앞길에 장밋빛 미래가 lie
(운명, 생계 등이 누군가의 손에) 누워 있다 = 달려 있다	가장에게 네 식구의 생계가 lie
(갈등, 문제, 위험 등이) 누워 있다 = 놓이다, (가로 놓여) 있다	세대 간에 크고 작은 갈등이 lie
거짓말, 허언	lie 하는 사람을 싫어하다
거짓말하다	친구들과 도서실에 간다고 lie

lay [(을)레이] [레이]

눕혀 놓다

(조심스럽게 살며시) 눕혀 놓다 = 눕히다	아기를 잠자리에 lay
(때리거나 발을 걸어) 눕혀 놓다 = 쓰러뜨리다 (down), 넘어뜨리다	상대편 선수를 단숨에 lay down
(피로, 병 등이) 눕혀 놓다 = 드러눕게 하다 (down)	심한 몸살이 그를 lay down
(강풍, 지진 등이) 눕혀 놓다 = 쓰러뜨리다 (down), 넘어뜨리다	강풍이 전봇대를 lay down
(바닥에 카펫, 장판, 잔디 등을) 눕혀 놓다 = 깔다, 깔아 놓다	바닥에 카펫을 lay
(수도관, 가스관, 배관 등을) 눕혀 놓다 = 깔다, 설치하다	수도관을 lay
(어떤 표면 위에 무언가를) 눕혀 놓다 = 깔다, 놓다, 두다	테이블 위에 테이블보를 lay
(어떤 표면 위에 무언가를) 눕혀 놓다 = 깔아 놓다, 놓다, 두다	책상 위에 책과 필기구를 lay
(어떤 표면 위에 무언가를) 눕혀 놓다 = 얹다, 대다, 놓다, 두다	친구의 어깨에 손을 lay
(의무, 책임, 부담을) 눕혀 놓다 = 지우다 (깔다), 부과하다	팀장에게 제품 홍보에 대한 책임을 lay
(벽돌을 층층이) 눕혀 놓다 = (벽돌을 눕혀) 쌓다, 깔다	집을 짓기 위해 벽돌을 lay
(새가 알을 둥지에) 눕혀 놓다 = 낳다, 깔아 놓다	새가 둥지에 알을 lay
(곤충, 물고기가 알을 겹겹이) 눕혀 놓다 = 낳다, 깔아 놓다	물고기가 해초에 알을 lay
(식탁 위에 음식을) 눕혀 놓다 = (식탁을) 차리다 (영국)	식탁에 음식을 lay

자려고 침대에 **눕다**	자려고 침대에 **눕다**
피곤해서 자리에 **눕다**	피곤해서 자리에 **드러눕다**
한국전쟁 때 전사한 그는 현충원에 **누워 있다**	한국전쟁 때 전사한 그는 현충원에 **묻혀 있다**
책상에 핸드폰이 **누워 있다**	책상에 핸드폰이 **놓여 있다**
창고에 안 팔린 제품들이 **누워 있다**	창고에 안 팔린 제품들이 **쌓여 있다**
불황이라 투자처 없는 자금이 은행에 **누워 있다**	불황이라 투자처 없는 자금이 은행에 **잠자고 있다**
일감이 없어서 공장의 기계들이 **누워 있다**	일감이 없어서 공장의 기계들이 **멈춰 있다**
싱크대에 밀린 설거짓거리가 **누워 있다**	싱크대에 밀린 설거짓거리가 **그대로 있다**
산에 계곡이 **누워 있다**	산에 계곡이 **놓여 있다** (가로놓이다)
그 도시는 호수의 동쪽에 **누워 있다**	그 도시는 호수의 동쪽에 **있다** (가로놓이다)
눈앞에 설경이 **누워 있다**	눈앞에 설경이 **펼쳐져 있다** (가로놓이다)
졸업생들 앞길에 장밋빛 미래가 **누워 있다**	졸업생들 앞길에 장밋빛 미래가 **펼쳐져 있다**
가장에게 네 식구의 생계가 **누워 있다**	가장에게 네 식구의 생계가 **달려 있다**
세대 간에 크고 작은 갈등이 **누워 있다**	세대 간에 크고 작은 갈등이 **놓이다**
거짓말 하는 사람을 싫어하다	**거짓말** 하는 사람을 싫어하다
친구들과 도서실에 간다고 **거짓말하다**	친구들과 도서실에 간다고 **거짓말하다**

아기를 잠자리에 **눕혀 놓다**	아기를 잠자리에 **눕히다**
상대편 선수를 단숨에 **눕혀 놓다**	상대편 선수를 단숨에 **쓰러뜨리다**
심한 몸살이 그를 **눕혀 놓다**	심한 몸살이 그를 **드러눕게 하다**
강풍이 전봇대를 **눕혀 놓다**	강풍이 전봇대를 **쓰러뜨리다**
바닥에 카펫을 **눕혀 놓다**	바닥에 카펫을 **깔다**
수도관을 **눕혀 놓다**	수도관을 **깔다**
테이블 위에 테이블보를 **눕혀 놓다**	테이블 위에 테이블보를 **깔다**
책상 위에 책과 필기구를 **눕혀 놓다**	책상 위에 책과 필기구를 **깔아 놓다**
친구의 어깨에 손을 **눕혀 놓다**	친구의 어깨에 손을 **얹다**
팀장에게 제품 홍보에 대한 책임을 **눕혀 놓다**	팀장에게 제품 홍보에 대한 책임을 **지우다**
집을 짓기 위해 벽돌을 **눕혀 놓다**	집을 짓기 위해 벽돌을 **쌓다**
새가 둥지에 알을 **눕혀 놓다**	새가 둥지에 알을 **낳다**
물고기가 해초에 알을 **눕혀 놓다**	물고기가 해초에 알을 **낳다**
식탁에 음식을 **눕혀 놓다**	식탁에 음식을 **차리다**

leave [(을)리읍] [리브]

두고 가다

(장소를) 두고 가다 = 출발하다, 떠나다	기차가 역을 leave
(장소를) 두고 가다 = 출발하다, 떠나다	비행기가 10분 후에 leave
(장소를) 두고 가다 = 떠나다, 출발하다	버스가 leave
(지역을) 두고 가다 = 떠나다, 출발하다	부산을 향해 서울을 leave
(나라를) 두고 가다 = 떠나다, 출발하다	영국 이민을 위해 한국을 leave
(방을) 두고 가다 = 나가다	방을 leave
(출발하여 집을) 두고 가다 = 출발하다, 나가다	지금 막 집을 leave
(독립하여 집을) 두고 가다 = 떠나다, 독립하다, 나가다	성인이 되어 집을 leave
(가출하여 집을) 두고 가다 = 나가다, 가출하다	가수의 꿈을 안고 무작정 집을 leave
(직장, 사업을) 두고 가다 = 그만두다, 떠나다, 퇴사하다	그녀는 다니던 직장을 leave
(자퇴하여 학교를) 두고 가다 = 그만두다, 자퇴하다	적성에 안 맞아 학교를 leave
(졸업, 퇴직하여 학교를) 두고 가다 = 떠나다, 졸업하다	정든 학교를 leave
(소속 단체를) 두고 가다 = 탈퇴하다, 나오다, 떠나다, 그만두다	멤버 한 명이 그룹을 leave
(사람을) 두고 가다 = 떠나다, 헤어지다	그가 그녀의 곁을 leave
(사람을) 두고 가다 = 두고 오다	대학에 입학한 아들을 서울에 leave
(습관, 취미, 일 등을) 두고 가다 = 끊다, 그만두다	그는 폭식하는 습관을 leave
(음식을) 두고 가다 = (음식을) 남기다	양이 많아서 음식을 leave
(여지를) 두고 가다 = (여지를) 남기다	생각해 볼 여지를 leave
(운, 운명, 상상 등에) 두고 가다 = (운에) 맡기다	최종 결과는 운에 leave
(메모, 메시지, 팁 등을) 두고 가다 = 남기다, 남겨두다	그녀에게 메모를 leave
(유산, 명성, 업적 등을) 두고 가다 = 남기다, 남겨놓고 죽다	할머니가 손주에게 유산을 leave
(가지고 갈 것을) 두고 가다 = 놓고 가다, 잊어버리다	집에 핸드폰을 leave
(지니고 있던 것을) 두고 가다 = 놓고 오다, 놓고 가다	택시에 지갑을 leave
(물건, 돈 등을) 두고 가다 = 맡기다	옆에 있는 친구에게 가방을 leave
(결정, 판단 등을) 두고 가다 = 맡기다, 위임하다	아파트 구입 결정을 아내에게 leave
(업무, 문제 등을) 두고 가다 = 맡기다, 위임하다	간단한 업무는 신입 사원에게 leave
(사람을 그대로) 두고 가다 = 내버려 두다, 놔두다	이별한 친구를 혼자 있게 leave
(사람을 그대로) 두고 가다 = 놔두다, 내버려 두다	애들이 놀게 leave
(물건을 그대로) 두고 가다 = 놔두다	테이블에 노트북과 안경을 leave
(물건을 그대로) 두고 가다 = 놔두다	젖은 우산을 베란다에 leave
(설거지 등을 그대로) 두고 가다 = 그대로 두다, 놔두다	싱크대에 설거지를 leave
(어떤 상태를 그대로) 두고 가다 = (~한 상태로) 그대로 두다	문을 열어서 leave
(전등, TV, 보일러 등을) 두고 가다 = (~한 상태로) 그대로 두다	방에 불을 켜서 leave
(공란, 빈 페이지로) 두고 가다 = 비워 두다, 그대로 두다, 남기다	전화번호만 쓰고 주소란은 공란으로 leave

기차가 역을 **두고 가다**	기차가 역을 **출발하다**
비행기가 10분 후에 (공항을) **두고 가다**	비행기가 10분 후에 **출발하다**
버스가 (정거장을) **두고 가다**	버스가 **떠나다**
부산을 향해 서울을 **두고 가다**	부산을 향해 서울을 **떠나다**
영국 이민을 위해 한국을 **두고 가다**	영국 이민을 위해 한국을 **떠나다**
방을 **두고 가다**	방에서 **나가다**
지금 막 집을 **두고 가다**	지금 막 집에서 **출발하다**
성인이 되어 집을 **두고 가다**	성인이 되어 집을 **떠나다**
가수의 꿈을 안고 무작정 집을 **두고 가다**	가수의 꿈을 안고 무작정 집을 **나가다**
그녀는 다니던 직장을 **두고 가다**	그녀는 다니던 직장을 **그만두다**
적성에 안 맞아 학교를 **두고 가다**	적성에 안 맞아 학교를 **그만두다**
정든 학교를 **두고 가다**	정든 학교를 **떠나다**
멤버 한 명이 그룹을 **두고 가다**	멤버 한 명이 그룹을 **탈퇴하다**
그가 그녀의 곁을 **두고 가다**	그가 그녀의 곁을 **떠나다**
대학에 입학한 아들을 서울에 **두고 가다**	대학에 입학한 아들을 서울에 **두고 오다**
그는 폭식하는 습관을 **두고 가다**	그는 폭식하는 습관을 **끊다**
양이 많아서 음식을 **두고 가다**	양이 많아서 음식을 **남기다**
생각해 볼 여지를 **두고 가다**	생각해 볼 여지를 **남기다**
최종 결과는 운에 **두고 가다**	최종 결과는 운에 **맡기다**
그녀에게 메모를 **두고 가다**	그녀에게 메모를 **남기다**
할머니가 손주에게 유산을 **두고 가다**	할머니가 손주에게 유산을 **남기다**
집에 핸드폰을 **두고 가다**	집에 핸드폰을 **놓고 가다**
택시에 지갑을 **두고 가다**	택시에 지갑을 **놓고 오다**
옆에 있는 친구에게 가방을 **두고 가다**	옆에 있는 친구에게 가방을 **맡기다**
아파트 구입 결정을 아내에게 **두고 가다**	아파트 구입 결정을 아내에게 **맡기다**
간단한 업무는 신입 사원에게 **두고 가다**	간단한 업무는 신입 사원에게 **맡기다**
이별한 친구를 혼자 있게 **두고 가다**	이별한 친구를 혼자 있게 **내버려 두다**
애들이 놀게 **두고 가다**	애들이 놀게 **놔두다**
테이블에 노트북과 안경을 **두고 가다**	테이블에 노트북과 안경을 **놔두다**
젖은 우산을 베란다에 **두고 가다**	젖은 우산을 베란다에 **놔두다**
싱크대에 설거지를 **두고 가다**	싱크대에 설거지를 **그대로 두다**
문을 열어서 **두고 가다**	문을 열어서 **그대로 두다 (열어두다)**
방에 불을 켜서 **두고 가다**	방에 불을 켜서 **그대로 두다 (켜두다)**
전화번호만 쓰고 주소란은 공란으로 **두고 가다**	전화번호만 쓰고 주소란은 공란으로 **비워 두다**

have ① [해입] [해브]

가지다 / 가지고 있다 / 가지게 하다

(파티, 잔치, 행사를) 가지다 = 하다, 열다	수업 후 피자 파티를 **have**
(결혼식을) 가지다 = 하다, 치르다	화려한 결혼식을 **have**
(장례식을) 가지다 = 치르다, 하다	장례식을 **have**
(출산하여 아이를) 가지다 = (아이를) 낳다, 출산하다	다음 달에 아이를 **have**
(결과를) 가지다 = 낳다, 가져오다, 초래하다	열심히 노력한 끝에 좋은 결과를 **have**
(대화, 잡담 등을) 가지다 = 하다	남편과 대화를 **have**
(싸움, 말다툼 등을) 가지다 = 하다	직장 동료와 말다툼을 **have**
(샤워, 목욕, 산책 등을) 가지다 = 하다 (영국)	더워서 샤워를 **have**
(음식을 선택하여) 가지다 = 먹다, 하다	오후에 간식을 **have**
(음식을 몸속에) 가지다 = 먹다, 하다	아침에 된장찌개를 **have**
(식사 시간을) 가지다 = 하다, 먹다	가족들과 저녁 식사를 **have**
(물, 음료, 술 등을) 가지다 = 하다, 마시다	친구들과 한 잔 **have**
(커피, 차 등을) 가지다 = 마시다, 하다	카페에서 커피를 **have**
(이별, 경험을) 가지다 = 겪다, 보내다, 경험하다	이별의 아픔을 **have**
(어려움을) 가지다 = 겪다, 경험하다	정상에 오르기까지 많은 어려움을 **have**
(즐거움, 경험을) 가지다 = 보내다, 즐기다, 경험하다	오늘 즐거운 시간을 **have**
(경력, 경험을) 가지다 = 있다, 경험하다, 겪다	호텔업계에서 일한 경험을 **have**
(수술을) 가지다 = 하다	무릎 수술을 **have**
(사고, 피해 등의 경험을) 가지다 = 당하다, 입다, 보다, 겪다	자전거 도난을 **have**
(집, 땅, 자동차 등을) 가지다 = 소유하다	열심히 돈을 벌어 집을 **have**
(물건, 소유물 등을) 가지고 있다 = 소유하고 있다	그녀는 피아노를 **have**
(제품, 장난감 등을) 가지고 있다 = 있다	나는 최신 스마트폰을 **have**
(몸에 소지품을) 가지고 있다 = 지니고 있다, 있다	지갑에 운전면허증을 **have**
(권한, 권리, 권력 등을) 가지고 있다 = 갖고 있다, 있다	대표가 최종 결정 권한을 **have**
(생각, 아이디어를) 가지고 있다 = 갖고 있다, 있다	좋은 생각을 **have**
(의견을) 가지고 있다 = 갖고 있다, 지니다, 품다	나는 그 제안에 다른 의견을 **have**
(꿈, 소망, 추억 등을) 가지고 있다 = 품다, 지니다, 갖고 있다	그는 뉴스 아나운서의 꿈을 **have**
(감정, 인상 등을) 가지고 있다 = 품다, 지니다, 갖고 있다	그에게 호감을 **have**
(증상, 질병을) 가지고 있다 = 걸리다, 들다, 있다	감기를 **have**
(증상, 알레르기 등을) 가지고 있다 = 있다, 걸리다	그는 비염을 **have**
(통증, 증상 등을) 가지고 있다 = 있다	그녀는 두통을 **have**
(열, 오한 등을) 가지고 있다 = 있다	이마에 열을 **have**
(상처, 흉터 등을) 가지고 있다 = 나다, 있다, 입다	팔에 상처를 **have**
(멍, 여드름 등을) 가지고 있다 = 나다, 있다	팔에 멍을 **have**

수업 후 피자 파티를 **가지다**	수업 후 피자 파티를 **하다**
화려한 결혼식을 **가지다**	화려한 결혼식을 **하다**
장례식을 **가지다**	장례식을 **치르다**
다음 달에 아이를 (출산하여) **가지다**	다음 달에 아이를 **낳다**
열심히 노력한 끝에 좋은 결과를 **가지다**	열심히 노력한 끝에 좋은 결과를 **낳다**
남편과 대화를 **가지다**	남편과 대화를 **하다**
직장 동료와 말다툼을 **가지다**	직장 동료와 말다툼을 **하다**
더워서 샤워를 **가지다**	더워서 샤워를 **하다**
오후에 간식을 **가지다**	오후에 간식을 **먹다**
아침에 된장찌개를 **가지다**	아침에 된장찌개를 **먹다**
가족들과 저녁 식사를 **가지다**	가족들과 저녁 식사를 **하다**
친구들과 한 잔 **가지다**	친구들과 한 잔 **하다**
카페에서 커피를 **가지다**	카페에서 커피를 **마시다**
이별의 아픔을 **가지다**	이별의 아픔을 **겪다**
정상에 오르기까지 많은 어려움을 **가지다**	정상에 오르기까지 많은 어려움이 **겪다**
오늘 즐거운 시간을 **가지다**	오늘 즐거운 시간을 **보내다**
호텔업계에서 일한 경험을 **가지다**	호텔업계에서 일한 경험이 **있다**
무릎 수술을 **가지다**	무릎 수술을 **하다**
자전거 도난을 **가지다**	자전거 도난을 **당하다**
열심히 돈을 벌어 집을 **가지다**	열심히 돈을 벌어 집을 **소유하다**
그녀는 피아노를 **가지고 있다**	그녀는 피아노를 **소유하고 있다**
나는 최신 스마트폰을 **가지고 있다**	나는 최신 스마트폰이 **있다**
지갑에 운전면허증을 **가지고 있다**	지갑에 운전면허증을 **지니고 있다**
대표가 최종 결정 권한을 **가지고 있다**	대표가 최종 결정 권한을 **갖고 있다**
좋은 생각을 **가지고 있다**	좋은 생각을 **갖고 있다**
나는 그 제안에 다른 의견을 **가지고 있다**	나는 그 제안에 다른 의견을 **갖고 있다**
그는 뉴스 아나운서의 꿈을 **가지고 있다**	그는 뉴스 아나운서의 꿈을 **품다**
그에게 호감을 **가지고 있다**	그에게 호감을 **품다**
감기를 **가지고 있다**	감기에 **걸리다**
그는 비염을 **가지고 있다**	그는 비염이 **있다**
그녀는 두통을 **가지고 있다**	그녀는 두통이 **있다**
이마에 열을 **가지고 있다**	이마에 열이 **있다**
팔에 상처를 **가지고 있다**	팔에 상처가 **나다**
팔에 멍을 **가지고 있다**	팔에 멍이 **나다**

have ② [해압] [해브]

가지다 / 가지고 있다 / 가지게 하다

(고민을) 가지고 있다 = 있다	그는 고민거리를 **have**
(문제를) 가지고 있다 = 있다	우리 사회는 다양한 문제를 **have**
(기회를) 가지고 있다 = 있다	누구나 성공할 기회를 **have**
(물어볼 것, 질문을) 가지고 있다 = 있다	형에게 물어볼 것을 **have**
(연락처, 정보 등을) 가지고 있다 = 있다	그의 연락처를 **have**
(외모, 신체적 특징을) 가지고 있다 = 이다, 하고 있다	그녀는 단발머리를 **have**
(외모, 신체적 특징을) 가지고 있다 = 하고 있다, 이다	코끼리는 긴 코를 **have**
(성격, 인격, 마음을) 가지고 있다 = 이다, 있다	그 학생은 활달한 성격을 **have**
(성질, 속성, 특징을) 가지고 있다 = 있다, 이다	음악은 마음을 움직이는 힘을 **have**
(재능, 자질을) 가지고 있다 = 있다	이 아이는 수학에 뛰어난 재능을 **have**
(기술, 솜씨를) 가지고 있다 = 있다	그는 바이올린 만드는 기술을 **have**
(편견, 선입견을) 가지고 있다 = 있다	그녀가 도도하다는 편견을 **have**
(영향력, 지배력을) 가지고 있다 = 있다	유명인의 말은 영향력을 **have**
(구성 요소를) 가지고 있다 = 있다	이 집은 4개의 방을 **have**
(구성 요소를) 가지고 있다 = 있다	우리나라는 많은 산을 **have**
(구성 요소를) 가지고 있다 = 있다	포도는 씨를 **have**
(시간, 여유를) 가지고 있다 = 있다	독서할 시간을 **have**
(가족, 친척의 인간관계를) 가지고 있다 = 있다	나는 아내와 아들을 **have**
(가족, 친척의 인간관계를) 가지고 있다 = 계시다, 있다	그는 할머니를 **have**
(친구, 지인의 인간관계를) 가지고 있다 = 있다	같은 아파트에 학교 친구들을 **have**
(친구, 지인의 인간관계를) 가지고 있다 = 있다	나는 친한 언니를 **have**
(직원을 몇 명) 가지고 있다 = 이다, (고용하고) 있다	우리 회사는 직원을 30명 **have**
(팀원, 조원을 몇 명) 가지고 있다 = (구성되어) 있다	우리 부서는 6명을 **have**
(약속 등을) 가지고 있다 = 있다	저녁에 약속을 **have**
(일정, 계획 등을) 가지고 있다 = 있다	오전 10시에 회의를 **have**
(원인, 이유를) 가지고 있다 = 있다	모든 사건은 원인을 **have**
(의도, 뜻을) 가지고 있다 = 품고 있다, 있다	그의 질문은 숨은 의도를 **have**
(증거, 물증을) 가지고 있다 = 있다	우리는 결정적인 증거를 **have**
(애완동물을 키우며) 가지고 있다 = 키우고 있다, 기르고 있다	그녀는 열대어를 **have**
(해야 할 일을) 가지고 있다 = ~을 해야 한다 (to)	나는 밀린 빨래를 **have** to
(해야 할 일을) 가지고 있다 = ~을 해야 한다 (to)	우리는 중대한 결정을 **have** to
(누군가에게 할 일을) 가지게 하다 = ~을 하게 하다, ~을 시키다	직원에게 보고서 작성을 **have**
(누군가에게 할 일을) 가지게 하다 = ~을 시키다, ~을 하도록 시키다	아이에게 방청소를 **have**
(누군가에게 할 일을) 가지게 하다 = ~을 시키다, ~을 하도록 시키다	종업원에게 아메리카노 세 잔을 **have**

그는 고민거리를 **가지고 있다**	그는 고민거리**가 있다**
우리 사회는 다양한 문제를 **가지고 있다**	우리 사회는 다양한 문제**가 있다**
누구나 성공할 기회를 **가지고 있다**	누구나 성공할 기회**가 있다**
형에게 물어볼 것을 **가지고 있다**	형에게 물어볼 것**이 있다**
그의 연락처를 **가지고 있다**	그의 연락처**가 있다**
그녀는 단발머리를 **가지고 있다**	그녀는 단발머리**이다**
코끼리는 긴 코를 **가지고 있다**	코끼리는 긴 코를 **하고 있다**
그 학생은 활달한 성격을 **가지고 있다**	그 학생은 활달한 성격**이다**
음악은 마음을 움직이는 힘을 **가지고 있다**	음악은 마음을 움직이는 힘**이 있다**
이 아이는 수학에 뛰어난 재능을 **가지고 있다**	이 아이는 수학에 뛰어난 재능**이 있다**
그는 바이올린 만드는 기술을 **가지고 있다**	그는 바이올린 만드는 기술**이 있다**
그녀가 도도하다는 편견을 **가지고 있다**	그녀가 도도하다는 편견**이 있다**
유명인의 말은 영향력을 **가지고 있다**	유명인의 말은 영향력**이 있다**
이 집은 4개의 방을 **가지고 있다**	이 집은 4개의 방**이 있다**
우리나라는 많은 산을 **가지고 있다**	우리나라는 많은 산**이 있다**
포도는 씨를 **가지고 있다**	포도는 씨**가 있다**
독서할 시간을 **가지고 있다**	독서할 시간**이 있다**
나는 아내와 아들을 **가지고 있다**	나는 아내와 아들**이 있다**
그는 할머니를 **가지고 있다**	그는 할머니가 **계시다**
같은 아파트에 학교 친구들을 **가지고 있다**	같은 아파트에 학교 친구들**이 있다**
나는 친한 언니를 **가지고 있다**	나는 친한 언니**가 있다**
우리 회사는 직원을 30명 **가지고 있다**	우리 회사는 직원이 30명**이다**
우리 부서는 6명을 **가지고 있다**	우리 부서는 6명**이 있다**
저녁에 약속을 **가지고 있다**	저녁에 약속**이 있다**
오전 10시에 회의를 **가지고 있다**	오전 10시에 회의**가 있다**
모든 사건은 원인을 **가지고 있다**	모든 사건에는 원인**이 있다**
그의 질문은 숨은 의도를 **가지고 있다**	그의 질문은 숨은 의도를 **품고 있다**
우리는 결정적인 증거를 **가지고 있다**	우리는 결정적인 증거**가 있다**
그녀는 열대어를 **가지고 있다**	그녀는 열대어를 **키우고 있다**
나는 밀린 빨래를 **가지고 있다**	나는 밀린 빨래를 **해야 한다**
우리는 중대한 결정을 **가지고 있다**	우리는 중대한 결정을 **해야 한다**
직원에게 보고서 작성을 **가지게 하다**	직원에게 보고서 작성을 **하게 하다**
아이에게 방청소를 **가지게 하다**	아이에게 방청소를 **시키다**
종업원에게 아메리카노 세 잔을 **가지게 하다**	종업원에게 아메리카노 세 잔을 **시키다**

stay [스뛔이] [스테이]

머물다 / 머물게 하다 / 머물기

(장소에) 머물다 = 머무르다, 남다	노을을 보려고 바닷가에 **stay**
(집, 실내에) 머물다 = 지내다, 머무르다	미세 먼지가 심해서 실내에 **stay**
(다른 사람 집에) 머물다 = 지내다, 묵다	사촌 언니 집에 **stay**
(다른 사람 집에) 머물다 = 묵다, 숙박하다	민박집에서 하룻밤 **stay**
(숙박업소에) 머물다 = 숙박하다, 묵다	전망이 좋은 호텔에 **stay**
(객지에) 머물다 = 체류하다, 체재하다	독일에서 한 달간 **stay**
(사람에게) 머물다 = 남다, 머무르다, 있다	그녀가 내 곁에 **stay**
(기다림으로) 머물다 = (잠깐) 기다리다	그가 올 때까지 **stay**
(잠깐 쉬었다 가려고) 머물다 = (잠깐) 쉬다, (잠깐) 거치다	산 중턱에 **stay**
(어떤 인간관계에) 머물다 = (연인이 아닌 관계로) 지내다, 남다	그녀와 그냥 오빠 동생에 **stay**
(건강한 상태에) 머물다 = (건강하게) 지내다, 유지하다	건강함에 **stay**
(행복, 불행 등에) 머물다 = (행복한 상태를 유지하며) 지내다	행복함에 **stay**
(긍정, 부정 등에) 머물다 = (긍정적으로) 지내다, 유지하다	긍정적에 **stay**
(어떤 상태에) 머물다 = (젊음 등을) 유지하다	꾸준한 관리로 젊음에 **stay**
(어떤 상태에) 머물다 = (인내심 등을) 유지하다	힘들지만 인내심에 **stay**
(어떤 상태에) 머물다 = (조용함, 정숙 등을) 유지하다	박물관에서는 조용함에 **stay**
(연락 상태에) 머물다 = (연락하며) 지내다	중학교 때 친구들과 연락에 **stay**
(냉정함, 침착함 등에) 머물다 = 잃지 않다, 유지하다	냉정함에 **stay**
(경주, 경쟁에 끝까지) 머물다 = 견뎌 내다, (끝까지) 하다	마라톤 경주에 끝까지 **stay**
(참기, 인내에) 머물다 = 버티다, 견뎌 내다, (끝까지) 하다	물속에서 숨을 참고 3분을 **stay**
(어떤 위치에) 머물다 = 자리잡다, 머무르다	장마 전선이 한반도에 **stay**
(어떤 소속에) 머물다 = 다니다, 남다	한 직장에 10년을 **stay**
(어떤 수준, 정도에) 머물다 = 머무르다	경제 성장률이 1% 대에 **stay**
(어떤 수준, 정도에) 머물다 = (그대로) 이다, (머물러) 있다	소득이 제자리에 **stay**
(어떤 수준, 정도에) 머물다 = 머무르다	노동 집약적 산업에 **stay**
(어떤 장소에) 머물게 하다 = 멈추게 하다, 정지시키다	배를 항구에 **stay**
(움직임, 행동을) 머물게 하다 = 저지하다, 막다, 멈추게 하다	적군의 침투를 **stay**
(움직임, 확산을) 머물게 하다 = 막다, 멈추게 하다, 정지시키다	이 약은 질병의 확산을 **stay**
(싸움, 언쟁 등을) 머물게 하다 = 말리다, 제지하다	두 사람의 싸움을 **stay**
(배고픔을 잠시) 머물게 하다 = 달래다, 요기하다	초코파이로 허기를 **stay**
(갈증, 갈망 등을 잠시) 머물게 하다 = 해소하다, 풀다	갈증을 **stay**
(결정, 시간을) 머물게 하다 = 미루다, 연기하다, 유예하다	결정을 **stay**
(결정, 시간을) 머물게 하다 = 유예하다, 미루다, 연기하다	3년간 형 집행을 **stay**
머물기 = 체류, 체재, 멈추기, 유예, 억제	호주 **stay** 기간을 연장하다

노을을 보려고 바닷가에 **머물다**	노을을 보려고 바닷가에 **머무르다**
미세 먼지가 심해서 실내에 **머물다**	미세 먼지가 심해서 실내에서 **지내다**
사촌 언니 집에 **머물다**	사촌 언니 집에서 **지내다**
민박집에서 하룻밤 **머물다**	민박집에서 하룻밤 **묵다**
전망이 좋은 호텔에 **머물다**	전망이 좋은 호텔에 **숙박하다**
독일에서 한 달간 **머물다**	독일에서 한 달간 **체류하다**
그녀가 내 곁에 **머물다**	그녀가 내 곁에 **남다**
그가 올 때까지 **머물다**	그가 올 때까지 **기다리다**
산 중턱에 **머물다**	산 중턱에서 **쉬다**
그녀와 그냥 오빠 동생에 **머물다**	그녀와 그냥 오빠 동생으로 **지내다**
건강함에 **머물다**	건강하게 **지내다**
행복함에 **머물다**	행복하게 **지내다**
긍정적에 **머물다**	긍정적으로 **지내다**
꾸준한 관리로 젊음에 **머물다**	꾸준한 관리로 젊음을 **유지하다**
힘들지만 인내심에 **머물다**	힘들지만 인내심을 **유지하다**
박물관에서는 조용함에 **머물다**	박물관에서는 조용함을 **유지하다**
중학교 때 친구들과 연락에 **머물다**	중학교 때 친구들과 연락하며 **지내다**
냉정함에 **머물다**	냉정함을 **잃지 않다**
마라톤 경주에 끝까지 **머물다**	마라톤 경주를 끝까지 **견뎌 내다**
물속에서 숨을 참고 3분을 **머물다**	물속에서 숨을 참고 3분을 **버티다**
장마 전선이 한반도에 **머물다**	장마 전선이 한반도에 **자리잡다**
한 직장에 10년을 **머물다**	한 직장에 10년을 **다니다**
경제 성장률이 1% 대에 **머물다**	경제 성장률이 1% 대에 **머무르다**
소득이 제자리에 **머물다**	소득이 제자리**이다**
노동 집약적 산업에 **머물다**	노동 집약적 산업에 **머무르다**
배를 항구에 **머물게 하다**	배를 항구에 **멈추게 하다** (정박시키다)
적군의 침투를 **머물게 하다**	적군의 침투를 **저지하다**
이 약은 질병의 확산을 **머물게 하다**	이 약은 질병의 확산을 **막다**
두 사람의 싸움을 **머물게 하다**	두 사람의 싸움을 **말리다**
초코파이로 허기를 **머물게 하다**	초코파이로 허기를 **달래다**
갈증을 **머물게 하다**	갈증을 **해소하다**
결정을 **머물게 하다**	결정을 **미루다**
3년간 형 집행을 **머물게 하다**	3년간 형 집행을 **유예하다**
호주 **머물기** 기간을 연장하다	호주 **체류** 기간을 연장하다

fill [삐얼] [필]

가득 채우다

(병, 용기, 통 등에) 가득 채우다 = 채우다, 가득 넣다	물병에 보리차를 **fill**
(병, 용기, 통 등에) 가득 채우다 = 가득 넣다, 채우다	자동차에 기름을 **fill**
(재료를) 가득 채우다 = 가득 넣다, 채우다	그녀가 샌드위치에 야채를 **fill**
(상자, 가방, 봉지 등에) 가득 채우다 = 채우다, 가득 넣다	박스에 과일을 **fill**
(냉장고, 가구, 서랍 등에) 가득 채우다 = 채우다, 가득 넣다	냉장고 안에 음식을 **fill**
(빈 공간을) 가득 채우다 = 채우다	드레스 룸에 옷과 가방을 **fill**
(사람이 공간, 자리를) 가득 채우다 = 채우다	관객들이 공연장을 **fill**
(직무 등의 공석을) 가득 채우다 = 채우다, 보충하다	퇴직자의 빈자리를 경력 사원으로 **fill**
(직무, 역할 등을) 가득 채우다 = 해내다, 수행하다, 하다	맡은 일을 열심히 **fill**
(고객의 주문을) 가득 채우다 = (주문을) 응대하다, (주문을) 받다	손님의 주문을 **fill**
(처방된 약을 약봉투에) 가득 채우다 = (약을) 지어주다, 조제하다	약사가 처방전대로 약을 **fill**
(연기, 냄새 등으로) 가득 채우다 = 꽉 채우다	삼겹살 냄새와 연기가 방안을 **fill**
(소리로) 가득 채우다 = 꽉 채우다	아이들의 웃음소리가 실내 놀이터를 **fill**
(빈칸, 공란을) 가득 채우다 = 작성하다 (out, in), 기입하다	회원 가입 신청서를 **fill**
(빈칸, 공란을) 가득 채우다 = 써넣다 (out, in), 기입하다	가로세로 낱말 퀴즈의 빈칸에 답을 **fill**
(내용, 진심, 사랑 등을) 가득 채우다 = 가득 담다	손 편지에 진심을 **fill**
(구멍, 틈새 등을) 가득 채우다 = 때우다, 메우다	자전거 타이어의 구멍을 고무로 **fill**
(시간 등을) 가득 채우다 = 보내다	애인과 놀이공원에서 시간을 **fill**
(음식으로 배, 허기를) 가득 채우다 = (배를) 부르게 하다	좋아하는 소고기로 배를 **fill**
(강한 감정을) 가득 채우다 = 벅차게 하다, 가득 차게 하다	자녀의 집 선물이 부모님 마음을 **fill**
(강한 감정을) 가득 채우다 = 치밀게 하다, 가득 차게 하다	아이들이 어질러 놓은 방이 화를 **fill**
(만족, 기쁨 등을) 가득 채우다 = 만족시키다, 충족시키다	철저한 건강 관리로 질 높은 삶을 **fill**

full [뿌울] [풀]

가득한

(행복, 기쁨 등이) 가득한, 충만한	행복이 **full** 가정을 꾸리다
(그릇, 컵 등이) 가득한 = 가득 찬	우유가 **full** 컵을 테이블에 놓다
(즐거움, 재미, 상상력 등이) 가득한	즐거움이 **full** 하루를 보내다
(정도, 수량 등이) 가득한 = 전~, 최대한의, 최고의	**full** 속력으로 달리다
(장소에 사람이) 가득한 = 가득 찬, 꽉 찬	가게에 손님들로 {**full** 이다}
(일정, 스케줄이) 가득한 = 꽉 찬, 가득 찬	오늘 일정이 {**full** 이다}
(영양소 등이) 가득한	레몬에는 비타민이 {**full** 이다}
(배가 음식, 술로) 가득한 = 배부른, 술 취한	음식을 많이 먹어서 {**full** 이다}

물병에 보리차를 **가득 채우다**	물병에 보리차를 **채우다**
자동차에 기름을 **가득 채우다**	자동차에 기름을 **가득 넣다**
그녀가 샌드위치에 야채를 **가득 채우다**	그녀가 샌드위치에 야채를 **가득 넣다**
박스에 과일을 **가득 채우다**	박스에 과일을 **채우다**
냉장고 안에 음식을 **가득 채우다**	냉장고 안에 음식을 **채우다**
드레스 룸에 옷과 가방을 **가득 채우다**	드레스 룸에 옷과 가방을 **채우다**
관객들이 공연장을 **가득 채우다**	관객들이 공연장을 **채우다**
퇴직자의 빈자리를 경력 사원으로 **가득 채우다**	퇴직자의 빈자리를 경력 사원으로 **채우다**
맡은 일을 열심히 **가득 채우다**	맡은 일을 열심히 **해내다**
손님의 주문을 **가득 채우다**	손님의 주문을 **응대하다**
약사가 처방전대로 약을 **가득 채우다**	약사가 처방전대로 약을 **지어주다**
삼겹살 냄새와 연기가 방안을 **가득 채우다**	삼겹살 냄새와 연기가 방안을 **꽉 채우다**
아이들의 웃음소리가 실내 놀이터를 **가득 채우다**	아이들의 웃음소리가 실내 놀이터를 **꽉 채우다**
회원 가입 신청서를 **가득 채우다**	회원 가입 신청서를 **작성하다**
가로세로 낱말 퀴즈의 빈칸에 답을 **가득 채우다**	가로세로 낱말 퀴즈의 빈칸에 답을 **써넣다**
손 편지에 진심을 **가득 채우다**	손 편지에 진심을 **가득 담다**
자전거 타이어의 구멍을 고무로 **가득 채우다**	자전거 타이어의 구멍을 고무로 **때우다**
애인과 놀이공원에서 시간을 **가득 채우다**	애인과 놀이공원에서 시간을 **보내다**
좋아하는 소고기로 배를 **가득 채우다**	좋아하는 소고기로 배를 **부르게 하다**
자녀의 집 선물이 부모님 마음을 **가득 채우다**	자녀의 집 선물이 부모님 마음을 **벅차게 하다**
아이들이 어질러 놓은 방이 화를 **가득 채우다**	아이들이 어질러 놓은 방이 화를 **치밀게 하다**
철저한 건강 관리로 질 높은 삶을 **가득 채우다**	철저한 건강 관리로 질 높은 삶을 **만족시키다**

행복이 **가득한** 가정을 꾸리다	행복이 **가득한** 가정을 꾸리다
우유가 **가득한** 컵을 테이블에 놓다	우유가 **가득 찬** 컵을 테이블에 놓다
즐거움이 **가득한** 하루를 보내다	즐거움이 **가득한** 하루를 보내다
가득한 속력으로 달리다	**전속력**으로 달리다
가게에 손님들로 {**가득한** 이다}	가게에 손님들로 {**가득 찬** 이다} (가득차다)
오늘 일정이 {**가득한** 이다}	오늘 일정이 {**꽉 찬** 이다} (꽉 차다)
레몬에는 비타민이 {**가득한** 이다}	레몬에는 비타민이 {**가득한** 이다} (가득하다)
음식을 많이 먹어서 {**가득한** 이다}	음식을 많이 먹어서 {**배부른** 이다} (배부르다)

get ① [게엩] [겟]

1. 얻다 / 얻게 하다　　2. 받다 / 받게 하다

(물건, 상품 등을 돈 주고) 얻다 = 구하다, 사다, 마련하다	한정판 운동화를 get
(물건, 상품 등을 돈 주고) 얻다 = 사다, 마련하다, 구하다	옷가게에서 옷을 get
(물건, 상품 등을 돈 주고) 얻다 = 사다, 마련하다, 구하다	슈퍼마켓에서 과자와 음료수를 get
(티켓, 입장권 등을) 얻다 = 구하다, 사다, 생기다	콘서트 티켓을 get
(투표권, 선거 자격 등을) 얻다 = 생기다	투표권을 get
(집, 아파트 등을 돈 주고) 얻다 = 마련하다, 구하다, 사다	경기도에 아파트를 get
(방 등을) 얻다 = 구하다, 사다, 마련하다	성수기라서 호텔 방을 어렵게 get
(행복, 슬픔 등을) 얻다 = 받다	행복을 get
(만족, 기쁨 등을) 얻다 = 받다	직업을 바꾸고 나서 큰 만족감을 get
(정보, 신용 등을) 얻다 = 입수하다, 받다, 구하다	최신 정보를 get
(장소를) 얻다 = 도착하다, 이르다, 닿다	약속 장소를 get
(장소를) 얻다 = 도착하다, 이르다, 닿다	늦지 않게 공항을 get
(장소를) 얻다 = 오다, 가다, 이르다, 도착하다	야구 중계를 보려고 곧장 집을 get
(직장, 일자리를) 얻다 = 구하다	직장을 get
(병을) 얻다 = (병에) 걸리다, 옮다	잦은 과식으로 위염을 get
(탈것을 시간에 맞게) 얻다 = (시간에 맞게) 잡아타다	기차를 get
(습관을) 얻다 = 들이다, 붙다	독서하는 습관을 get
(교훈을) 얻다 = 배우다, 습득하다	값진 교훈을 get
(빌려서) 얻다 = 빌리다, 대여하다	도서관에서 책을 get
(사람을 잡아서) 얻다 = (범인, 용의자 등을) 붙잡다, 잡다	도망치는 도둑을 get
(동물을 잡아서) 얻다 = (동물, 물고기 등을) 잡다, 붙잡다	뛰어다니는 토끼의 귀를 get
(기회를) 얻다 = 잡다, 붙잡다	호주에서 일할 기회를 get
(돈, 이익을) 얻다 = (돈을) 벌다	열심히 일해서 돈을 get
(이해하여) 얻다 = 이해하다	글의 내용을 잘 get
(이해하여) 얻다 = 알아듣다, 알다, 이해하다	말의 요점을 get
(단서, 실마리를) 얻다 = 입수하다, 알게 되다	사건의 단서를 get
(어딘가에서 가져와) 얻다 = (가서) 가져오다	베란다에 가서 빨래를 get
(어딘가에서 불러와) 얻다 = (가서) 데려오다, (가서) 불러오다	경비실에 가서 경비원을 get
(누군가에게 어떤 것을) 얻게 하다 = 사다 주다, 갖다 주다	동료의 부탁으로 커피 한 잔을 get
(선물 등을) 받다	생일에 선물을 get
(돈, 용돈 등을) 받다	이모에게 용돈을 get
(월급, 급료 등을) 받다	이번 달 월급을 get
(칭찬, 평가, 평판 등을) 받다	사람들에게 칭찬을 get
(벌, 처벌 등을) 받다	폭행죄로 처벌을 get

한정판 운동화를 **얻다**	한정판 운동화를 **구하다**
옷가게에서 옷을 **얻다**	옷가게에서 옷을 **사다**
슈퍼마켓에서 과자와 음료수를 **얻다**	슈퍼마켓에서 과자와 음료수를 **사다**
콘서트 티켓을 **얻다**	콘서트 티켓을 **구하다** (예매하다)
투표권을 **얻다**	투표권이 **생기다**
경기도에 아파트를 **얻다**	경기도에 아파트를 **마련하다**
성수기라서 호텔 방을 어렵게 **얻다**	성수기라서 호텔 방을 어렵게 **구하다**
행복을 **얻다**	행복을 **받다**
직업을 바꾸고 나서 큰 만족감을 **얻다**	직업을 바꾸고 나서 큰 만족감을 **받다**
최신 정보를 **얻다**	최신 정보를 **입수하다**
약속 장소를 **얻다**	약속 장소에 **도착하다**
늦지 않게 공항을 **얻다**	늦지 않게 공항에 **도착하다**
야구 중계를 보려고 곧장 집을 **얻다**	야구 중계를 보려고 곧장 집에 **오다**
직장을 **얻다**	직장을 **구하다**
잦은 과식으로 위염을 **얻다**	잦은 과식으로 위염에 **걸리다**
기차를 **얻다**	기차를 **잡아타다**
독서하는 습관을 **얻다**	독서하는 습관을 **들이다**
값진 교훈을 **얻다**	값진 교훈을 **배우다**
도서관에서 책을 **얻다**	도서관에서 책을 **빌리다**
도망치는 도둑을 **얻다**	도망치는 도둑을 **붙잡다**
뛰어다니는 토끼의 귀를 **얻다**	뛰어다니는 토끼의 귀를 **잡다**
호주에서 일할 기회를 **얻다**	호주에서 일할 기회를 **잡다**
열심히 일해서 돈을 **얻다**	열심히 일해서 돈을 **벌다**
글의 내용을 잘 **얻다**	글의 내용을 잘 **이해하다**
말의 요점을 **얻다**	말의 요점을 **알아듣다**
사건의 단서를 **얻다**	사건의 단서를 **입수하다**
베란다에 가서 빨래를 **얻다**	베란다에 가서 빨래를 **가져오다**
경비실에 가서 경비원을 **얻다**	경비실에 가서 경비원을 **데려오다**
동료의 부탁으로 커피 한 잔을 **얻게 하다**	동료의 부탁으로 커피 한 잔을 **사다 주다**
생일에 선물을 **받다**	생일에 선물을 **받다**
이모에게 용돈을 **받다**	이모에게 용돈을 **받다**
이번 달 월급을 **받다**	이번 달 월급을 **받다**
사람들에게 칭찬을 **받다**	사람들에게 칭찬을 **받다**
폭행죄로 처벌을 **받다**	폭행죄로 처벌을 **받다**

get ② [게엩] [겟]

1. 얻다 / 얻게 하다　　2. 받다 / 받게 하다

(휴가 등을) 받다	여름휴가를 get
(허락, 허가를) 받다	부모님의 허락을 get
(주문, 명령을) 받다	손님의 주문을 get
(이메일, 편지를) 받다	거래처의 이메일을 get
(문자 메시지 등을) 받다	문자 메시지를 get
(전화, 호출을) 받다	그의 전화를 get
(환불을) 받다	제품에 하자가 있어서 환불을 get
(할인, 할인권을) 받다	책상 구매할 때 30% 할인을 get
(느낌, 인상, 영감 등을) 받다	그녀에게 좋은 느낌을 get
(도움, 상처 등을) 받다	그에게 도움을 get
(치료, 간호를) 받다	손가락 부상으로 치료를 get
(조언, 충고를) 받다 = 얻다	선배에게 조언을 get
(점수, 성적표를) 받다, 획득하다	수학을 80점 get
(학위 등을) 받다 = 따다, 취득하다	박사 학위를 get
(관심, 주의를) 받다 = 끌다	사람들의 관심을 get
(고통, 시련 등을) 받다 = 겪다	층간 소음으로 고통을 get
(사고 등을) 받다 = 당하다, 겪다	빗길에서 교통사고를 get
(자격증, 수료증 등을) 받다 = 따다	미용사 자격증을 get
(면허증 등을) 받다 = 따다	운전면허증을 get
(비자, 여권 등을) 받다 = 취득하다	미국 비자를 get
(상, 상금 등을) 받다 = 타다, 획득하다	최우수 연기자상을 get
(주사를) 받다 = 맞다	예방 주사를 get
(교통 법규 위반 통지서를) 받다 = 떼다	신호 위반 딱지를 get
(기쁨, 슬픔 등의 어떤 상태를) 받다 = ~해 지다	영화의 이별 장면을 보고 슬픔을 get
(화남 등의 어떤 상태를) 받다 = ~가 나다, ~하게 되다	그의 행동에 화남을 get
(피곤함, 지침 등의 어떤 상태를) 받다 = ~하다, ~하게 되다	나는 피곤함을 get
(지루함 등의 어떤 상태를) 받다 = ~해 지다	반복된 하루에 지루함을 get
(결혼함 등의 어떤 상태를) 받다 = ~하다, ~하게 되다	그는 결혼함을 get
(도난, 도둑맞음 등의 어떤 상황을) 받다 = ~하게 되다	스마트폰이 도난을 get
(요리하기 등의 어떤 동작을) 받다 = ~하기 시작하다	그녀는 요리하기를 get
(일하기 등의 어떤 동작을) 받다 = ~하기 시작하다	나는 출근하여 일하기를 get
(시켜서) 받게 하다 = ~시키다, ~하게 하다	딸에게 영어 공부하기를 get
(시켜서) 받게 하다 = ~시키다, ~하게 하다	아들에게 심부름하기를 get
(부탁하여) 받게 하다 = ~하게 하다, ~하도록 하다	동생에게 운전하기를 get

여름휴가를 **받다**	여름휴가를 **받다**
부모님의 허락을 **받다**	부모님의 허락을 **받다**
손님의 주문을 **받다**	손님의 주문을 **받다**
거래처의 이메일을 **받다**	거래처의 이메일을 **받다**
문자 메시지를 **받다**	문자 메시지를 **받다**
그의 전화를 **받다**	그의 전화를 **받다**
제품에 하자가 있어서 환불을 **받다**	제품에 하자가 있어서 환불을 **받다**
책상 구매할 때 30% 할인을 **받다**	책상 구매할 때 30% 할인을 **받다**
그녀에게 좋은 느낌을 **받다**	그녀에게 좋은 느낌을 **받다**
그에게 도움을 **받다**	그에게 도움을 **받다**
손가락 부상으로 치료를 **받다**	손가락 부상으로 치료를 **받다**
선배에게 조언을 **받다**	선배에게 조언을 **얻다**
수학을 80점 **받다**	수학을 80점 **받다**
박사 학위를 **받다**	박사 학위를 **따다**
사람들의 관심을 **받다**	사람들의 관심을 **끌다**
층간 소음으로 고통을 **받다**	층간 소음으로 고통을 **겪다**
빗길에서 교통사고를 **받다**	빗길에서 교통사고를 **당하다**
미용사 자격증을 **받다**	미용사 자격증을 **따다**
운전면허증을 **받다**	운전면허증을 **따다**
미국 비자를 **받다**	미국 비자를 **취득하다**
최우수 연기자상을 **받다**	최우수 연기자상을 **타다**
예방 주사를 **받다**	예방 주사를 **맞다**
신호 위반 딱지를 **받다**	신호 위반 딱지를 **떼다**
영화의 이별 장면을 보고 슬픔을 **받다**	영화의 이별 장면을 보고 **슬퍼지다**
그의 행동에 화남을 **받다**	그의 행동에 화가 **나다**
나는 피곤함을 **받다**	나는 피곤**하다**
반복된 하루에 지루함을 **받다**	반복된 하루에 **지루해지다**
그는 결혼함을 **받다**	그는 결혼**하다** (결혼했다)
스마트폰이 도난을 **받다**	스마트폰이 도난을 당하게 **되다**
그녀는 요리하기를 **받다**	그녀는 요리하기 **시작하다**
나는 출근하여 일하기를 **받다**	나는 출근하여 일하기 **시작하다**
딸에게 영어 공부하기를 **받게 하다**	딸에게 영어 공부를 **시키다**
아들에게 심부름하기를 **받게 하다**	아들에게 심부름을 **시키다**
동생에게 운전하기를 **받게 하다**	동생에게 운전을 **하게 하다**

tie [탸이] [타이]

묶다 / 묶이다 / 묶임 / 묶는 것

(끈, 줄로) 묶다	폐지를 모아 끈으로 tie
(끈, 줄로) 묶다	머리를 뒤로 tie
(끈, 줄로) 묶다 = 매다, 동여매다	로프를 허리에 tie
(끈, 줄을) 묶다 = (신발끈 등을) 매다	신발끈을 tie
(끈, 줄을) 묶다 = (앞치마, 넥타이 등을) 매다	앞치마를 tie
(달아나지 못하게) 묶다 = 매다	말고삐를 말뚝에 단단히 tie
(어떤 것을 달아서) 묶다 = (묶어서) 달다, (묶어서) 붙이다	가방에 이름표를 tie
(어떤 것을 달아서) 묶다 = 달다, 붙이다, 관련시키다	부탁을 들어주는 대신 조건을 tie
(여러 기능, 서비스 등을 하나로) 묶다 = 결합하다, 연결하다	스피커에 조명 기능을 tie
(어떤 것에 속박되어) 묶이다 = 얽매이다, 속박되다, 구속되다	내용보다는 형식에 너무 tie
(어떤 것과 관련되어) 묶이다 = 관련되어 있다, 연관되어 있다	인플레이션은 임금 인상과 tie
(어떤 것과 관련되어) 묶이다 = 연관되어 있다, 달려 있다	건강은 우리가 먹는 음식에 tie
(양팀 점수가 하나로) 묶이다 = 비기다, 동점이 되다	축구 경기가 1:1로 tie
(관계의) 묶임 = 유대 관계 (ties), 유대, 관계	우방국과 긴밀한 ties를 유지하다
(양팀 점수 혹은 최고 기록과 하나로) 묶임 = 동점 (a tie), 타이	세계 기록과 a tie가 되다
(양팀 점수가 하나로) 묶임 = 무승부 (a tie), 동점	5대 5 a tie로 경기가 끝나다
(매듭지게) 묶는 것 = 넥타이, 끈, 줄, 타이	군청색 tie를 선물로 받다

brush [브뤄쉬] [브러쉬]

솔 / 솔질 / 솔질하다 / 솔에 닿다

솔 (털로 만들어 털거나 닦을 때 쓰는 기구)	brush로 구두를 닦다
솔 = 붓 (그림이나 화장, 요리용 등의 각종 붓), 브러쉬	물감과 brush, 도화지를 준비하다
솔 = (먼지 털이용) 붓, 브러쉬	brush로 창틀의 먼지를 털어내다
솔 = (모발용) 브러쉬, 빗 (털이나 여러 줄로 만들어진 빗)	엉킨 머리를 brush로 정리하다
(그림의) 솔질 = 붓질, 화법 (the brush), 그림 기법	brush가 서툴러 벽에 칠한 페인트가 얼룩덜룩하다
(모발의) 솔질 = 빗질, 브러쉬질	지각해서 머리에 brush를 하지 못하다
(치아의) 솔질 = (칫)솔질 (toothbrushing)	(tooth)brushing을 꼼꼼히 하다
(솔이나 손으로) 솔질하다 = 털다, 쓸다	옷에 묻어 있는 먼지를 brush
(물감을 묻혀) 솔질하다 = 붓질하다, 칠하다	그림물감으로 스케치북에 brush
(머리를) 솔질하다 = (브러쉬로) 빗질하다	거울을 보며 단정히 brush
(치아를) 솔질하다 = (칫)솔질을 하다 (brush one's teeth)	자기 전에는 꼭 brush (one's teeth)
(치아를) 솔질하다 = (치아, 이를) 닦다 (brush one's teeth)	음식을 먹은 뒤에 치아를 brush
(끝부분의) 솔에 닿다 = (끝부분에) 스치다, 가볍게 닿다	인파가 많은 곳에서 옆 사람의 brush

폐지를 모아 끈으로 **묶다**	폐지를 모아 끈으로 **묶다**
머리를 뒤로 **묶다**	머리를 뒤로 **묶다**
로프를 허리에 **묶다**	로프를 허리에 **매다**
신발끈을 **묶다**	신발끈을 **매다**
앞치마를 **묶다**	앞치마를 **매다**
말고삐를 말뚝에 단단히 **묶다**	말고삐를 말뚝에 단단히 **매다**
가방에 이름표를 **묶다**	가방에 이름표를 **달다**
부탁을 들어주는 대신 조건을 **묶다**	부탁을 들어주는 대신 조건을 **달다**
스피커에 조명 기능을 **묶다**	스피커에 조명 기능을 **결합하다**
내용보다는 형식에 너무 **묶이다**	내용보다는 형식에 너무 **얽매이다**
인플레이션은 임금 인상과 **묶이다**	인플레이션은 임금 인상과 **관련되어 있다**
건강은 우리가 먹는 음식에 **묶이다**	건강은 우리가 먹는 음식에 **연관되어 있다**
축구 경기가 1:1로 **묶이다**	축구 경기가 1:1로 **비기다**
우방국과 긴밀한 **묶임**을 유지하다	우방국과 긴밀한 **유대관계**를 유지하다
세계 기록과 하나의 **묶임**이 되다	세계 기록과 **동점**이 되다
5대 5 **묶임**으로 경기가 끝나다	5대 5 **무승부**로 경기가 끝나다
군청색 **묶는 것**을 선물로 받다	군청색 **넥타이**를 선물로 받다

솔로 구두를 닦다	솔로 구두를 닦다
물감과 솔, 도화지를 준비하다	물감과 **붓**, 도화지를 준비하다
솔로 창틀의 먼지를 털어내다	**붓**으로 창틀의 먼지를 털어내다
엉킨 머리를 솔로 정리하다	엉킨 머리를 **브러쉬**로 정리하다
솔질이 서툴러 벽에 칠한 페인트가 얼룩덜룩하다	**붓질**이 서툴러 벽에 칠한 페인트가 얼룩덜룩하다
지각해서 머리에 **솔질**을 하지 못하다	지각해서 머리에 **빗질**을 하지 못하다
(칫)**솔질**을 꼼꼼히 하다	(칫)**솔질**을 꼼꼼히 하다
옷에 묻어 있는 먼지를 **솔질하다**	옷에 묻어 있는 먼지를 **털다**
그림물감으로 스케치북에 **솔질하다**	그림물감으로 스케치북에 **붓질하다**
거울을 보며 단정히 **솔질하다**	거울을 보며 단정히 **빗질하다**
자기 전에는 꼭 (칫)**솔질하다**	자기 전에는 꼭 (칫)**솔질을 하다**
음식을 먹은 뒤에 치아를 **솔질하다**	음식을 먹은 뒤에 치아를 **닦다**
인파가 많은 곳에서 옆 사람의 솔에 **닿다**	인파가 많은 곳에서 옆 사람과 **스치다**

make ① [뭬익] [메이크]

만들다

(없던 것을) 만들다	푸른빛의 도자기를 **make**
(없던 것을) 만들다	금속 활자를 **make**
(제품을) 만들다 = 제조하다, 조립하다, 생산하다	공장에서 자동차를 **make**
(전자 제품 등을) 만들다 = 생산하다, 제조하다, 조립하다	해외에서 냉장고를 대량으로 **make**
(가구 등을) 만들다 = 생산하다, 조립하다, 제조하다	사무용 가구를 **make**
(어떤 재료로) 만들다 = 제조하다, 생산하다	소가죽으로 가방을 **make**
(옷을) 만들다 = 제조하다, 생산하다, 짓다	아동복을 **make**
(집, 건물 등을) 만들다 = 짓다, 세우다, 건설하다	4층 짜리 집을 **make**
(가열 없는 음식을) 만들다 = 하다	아이들을 위해 샌드위치를 **make**
(아침, 점심, 저녁을) 만들다 = 하다, 준비하다	엄마가 저녁을 **make**
(커피를) 만들다 = 타다, 내리다	손님을 위해 커피를 **make**
(차를) 만들다 = 끓이다, 우리다	녹차를 **make**
(노래, 창작곡 등을) 만들다 = 창작하다	신나는 노래를 **make**
(작품, 시 등을) 만들다 = 짓다	삶을 돌아보며 잔잔한 시를 **make**
(영화, 드라마 등을) 만들다 = 제작하다	액션 영화를 **make**
(동영상, 홈페이지 등을) 만들다 = 제작하다	춤을 가르치는 동영상을 **make**
(법, 법률, 규칙 등을) 만들다 = 제정하다, 세우다	도로 교통법을 **make**
(계획 등을) 만들다 = 짜다, 세우다	여행 계획을 **make**
(목록, 문서, 계산서 등을) 만들다 = 작성하다	재고 목록을 **make**
(친구, 적을) 만들다 = 사귀다	동네 친구를 **make**
(이성 친구, 애인을) 만들다 = 사귀다	이성 친구를 **make**
(관계를) 만들다 = 삼다	이 분을 인생의 스승으로 **make**
(관계를) 만들다 = 맺다	그들은 부부의 인연을 **make**
(관계를) 만들다 = ~되게 하다	그 사람을 우리 편으로 **make**
(어떤 위치, 상황에 서게) 만들다 = ~되게 하다	연이은 히트곡이 그녀를 톱 가수로 **make**
(어떤 위치, 상황에 서게) 만들다 = ~되게 하다	복권 1등 당첨이 그를 부자로 **make**
(현실로) 만들다 = ~되게 하다	꿈을 현실로 **make**
(웃게, 울게) 만들다 = ~하게 하다	아기가 나를 웃게 **make**
(행복하게, 불행하게) 만들다 = ~하게 하다	여자친구가 나를 행복하게 **make**
(기쁘게, 슬프게) 만들다 = ~하게 하다	그가 우리를 화나게 **make**
(어떻게 보이도록) 만들다 = ~하게 하다	키높이 구두로 키가 커 보이게 **make**
(어떻게 보이도록) 만들다 = ~하게 하다	좋은 디자인이 제품을 돋보이게 **make**
(어떤 마음이 생기게) 만들다 = ~하게 하다, 생기게 하다	예쁜 가방을 보니 사고 싶게 **make**
(~하도록) 만들다 = ~하도록 하다	SNS는 사람들과 더 쉽게 소통하도록 **make**

푸른빛의 도자기를 **만들다**	푸른빛의 도자기를 **만들다**
금속 활자를 **만들다**	금속 활자를 **만들다**
공장에서 자동차를 **만들다**	공장에서 자동차를 **제조하다**
해외에서 냉장고를 대량으로 **만들다**	해외에서 냉장고를 대량으로 **생산하다**
사무용 가구를 **만들다**	사무용 가구를 **생산하다**
소가죽으로 가방을 **만들다**	소가죽으로 가방을 **제조하다**
아동복을 **만들다**	아동복을 **제조하다**
4층 짜리 집을 **만들다**	4층 짜리 집을 **짓다**
아이들을 위해 샌드위치를 **만들다**	아이들을 위해 샌드위치를 **하다**
엄마가 저녁을 **만들다**	엄마가 저녁을 **하다**
손님을 위해 커피를 **만들다**	손님을 위해 커피를 **타다**
녹차를 **만들다**	녹차를 **끓이다**
신나는 노래를 **만들다**	신나는 노래를 **창작하다**
삶을 돌아보며 잔잔한 시를 **만들다**	삶을 돌아보며 잔잔한 시를 **짓다**
액션 영화를 **만들다**	액션 영화를 **제작하다**
춤을 가르치는 동영상을 **만들다**	춤을 가르치는 동영상을 **제작하다**
도로 교통법을 **만들다**	도로 교통법을 **제정하다**
여행 계획을 **만들다**	여행 계획을 **짜다**
재고 목록을 **만들다**	재고 목록을 **작성하다**
동네 친구를 **만들다**	동네 친구를 **사귀다**
이성 친구를 **만들다**	이성 친구를 **사귀다**
이 분을 인생의 스승으로 **만들다**	이 분을 인생의 스승으로 **삼다**
그들은 부부의 인연을 **만들다**	그들은 부부의 인연을 **맺다**
그 사람을 우리 편으로 **만들다**	그 사람을 우리 편이 **되게 하다**
연이은 히트곡이 그녀를 톱 가수로 **만들다**	연이은 히트곡이 그녀를 톱 가수가 **되게 하다**
복권 1등 당첨이 그를 부자로 **만들다**	복권 1등 당첨이 그를 부자가 **되게 하다**
꿈을 현실로 **만들다**	꿈을 현실이 **되게 하다**
아기가 나를 웃게 **만들다**	아기가 나를 웃게 **하다**
여자친구가 나를 행복하게 **만들다**	여자친구가 나를 행복하게 **하다**
그가 우리를 화나게 **만들다**	그가 우리를 화나게 **하다**
키높이 구두로 키가 커 보이게 **만들다**	키높이 구두로 키가 커 보이게 **하다**
좋은 디자인이 제품을 돋보이게 **만들다**	좋은 디자인이 제품을 돋보이게 **하다**
예쁜 가방을 보니 사고 싶게 **만들다**	예쁜 가방을 보니 사고 싶게 **하다**
SNS는 사람들과 더 쉽게 소통하도록 **만들다**	SNS는 사람들과 더 쉽게 소통**하도록 하다**

make ② [뭬익] [메이크]

만들다

(실수를) 만들다 = 하다, 저지르다	작은 실수를 make
(변명을) 만들다 = 하다, (변명을) 대다	늦은 것에 대해 변명을 make
(결정을) 만들다 = 하다, 내리다	고심 끝에 결정을 make
(노력을) 만들다 = 하다	건강을 챙기려고 노력을 make
(선택을) 만들다 = 하다	진로에 대해 신중한 선택을 make
(전화, 연락을) 만들다 = 하다	그녀에게 전화를 make
(연설, 발표를) 만들다 = 하다	그가 광장에서 지지 연설을 make
(추천, 제안을) 만들다 = 하다	이 식당에서 제일 맛있는 음식으로 추천을 make
(예약, 문의를) 만들다 = 하다	호텔에 룸 예약을 make
(약속, 계약을) 만들다 = 하다	모임에 참석하겠다고 약속을 make
(확실하게, 명확하게) 만들다 = (확실하게) 하다	문이 잘 닫혔는지 확실하게 make
(말썽, 소란을) 만들다 = 피우다, 일으키다	아이들이 말썽을 make
(문제를) 만들다 = 일으키다, 야기하다, 생기게 하다	뇌물을 받아서 문제를 make
(소리를) 만들다 = 내다, 나다	피아노가 맑은 소리를 make
(소음을) 만들다 = 내다, 나다	공사장에서 소음을 make
(구멍을) 만들다 = 내다	벽에 구멍을 make
(시간을) 만들다 = 내다	등산을 하려고 주말에 시간을 make
(수익, 이익을) 만들다 = 내다	부동산 투자로 수익을 make
(손실을) 만들다 = 내다	신규 사업으로 손실을 make
(돈, 재산을) 만들다 = 벌다, 이루다	호떡을 팔아 돈을 make
(변화를) 만들다 = (변화를) 주다	추가 요리로 메뉴에 변화를 make
(불을) 만들다 = 피우다	땔감에 불을 make
(생계, 살길을) 만들다 = 꾸리다, 마련하다	식당을 차려서 세 식구의 생계를 make
(침대, 잠자리를) 만들다 = 정리하다, 준비하다	자기 위해 침대를 make
(공간, 자리를) 만들다 = 확보하다, 마련하다, 준비하다	조각상을 세울 공간을 make
(습관을) 만들다 = 들이다	일찍 일어나는 습관을 make
(직업, 천직으로) 만들다 = 삼다	요리를 직업으로 make
(구성하여) 만들다 = 구성하다 (up), 차지하다, 형성하다	물은 우리 몸의 70%를 make up
(표정을) 만들다 = 짓다, 하다	귀여운 표정을 make
(직책, 지위를) 만들다 = 임명하다, 지명하다	그녀를 설계팀 팀장으로 make
(사람을 강제적으로 ~하게) 만들다 = ~하게 하다, ~을 시키다	나는 아들을 공부하게 make
(사람을 강제적으로 ~하게) 만들다 = ~하게 하다, ~을 시키다	아내가 남편을 일찍 들어오게 make
(사람을 강제적으로 ~하게) 만들다 = ~을 시키다, ~하게 하다	엄마가 딸에게 방을 청소하게 make
(사람을 강제적으로 ~하게) 만들다 = ~하도록 시키다, ~하게 하다	선수들에게 매일 100개씩 슛 연습하게 make

작은 실수를 **만들다**	작은 실수를 **하다**
늦은 것에 대해 변명을 **만들다**	늦은 것에 대해 변명을 **하다**
고심 끝에 결정을 **만들다**	고심 끝에 결정을 **하다**
건강을 챙기려고 노력을 **만들다**	건강을 챙기려고 노력을 **하다**
진로에 대해 신중한 선택을 **만들다**	진로에 대해 신중한 선택을 **하다**
그녀에게 전화를 **만들다**	그녀에게 전화를 **하다**
그가 광장에서 지지 연설을 **만들다**	그가 광장에서 지지 연설을 **하다**
이 식당에서 제일 맛있는 음식으로 추천을 **만들다**	이 식당에서 제일 맛있는 음식으로 추천을 **하다**
호텔에 룸 예약을 **만들다**	호텔에 룸 예약을 **하다**
모임에 참석하겠다고 약속을 **만들다**	모임에 참석하겠다고 약속을 **하다**
문이 잘 닫혔는지 확실하게 **만들다**	문이 잘 닫혔는지 확실하게 **하다**
아이들이 말썽을 **만들다**	아이들이 말썽을 **피우다**
뇌물을 받아서 문제를 **만들다**	뇌물을 받아서 문제를 **일으키다**
피아노가 맑은 소리를 **만들다**	피아노가 맑은 소리를 **내다**
공사장에서 소음을 **만들다**	공사장에서 소음을 **내다**
벽에 구멍을 **만들다**	벽에 구멍을 **내다**
등산을 하려고 주말에 시간을 **만들다**	등산을 하려고 주말에 시간을 **내다**
부동산 투자로 수익을 **만들다**	부동산 투자로 수익을 **내다**
신규 사업으로 손실을 **만들다**	신규 사업으로 손실을 **내다**
호떡을 팔아 돈을 **만들다**	호떡을 팔아 돈을 **벌다**
추가 요리로 메뉴에 변화를 **만들다**	추가 요리로 메뉴에 변화를 **주다**
땔감에 불을 **만들다**	땔감에 불을 **피우다**
식당을 차려서 세 식구의 생계를 **만들다**	식당을 차려서 세 식구의 생계를 **꾸리다**
자기 위해 침대를 **만들다**	자기 위해 침대를 **정리하다**
조각상을 세울 공간을 **만들다**	조각상을 세울 공간을 **확보하다**
일찍 일어나는 습관을 **만들다**	일찍 일어나는 습관을 **들이다**
요리를 직업으로 **만들다**	요리를 직업으로 **삼다**
물은 우리 몸의 70%를 **만들다**	물은 우리 몸의 70%를 **구성하다**
귀여운 표정을 **만들다**	귀여운 표정을 **짓다**
그녀를 설계팀 팀장으로 **만들다**	그녀를 설계팀 팀장으로 **임명하다**
나는 아들을 공부하게 **만들다**	나는 아들을 공부하게 **하다**
아내가 남편을 일찍 들어오게 **만들다**	아내가 남편을 일찍 들어오게 **하다**
엄마가 딸에게 방을 청소하게 **만들다**	엄마가 딸에게 방 청소를 **시키다**
선수들에게 매일 100개씩 슛 연습하게 **만들다**	선수들에게 매일 100개씩 슛 연습하도록 **시키다**

carry [캐어ㄹ리] [캐리]

들고 나르다 / 들고 날라지다

(우산, 지갑 등을 손, 몸에) 들고 나르다 = 들고 가다, 가지고 가다	비가 와서 우산을 **carry**
(휴대하여 손, 몸에) 들고 나르다 = 가지고 있다, 지니고 있다	휴대용 티슈를 **carry**
(카드, 현금, 신분증 등을) 들고 나르다 = 소지하다, 지니다	카드와 현금을 **carry**
(도시락, 노트북 등을) 들고 나르다 = 가지고 다니다, 휴대하다	회사에 도시락을 **carry**
(스마트폰, 시계 등을) 들고 나르다 = 휴대하다, 가지고 있다	스마트폰을 **carry**
(인력으로) 들고 나르다 = (짊어지고, 안고) 나르다, 옮기다	주방으로 쌀 포대를 **carry**
(인력, 운반 기구 등으로 물건을) 들고 나르다 = 나르다, 옮기다	창고에 있던 물건을 매장으로 **carry**
(운송 수단으로 짐을) 들고 나르다 = 운반하다, 옮기다	화물차로 택배를 **carry**
(물건, 짐 등을) 들고 나르다 = 싣고 나르다, 실어 나르다	이사 차량으로 이삿짐을 **carry**
(아기, 동물, 인형 등을) 들고 나르다 = 안고 가다, 업고 가다	아기를 **carry**
(들것, 수레, 차량 등이 옮길 것을) 들고 나르다 = 옮기다	들것으로 부상자를 **carry**
(차량이 사람, 짐 등을) 들고 나르다 = 싣고 가다	택시가 손님을 **carry**
(비행기, 배 등이 사람, 짐 등을) 들고 나르다 = 싣고 가다	비행기가 승객들을 **carry**
(차량, 비행기 등이 얼마만큼) 들고 나르다 = 실을 수 있다, 수용하다	이 승합차는 12명을 **carry**
(가방이 얼마만큼) 들고 나르다 = 넣을 수 있다, 수용하다	그 가방은 많은 짐을 **carry**
(지지대, 기둥 등이 무게를) 들고 나르다 = 떠받치다, 지탱하다	저 받침대는 기계의 무게를 **carry**
(전염병, 감기 등을) 들고 나르다 = 옮기다, 전염시키다	모기가 말라리아를 **carry**
(소식, 전달 사항 등을) 들고 나르다 = 전하다, 전달하다, 알리다	합격 소식을 **carry**
(의견, 주장 등을) 들고 나르다 = 밀어붙이다, 관철시키다	그는 자신의 의견을 **carry**
(공급 라인이 전기, 물, 가스 등을) 들고 나르다 = 흐르게 하다	수도관이 물을 **carry**
(전선, 케이블이 전류, 방송을) 들고 나르다 = 전달하다, 나르다	케이블이 방송을 **carry**
(상점이 상품을 갖추어) 들고 나르다 = 취급하다, 갖추고 있다	이 가게는 각종 생활용품을 **carry**
(마음의 짐, 죄책감을) 들고 나르다 = 지니다 (가지고 다니다)	남편에게 상처를 주고 미안한 마음을 **carry**
(책임의 무게를) 들고 나르다 = (책임을) 짊어지다, 맡다	가장이 한 집안의 생계를 **carry**
(영향력의 무게를) 들고 나르다 = (영향력) 끼치다, 가지다	인기 아이돌은 청소년들에게 큰 영향력을 **carry**
(이익, 손해 등을) 들고 나르다 = 수반하다, 동반하다, 따르다	무리한 투자로 손실의 위험을 **carry**
(처벌, 형벌, 벌금 등을) 들고 나르다 = 처하다, 따르다	주차 위반으로 벌금형을 **carry**
(마음, 기억에) 들고 나르다 = (마음에) 담고 있다, 기억해 두다	첫사랑과의 설레는 추억을 **carry**
(말 못 할 비밀을 혼자서) 들고 나르다 = 지니고 있다	그 사람은 말 못 할 비밀을 **carry**
(청중, 관중에게 감동 등을) 들고 나르다 = 움직이다, 공감을 얻다	그녀의 연설이 사람들의 마음을 **carry**
(계획을 실행으로) 들고 나르다 = 옮기다, 실행하다	계획을 실행에 **carry**
(아기를 잉태하여) 들고 나르다 = 임신 중이다 (carrying)	그녀는 아기를 **carry**ing
(총알, 화살 등이) 들고 날라지다 = 이르다, 도달하다	총알이 100m 과녁까지 **carry**
(소리가) 들고 날라지다 = (잘) 들리다, 이르다, 도달하다	강사의 목소리가 강의실 끝까지 잘 **carry**

비가 와서 우산을 **들고 나르다**	비가 와서 우산을 **들고 가다**
휴대용 티슈를 **들고 나르다**	휴대용 티슈를 **가지고 있다**
카드와 현금을 **들고 나르다**	카드와 현금을 **소지하다**
회사에 도시락을 **들고 나르다**	회사에 도시락을 **가지고 다니다**
스마트폰을 **들고 나르다**	스마트폰을 **휴대하다**
주방으로 쌀 포대를 **들고 나르다**	주방으로 쌀 포대를 **나르다**
창고에 있던 물건을 매장으로 **들고 나르다**	창고에 있던 물건을 매장으로 **나르다**
화물차로 택배를 **들고 나르다**	화물차로 택배를 **운반하다**
이사 차량으로 이삿짐을 **들고 나르다**	이사 차량으로 이삿짐을 **싣고 나르다**
아기를 **들고 나르다**	아기를 **안고 가다**
들것으로 부상자를 **들고 나르다**	들것으로 부상자를 **옮기다**
택시가 손님을 **들고 나르다**	택시가 손님을 **싣고 가다**
비행기가 승객들을 **들고 나르다**	비행기가 승객들을 **싣고 가다**
이 승합차는 12명을 **들고 나르다**	이 승합차는 12명을 **실을 수 있다**
그 가방은 많은 짐을 **들고 나르다**	그 가방은 많은 짐을 **넣을 수 있다**
저 받침대는 기계의 무게를 **들고 나르다**	저 받침대는 기계의 무게를 **떠받치다**
모기가 말라리아를 **들고 나르다**	모기가 말라리아를 **옮기다**
합격 소식을 **들고 나르다**	합격 소식을 **전하다**
그는 자신의 의견을 **들고 나르다**	그는 자신의 의견을 **밀어붙이다**
수도관이 물을 **들고 나르다**	수도관으로 물을 **흐르게 하다**
케이블이 방송을 **들고 나르다**	케이블이 방송을 **전달하다** (방송하다)
이 가게는 각종 생활용품을 **들고 나르다**	이 가게는 각종 생활용품을 **취급하다**
남편에게 상처를 주고 미안한 마음을 **들고 나르다**	남편에게 상처를 주고 미안한 마음을 **지니다**
가장이 한 집안의 생계를 **들고 나르다**	가장이 한 집안의 생계를 **짊어지다**
인기 아이돌은 청소년들에게 큰 영향력을 **들고 나르다**	인기 아이돌은 청소년들에게 큰 영향력을 **끼치다**
무리한 투자로 손실의 위험을 **들고 나르다**	무리한 투자로 손실의 위험을 **수반하다**
주차 위반으로 벌금형을 **들고 나르다**	주차 위반으로 벌금형에 **처하다**
첫사랑과의 설레는 추억을 **들고 나르다**	첫사랑과의 설레는 추억을 **담고 있다**
그 사람은 말 못 할 비밀을 **들고 나르다**	그 사람은 말 못 할 비밀을 **지니고 있다**
그녀의 연설이 사람들의 마음을 **들고 나르다**	그녀의 연설이 사람들의 마음을 **움직이다**
계획을 실행에 **들고 나르다**	계획을 실행에 **옮기다**
그녀는 아기를 **들고 나르다**	그녀는 아기를 **임신 중이다**
총알이 100m 과녁까지 **들고 날라지다**	총알이 100m 과녁까지 **이르다**
강사의 목소리가 강의실 끝까지 잘 **들고 날라지다**	강사의 목소리가 강의실 끝까지 잘 **들리다**

run ①  [뤄언] [런]

달리다 / 달리게 하다 / 달리기

(사람이) 달리다 = 뛰다	육상 선수들이 트랙을 **run**
(사람이) 달리다 = 달려가다	아이가 엄마를 향해 **run**
(급하게) 달리다 = 뛰어가다	약속 시간에 늦어서 **run**
(운동으로) 달리다 = 뛰다	매일 아침 공원을 **run**
(동물이) 달리다 = 뛰다	치타가 초원을 **run**
(차, 열차, 배, 탈것 등이) 달리다 = 다니다, 나아가다	버스가 도로를 **run**
(제품 등이) 달리다 = 작동하다, 움직이다, 돌아가다	세탁기가 잘 **run**
(기계 등이) 달리다 = 돌아가다, 움직이다, 작동하다	공장의 기계들이 **run**
(시냇물, 강물 등이) 달리다 = 흐르다	시냇물이 졸졸 **run**
(버스, 기차 등이 특정 노선으로) 달리다 = 다니다, 운행하다	시청가는 버스가 15분 간격으로 **run**
(버스, 기차 등이 일정하게) 달리다 = 운행하다, 다니다	지하철이 11시까지 **run**
(멀리 떨어지게) 달리다 = 도망가다 (away), 도망치다	도둑이 물건을 훔쳐 **run** away
(멀리 떨어지게) 달리다 = 달아나다 (away)	발자국 소리에 놀란 사슴이 **run** away
(콧물, 땀, 눈물, 침 등이 흘러) 달리다 = 흐르다 (down)	콧물이 **run**
(어떤 상태로) 달리다 = (배터리 등이) 닳다 (down), 다 되다	핸드폰 배터리가 **run** down
(어떤 상태로) 달리다 = (물자, 돈 등이) 떨어지다 (out of), 바닥나다	냉장고의 음식이 **run** out of
(안 좋은 상태로) 달리다 = (~하게) 되다, (나쁜 상태로) 빠지다	가뭄으로 인해 농작물이 말라죽게 **run**
(소문, 경보 등이) 달리다 = 확 퍼지다, (빠르게) 전파되다	둘이 사귄다는 소문이 **run**
(불, 병 등이) 달리다 = 확 번지다, (빠르게) 퍼지다	불이 창고를 **run**
(통증이 몸에서) 달리다 = 스쳐 지나가다, 훅 지나다	통증이 무릎을 **run**
(생각, 기억 등이 머리를) 달리다 = 스쳐 지나가다, 번뜩 떠오르다	좋은 방법이 머릿속을 **run**
(가격, 비용 등이) 달리다 = (가격이) 이다, (비용이) 들다	책상은 17만원을 **run**
(수치, 수준, 수량 등이) 달리다 = 달하다, 육박하다	시청률이 24%를 **run**
(영화가 얼마의 시간, 기간 동안) 달리다 = 상영되다, 흥행을 계속하다	영화가 두 시간 **run**
(공연 등이 얼마의 기간 동안) 달리다 = 공연되다, 상연되다	뮤지컬이 4개월간 **run**
(전시회 등이 얼마의 기간 동안) 달리다 = 열리다, 진행되다	전시회는 6월부터 9월까지 **run**
(회의 등이 얼마의 시간, 기간 동안) 달리다 = 이어지다, 계속되다	회의가 3시간 동안 **run**
(계약이 얼마의 기간 동안) 달리다 = 지속되다, 유효하다	계약은 1년간 **run**
(유효 기간이) 달리다 = 유효하다, 효력을 가지다, 지속되다	이 허가증은 6개월간 **run**
(성질, 특징 등이) 달리다 = 유전되다, 전해지다, 내력이 되다	공부 잘하는 것이 그녀에게 **run**
(선거 후보로) 달리다 = 출마하다 (for) (미국), 입후보하다	대통령 선거에 **run** for
(스타킹 올이) 달리다 = (스타킹 올이) 나가다	스타킹 올이 **run**
(몸에 열이) 달리다 = (열이) 나다	몸에 열이 **run**
(고체가 액체로) 달리다 = (버터 등이) 녹아내리다, 녹다	프라이팬의 버터가 **run**

육상 선수들이 트랙을 **달리다**	육상 선수들이 트랙을 **뛰다**
아이가 엄마를 향해 **달리다**	아이가 엄마를 향해 **달려가다**
약속 시간에 늦어서 **달리다**	약속 시간에 늦어서 **뛰어가다**
매일 아침 공원을 **달리다**	매일 아침 공원을 **뛰다**
치타가 초원을 **달리다**	치타가 초원을 **뛰다**
버스가 도로를 **달리다**	버스가 도로를 **다니다**
세탁기가 잘 **달리다**	세탁기가 잘 **작동하다**
공장의 기계들이 **달리다**	공장의 기계들이 **돌아가다**
시냇물이 졸졸 **달리다**	시냇물이 졸졸 **흐르다**
시청가는 버스가 15분 간격으로 **달리다**	시청가는 버스가 15분 간격으로 **다니다**
지하철이 11시까지 **달리다**	지하철이 11시까지 **운행하다**
도둑이 물건을 훔쳐 **달리다**	도둑이 물건을 훔쳐 **도망가다**
발자국 소리에 놀란 사슴이 **달리다**	발자국 소리에 놀란 사슴이 **달아나다**
콧물이 **달리다**	콧물이 **흐르다**
핸드폰 배터리가 낮아져 **달리다**	핸드폰 배터리가 **닳다**
냉장고의 음식이 없어져 **달리다**	냉장고의 음식이 **떨어지다**
가뭄으로 인해 농작물이 말라죽게 **달리다**	가뭄으로 인해 농작물이 말라죽게 **되다**
둘이 사귄다는 소문이 **달리다**	둘이 사귄다는 소문이 **확 퍼지다**
불이 창고를 **달리다**	불이 창고에 **확 번지다**
통증이 무릎을 **달리다**	통증이 무릎을 **스쳐 지나가다**
좋은 방법이 머릿속을 **달리다**	좋은 방법이 머릿속을 **스쳐 지나가다**
책상은 17만원을 **달리다**	책상은 17만원 **이다**
시청률이 24%를 **달리다**	시청률이 24%에 **달하다**
영화가 두 시간 **달리다**	영화가 두 시간 **상영되다**
뮤지컬이 4개월간 **달리다**	뮤지컬이 4개월간 **공연되다**
전시회는 6월부터 9월까지 **달리다**	전시회는 6월부터 9월까지 **열리다**
회의가 3시간 동안 **달리다**	회의가 3시간 동안 **이어지다**
계약은 1년간 **달리다**	계약은 1년간 **지속되다**
이 허가증은 6개월간 **달리다**	이 허가증은 6개월간 **유효하다**
공부 잘하는 것이 그녀에게 **달리다**	공부 잘하는 것이 그녀에게 **유전되다**
국회의원 선거에 **달리다**	국회의원 선거에 **출마하다**
스타킹 올이 **달리다**	스타킹 올이 **나가다**
몸에 열이 **달리다**	몸에 열이 **나다**
프라이팬의 버터가 **달리다**	프라이팬의 버터가 **녹아내리다**

run ② [뤄언] [런]

달리다 / 달리게 하다 / 달리기

(차, 열차, 배, 탈것 등이) 달리게 하다 = 몰다, 굴리다, 운전하다	고속도로로 자동차를 **run**
(차, 열차, 배, 탈것 등이) 달리게 하다 = 운항하다, 몰다, 운전하다	화물선을 **run**
(동물을) 달리게 하다 = 몰다, 몰이하다	말을 **run**
(후보로) 달리게 하다 = 출마시키다 (미국), (말을 경마에) 내보내다	그를 국회의원 후보로 **run**
(사람을 통제하여) 달리게 하다 = 통제하다, 몰다, ~하게 하다	그녀는 아들을 자기 맘대로 **run**
(사람을 차에 태워) 달리게 하다 = (승용차로) 태워 주다	차로 회사까지 동료를 **run**
(어떤 상태로) 달리게 하다 = 몰아넣다 (into), ~하게 하다	과중한 업무가 그를 피곤에 **run** into
(가게, 매장 등을) 달리게 하다 = (운영) 하다, 운영하다	돈가스 가게를 **run**
(회사, 기업을) 달리게 하다 = 경영하다, 운영하다	식품 제조 회사를 **run**
(국가, 나라를) 달리게 하다 = 운영하다, 정치하다	국가를 **run**
(웹 사이트, 홈페이지 등을) 달리게 하다 = 운영하다, 관리하다	회사의 웹 사이트를 **run**
(강좌, 강의 등을) 달리게 하다 = 운영하다, 제공하다	도서관에서 프랑스어 강좌를 **run**
(계획을) 달리게 하다 = 진행하다, 관리하다	계획을 **run**
(실험, 테스트 등을) 달리게 하다 = 하다, 진행하다	실험을 **run**
(컴퓨터 프로그램을) 달리게 하다 = 실행시키다, 띄우다	컴퓨터 프로그램을 **run**
(영화, 동영상 등을) 달리게 하다 = 재생시키다	스마트폰으로 영화를 **run**
(기사, 광고 등이) 달리게 하다 = (신문 등에) 싣다, 게재하다	신문에 기사를 **run**
(제품, 기계 등을) 달리게 하다 = 작동시키다, 켜다	에어컨을 **run**
(제품, 기계 등을) 달리게 하다 = 돌리다, 작동시키다	진공청소기를 **run**
(버스, 기차 등을) 달리게 하다 = 운행시키다, 다니게 하다	출퇴근 시간에는 지하철을 추가로 **run**
(탈것을) 달리게 하다 = 운행시키다, 다니게 하다	케이블카를 30분 간격으로 **run**
(수돗물이) 달리게 하다 = (수돗물이 흐르게) 틀다, 흐르게 하다	수돗물을 **run**
(빈 통에 물이) 달리게 하다 = (빈 통에 물을) 받다, 채우다	욕조에 물을 **run**
(위험, 손해 등을) 달리게 하다 = 감수하다	불이익을 **run**
(캠페인을) 달리게 하다 = (캠페인을) 벌이다, 하다	환경 보호 캠페인을 **run**
(입을 생각 없이 마음대로) 달리게 하다 = (입을) 놀리다	입을 함부로 **run**
(사기를 쳐서) 달리게 하다 = (사기를) 치다, 벌이다	돈을 노리고 사기를 **run**
(밀수품을 몰래) 달리게 하다 = 밀수입하다, 밀반입하다	불법 무기류를 **run**
(볼일, 심부름을) 달리게 하다 = (볼일을) 보다, (심부름을) 하다	급한 볼일을 **run**
(사람, 동물이) 달리기 = 구보 (달리기), 뛰기, 도주, 뜀박질, 경주	**run**으로 산에 오르다
(차량, 엘리베이터, 탈것 등의) 달리기 = 운행, 운항, 항행, 주행	엘리베이터의 **run**이 멈추다
(회사, 가게 등이) 달리기 = 운영, 경영	매장의 **run**을 점장에게 맡기다
(영화, 연극의) 달리기 = 상영, 상연 (공연하기)	개봉 영화가 **run**을 시작하다
(TV 프로그램의) 달리기 = 방영	16부작 드라마의 **run**이 끝나다

고속도로로 자동차를 달리게 하다	고속도로로 자동차를 **몰다**
화물선을 달리게 하다	화물선을 **운항하다**
말을 달리게 하다	말을 **몰다**
그를 국회의원 후보로 달리게 하다	그를 국회의원 후보로 **출마시키다**
그녀는 아들을 자기 맘대로 달리게 하다	그녀는 아들을 자기 맘대로 **통제하다**
차로 회사까지 동료를 달리게 하다	차로 회사까지 동료를 **태워 주다**
과중한 업무가 그를 피곤에 달리게 하다	과중한 업무가 그를 피곤에 **몰아넣다**
돈가스 가게를 달리게 하다	돈가스 가게를 **하다**
식품 제조 회사를 달리게 하다	식품 제조 회사를 **경영하다**
국가를 달리게 하다	국가를 **운영하다**
회사의 웹 사이트를 달리게 하다	회사의 웹 사이트를 **운영하다**
도서관에서 프랑스어 강좌를 달리게 하다	도서관에서 프랑스어 강좌를 **운영하다**
계획을 달리게 하다	계획을 **진행하다**
실험을 달리게 하다	실험을 **하다**
컴퓨터 프로그램을 달리게 하다	컴퓨터 프로그램을 **실행시키다**
스마트폰으로 영화를 달리게 하다	스마트폰으로 영화를 **재생시키다**
신문에 기사를 달리게 하다	신문에 기사를 **싣다**
에어컨을 달리게 하다	에어컨을 **작동시키다**
진공청소기를 달리게 하다	진공청소기를 **돌리다**
출퇴근 시간에는 지하철을 추가로 달리게 하다	출퇴근 시간에는 지하철을 추가로 **운행시키다**
케이블카를 30분 간격으로 달리게 하다	케이블카를 30분 간격으로 **운행시키다**
수돗물을 달리게 하다	수돗물을 **틀다**
욕조에 물을 달리게 하다	욕조에 물을 **받다**
불이익을 달리게 하다	불이익을 **감수하다**
환경 보호 캠페인을 달리게 하다	환경 보호 캠페인을 **벌이다**
입을 함부로 달리게 하다	입을 함부로 **놀리다**
돈을 노리고 사기를 달리게 하다	돈을 노리고 사기를 **치다**
불법 무기류를 달리게 하다	불법 무기류를 **밀수입하다**
급한 볼일을 달리게 하다	급한 볼일을 **보다**
달리기로 산에 오르다	**구보**로 산에 오르다
엘리베이터의 **달리기**가 멈추다	엘리베이터의 **운행**이 멈추다
매장의 **달리기**를 점장에게 맡기다	매장의 **운영**을 점장에게 맡기다
개봉 영화가 **달리기**를 시작하다	개봉 영화가 **상영**을 시작하다
16부작 드라마의 **달리기**가 끝나다	16부작 드라마의 **방영**이 끝나다

light [(을)라잍] [라이트]

빛 / 빛의 / 빛을 놓다

(해에서 나오는) 빛	문틈으로 **light**이 들어오다
(특정한 특징, 효과 등의) 빛	바닷물이 푸른 **light**을 내뿜다
(불에서 나오는) 빛 = 불빛	벽난로의 **light**이 아늑한 분위기를 만들다
(햇빛, 불빛 등의) 빛 = ~광 (자연광, 인공광 등)	식물원에는 자연 **light**이 충분히 들어오다
(불을 붙이는) 빛 = (불을 붙이는) 불 (a light), 점화물	**light**이 없어서 초를 켜지 못하다
(전기의) 빛 = (주위를 밝히는 전기의) 불	방의 **light**을 켜다
(전기의) 빛 = (주위를 밝히는 전기의) 불	"작업실이 너무 어두워요. **light** 좀 켜주세요"
(전기의) 빛 = 전등, (전기의) 등, (전기의) 불	거실의 **light**을 끄다
(전기의) 빛 = ~등 (형광등, LED등, 백열등 등)	희미한 {형광 **light**}을 교체하다
(전기의) 빛 = ~등, 신호등 (traffic light), 전조등 (headlight)	{신호 **light**}의 녹색불을 확인하고 길을 건너다
(전기의) 빛 = 조명	무대에 **light**을 설치하다
(희망, 소망의) 빛	절망 속에서도 희망의 **light**을 보다
(희망, 소망의) 빛	터널 끝의 **light**이 그들에게 희망을 주다
(인생, 삶의) 빛	그녀는 그에게 인생의 **light**이 되어주다
(기준, 지표가 되는) 빛 = 관점, 시각, 견지	이순신 장군의 생애를 새로운 **light**으로 조명하다
빛의 = (빛이 들어와서, 빛이 비치어서) 밝은, 환한	**light** 창가에 앉다
빛의 = 가벼운 (무게가 빛이다)	**light** 아령을 들다
빛의 = 가벼운 (마음이 빛이다)	은퇴 후에 **light** 마음으로 즐겁게 지내다
빛의 = 가벼운 (정도가 빛이다)	규칙을 어겨서 **light** 처벌을 받다
빛의 = (옷이 빛과 같이) 가벼운	**light** 옷차림으로 산책을 가다
빛의 = (식사가 빛과 같이) 가벼운, 담백한, 적은	아침에는 **light** 식사를 하다
빛의 = (업무량이 빛과 같이) 가벼운, 쉬운, 적은	신입사원에게 **light** 업무를 맡기다
빛의 = (농담이 빛과 같이) 가벼운, 사소한	**light** 농담을 하다
빛의 = (움직임이 빛과 같이) 가벼운	건강을 위해 **light** 운동을 시작하다
빛의 = (움직임이 빛과 같이) 경쾌한, 가벼운	**light** 발걸음으로 애인을 만나러 가다
빛의 = (색에 빛이 있어서) 밝은, 연한, 옅은	**light** 파란색 티셔츠를 구입하다
빛의 = (색에 빛이 더해져서) 연한, 옅은, 밝은	벽에 **light** 회색 페인트를 칠하다
빛의 = (비, 눈, 바람 등이) 약한	**light** 비가 내리다
(햇볕, 광원이 주위를 밝히는) 빛을 놓다 = 밝게 하다 (up), 비추다	햇볕이 거실에 **light** up
(전등이 주위를 밝히는) 빛을 놓다 = 밝게 하다 (up), 조명하다	전등이 어두운 방에 **light** up
(행복감 등이 얼굴에) 빛을 놓다 = 환하게 하다 (up), 밝게 하다	행복한 일상이 그녀의 얼굴에 **light** up
(초, 담배 등에 빛{불}이 붙게) 빛을 놓다 = 켜다, 불을 붙이다	초에 **light**
(장작 등에 빛{불}이 붙게) 빛을 놓다 = 불을 붙이다, 점화하다	장작에 **light**
(성화에 빛{불}이 붙게) 빛을 놓다 = 점화하다, 불을 붙이다	올림픽 성화에 **light**

문틈으로 **빛**이 들어오다	문틈으로 **빛**이 들어오다
바닷물이 푸른**빛**을 내뿜다	바닷물이 푸른**빛**을 내뿜다
벽난로의 **빛**이 아늑한 분위기를 만들다	벽난로의 **불빛**이 아늑한 분위기를 만들다
식물원에는 자연 **빛**이 충분히 들어오다	식물원에는 자연**광**이 충분히 들어오다
빛이 없어서 초를 켜지 못하다	**불**이 없어서 초를 켜지 못하다
방의 **빛**을 켜다	방의 **불**을 켜다
"작업실이 너무 어두워요. **빛** 좀 켜주세요"	"작업실이 너무 어두워요. **불** 좀 켜주세요"
거실의 **빛**을 끄다	거실의 **전등**을 끄다
희미한 {형광 **빛**}을 교체하다	희미한 {형광**등**}을 교체하다
{신호 **빛**}의 녹색불을 확인하고 길을 건너다	{신호**등**}의 녹색불을 확인하고 길을 건너다
무대에 **빛**을 설치하다	무대에 **조명**을 설치하다
절망 속에서도 희망의 **빛**을 보다	절망 속에서도 희망의 **빛**을 보다
터널 끝의 **빛**이 그들에게 희망을 주다	터널 끝의 **빛**이 그들에게 희망을 주다
그녀는 그에게 인생의 **빛**이 되어주다	그녀는 그에게 인생의 **빛**이 되어주다
이순신 장군의 생애를 새로운 **빛**으로 조명하다	이순신 장군의 생애를 새로운 **관점**으로 조명하다
빛의 창가에 앉다	**밝은** 창가에 앉다
빛의 아령을 들다	**가벼운** 아령을 들다
은퇴 후에 **빛의** 마음으로 즐겁게 지내다	은퇴 후에 **가벼운** 마음으로 즐겁게 지내다
규칙을 어겨서 **빛의** 처벌을 받다	규칙을 어겨서 **가벼운** 처벌을 받다
빛의 옷차림으로 산책을 가다	**가벼운** 옷차림으로 산책을 가다
아침에는 **빛의** 식사를 하다	아침에는 **가벼운** 식사를 하다
신입사원에게 **빛의** 업무를 맡기다	신입사원에게 **가벼운** 업무를 맡기다
빛의 농담을 하다	**가벼운** 농담을 하다
건강을 위해 **빛의** 운동을 시작하다	건강을 위해 **가벼운** 운동을 시작하다
빛의 발걸음으로 애인을 만나러 가다	**경쾌한** 발걸음으로 애인을 만나러 가다
빛의 파란색 티셔츠를 구입하다	**밝은** 파란색 티셔츠를 구입하다
벽에 **빛의** 회색 페인트를 칠하다	벽에 **연한** 회색 페인트를 칠하다
빛의 비가 내리다	**약한** 비가 내리다
햇볕이 거실에 **빛을 놓다** (빛을 채우다)	햇볕이 거실을 **밝게 하다**
전등이 어두운 방에 **빛을 놓다** (빛을 채우다)	전등이 어두운 방을 **밝게 하다**
행복한 일상이 그녀의 얼굴에 **빛을 놓다** (빛을 채우다)	행복한 일상이 그녀의 얼굴을 **환하게 하다**
초에 **빛을 놓다** (빛을 붙이다)	초를 **켜다**
장작에 **빛을 놓다** (빛을 붙이다)	장작에 **불을 붙이다**
올림픽 성화에 **빛을 놓다** (빛을 붙이다)	올림픽 성화를 **점화하다**

head [헤엗] [헤드]

머리 / 머리가 되는 / 머리가 되다 / 머리를 두다

(신체의) 머리	**head**부터 발끝까지 단장을 하다
(사람, 동물의) 머리 = 두부	사냥꾼이 멧돼지의 **head**를 겨냥하다
(목 위의) 머리 = 고개	누군가 부르는 소리에 **head**를 돌리다
(지능의) 머리 = 두뇌, 지혜, 추리력	뛰어난 **head**로 문제를 빨리 풀다
(머릿수의) 머리 = 두당 (속어), 한 명 당, 1인분, 1인당	뷔페는 a **head**에 7만원이다
(머릿수의) 머리 = 두, 수, 머릿수	목장에는 말 50 **head**가 있다
(긴 물건의) 머리, 머리 부분	못의 **head**를 망치로 치다
(침대, 골프채 등의) 머리, 머리 부분, 헤드	침대 **head**에 알람 시계를 두다
(두상이 있는 동전의) 머리 = (동전 던지기에서 동전의) 앞면	동전의 **head**이 나오면 우리 팀이 먼저 공격하다
(자리, 식탁 자리의) 머리 = 상석, 상좌	어르신이 테이블의 **head**에 앉다
(단체, 조직, 부서의) 머리 = 우두머리, 두목	조직의 **head**가 부하들에게 명령을 내리다
(단체, 조직, 부서의) 머리 = 수장, 장, 책임자, 지도자	단체의 **head**을 뽑다
(단체, 조직, 부서의) 머리 = 사장, 회장, 수석, 교장	그녀는 우리 회사의 **head**이다
(단체, 부서에서) 머리가 되는 = ~장 (주방장, 실장 등)	{**head** 요리사}를 새로 채용하다
(단체, 부서에서) 머리가 되는 = 수석의, 제일의, 우두머리의	그녀를 **head** 연구원으로 임명하다
(선두의) 머리가 되다 = 선두에 서다, 인솔하다, 리드하다	등반할 때 대장이 행렬의 **head**
(이끄는) 머리가 되다 = 이끌다, 지도하다, 지휘하다	외국 감독이 축구팀의 **head**
(명단, 순위 리스트의 첫) 머리가 되다 = 맨 위에 있다, 선두에 있다	우리 팀이 순위표의 **head**
(방향의) 머리를 두다 = 향하다, 향해 가다	수업을 마치고 집으로 **head**
(방향의) 머리를 두다 = 향해 가다, 향하다, 향해 나아가다	기차가 부산으로 **head**

excuse 동사 [익스뀨우즈] [익스큐즈] / 명사 [익스뀨우스] [익스큐스]

이유를 없애다 / 이유 없애기

(나의 잘못, 비난에 대한) 이유를 없애다 = 변명하다	잘못에 대해 구차하게 **excuse**
(나의 잘못, 비난에 대한) 이유를 없애다 = 핑계를 대다	약속을 어긴 것에 대해 **excuse**
(나의 잘못, 비난에 대한) 이유를 없애다 = 해명하다	소문이 사실과 다르다고 **excuse**
(남의 잘못, 비난에 대한) 이유를 없애다 = 용서하다	그의 거짓말에 **excuse**
(남의 잘못, 비난에 대한) 이유를 없애다 = 용납하다	지각한 것에 대해 **excuse**
(남의 잘못, 비난에 대한) 이유를 없애다 = 봐주다, 눈감아주다	그녀의 실수에 **excuse**
(의무, 출석, 채무 등에 대한) 이유를 없애다 = 면제하다	집안 사정이 있어서 학교 출석에 **excuse**
(잘못, 비난에 대한) 이유 없애기 = 변명, 해명, (잘못에 대한) 이유	"어디, **excuse**나 들어보자"
(잘못, 비난에 대한) 이유 없애기 = 핑계, 근거	"**excuse** 좀 대지 마"
(잘못, 비난에 대한) 이유 없애기 = 구실, 발뺌	밖에 나가 놀 **excuse**를 만들다

머리부터 발끝까지 단장을 하다	**머리**부터 발끝까지 단장을 하다
사냥꾼이 멧돼지의 **머리**를 겨냥하다	사냥꾼이 멧돼지의 **두부**를 겨냥하다
누군가 부르는 소리에 **머리**를 돌리다	누군가 부르는 소리에 **고개**를 돌리다
뛰어난 **머리**로 문제를 빨리 풀다	뛰어난 **두뇌**로 문제를 빨리 풀다
뷔페는 한 **머리**에 7만원이다	뷔페는 **두 당** (한 명 당) 7만원이다
목장에는 말 50 **머리**가 있다	목장에는 말 50 **두**가 있다
못의 **머리**를 망치로 치다	못의 **머리**를 망치로 치다
침대 **머리**에 알람 시계를 두다	침대 **머리**에 알람 시계를 두다
동전의 **머리**가 나오면 우리 팀이 먼저 공격하다	동전의 **앞면**이 나오면 우리 팀이 먼저 공격하다
어르신이 테이블의 **머리**에 앉다	어르신이 테이블의 **상석**에 앉다
조직의 **머리**가 부하들에게 명령을 내리다	조직의 **우두머리**가 부하들에게 명령을 내리다
단체의 **머리**를 뽑다	단체의 **수장**을 뽑다
그녀는 우리 회사의 **머리**이다	그녀는 우리 회사의 **사장**이다
{**머리가 되는** 요리사}를 새로 채용하다	{**주방장**}을 새로 채용하다
그녀를 **머리가 되는** 연구원으로 임명하다	그녀를 **수석(의)** 연구원으로 임명하다
등반할 때 대장이 행렬의 **머리가 되다**	등반할 때 대장이 행렬의 **선두에 서다**
외국 감독이 축구팀의 **머리가 되다**	외국 감독이 축구팀을 **이끌다**
우리 팀이 순위표의 **머리가 되다**	우리 팀이 순위표의 **맨 위에 있다**
수업을 마치고 집으로 **머리를 두다**	수업을 마치고 집으로 **향하다**
기차가 부산으로 **머리를 두다**	기차가 부산으로 **향해 가다**

잘못에 대해 구차하게 **이유를 없애다**	잘못에 대해 구차하게 **변명하다**
약속을 어긴 것에 대해 **이유를 없애다**	약속을 어긴 것에 대해 **핑계를 대다**
소문이 사실과 다르다고 **이유를 없애다**	소문이 사실과 다르다고 **해명하다**
그의 거짓말에 **이유를 없애다**	그의 거짓말을 **용서하다**
지각한 것에 대해 **이유를 없애다**	지각한 것에 대해 **용납하다**
그녀의 실수에 **이유를 없애다**	그녀의 실수를 **봐주다**
집안 사정이 있어서 학교 출석에 **이유를 없애다**	집안 사정이 있어서 학교 출석을 **면제하다**
"어디, **이유 없애기**나 들어보자"	"어디, **변명**이나 들어보자"
"**이유 없애기** 좀 대지 마"	"**핑계** 좀 대지 마"
밖에 나가 놀 **이유 없애기**를 만들다	밖에 나가 놀 **구실**을 만들다

call [커얼] [콜]

부르다 / 부르짖다 / 부름

(큰 소리로) 부르다, 소리치다	건널목 맞은편에 있는 친구를 call
(출석자, 수상자 등의 이름을) 부르다 = 호명하다, 소리내어 읽다	참석자 이름을 한 명씩 call
(큰 소리로 오라고) 부르다 = 오라고 하다	손님이 직원을 call
(오라고) 부르다 = 불러내다, 오라고 하다	아이들을 거실로 call
(오라고) 부르다 = 오라고 하다, 호출하다	1차 합격자들에게 2차 면접에 call
(초대하여 오라고) 부르다 = 초대하다, 초빙하다	직장 동료들을 집으로 call
(회의에 모이라고) 부르다 = (회의를) 소집하다	아침 회의를 call
(증인을) 부르다 = 소환하다, 세우다, 불러내다, 오라고 하다	법정에 증인을 call
(기자들을) 부르다 = (기자 회견을) 열다, 오라고 하다	기자 회견을 call
(택시, 구급차 등을) 부르다 = 오라고 하다, 요청하다	공항에 가려고 택시를 call
(경찰, 소방관, 의사 등을) 부르다, 오라고 하다, 요청하다	옆집에 비명소리가 나서 경찰을 call
(전화로) 부르다 = 전화하다, 전화를 걸다	조카에게 합격 축하한다고 call
(전화로) 부르다 = 전화를 걸다, 전화하다	물어볼 것이 있어서 언니를 call
(잠자는 사람을) 부르다 = (불러) 깨우다	7시에 아이들을 call
(심판이) 부르다 = 판정을 내리다, 선언하다, (경기를) 중단하다	심판이 스트라이크라고 call
(이름을 지어) 부르다 = ~라고 하다 (칭호), 이름을 지어주다	아이를 낳고 마이클이라고 call
(이름을 지어) 부르다 = ~라고 이름을 지어주다, ~라고 이름 짓다	나무인형을 만들어 피노키오라고 call
(명명하여) 부르다 = ~라고 부르다 (칭호)	엄청난 힘을 가진 그를 슈퍼맨이라고 call
(명명하여) 부르다 = ~라고 하다 (칭호), ~라고 칭하다	그는 여자친구를 허니라고 call
(묘사하여) 부르다 = ~라고 하다 (묘사), ~라고 묘사하다	한 번 본 그를 '잘생기고 키가 크다'라고 call
(외국어로) 부르다 = ~라고 하다 (번역), ~라고 말하다	사자는 영어로 라이언이라고 call
(간주하여) 부르다 = 여기다, 간주하다, ~라고 생각하다	평론가들이 이 영화를 걸작이라고 call
(간주하여) 부르다 = ~라고 생각하다, 여기다, 간주하다	독일어는 배우기 어려운 언어라고 call
(중단을) 부르다 = 취소하다 (off), 중지하다	결혼식의 call off
(용무가 있어 찾아가서) 부르다 = 들르다 (on, in, at), 잠깐 방문하다	반찬을 전해 주려고 딸을 call on
(어떤 선언 내용을) 부르짖다 = 선언하다, 외치다, 명령하다	무기한 파업을 call
(큰 소리로) 부르짖다 = 외치다 (for), 소리치다	그가 도와 달라며 사람들에게 call for
(요구 사항 등을) 부르짖다 = 요구하다 (for), 외치다, 촉구하다	대기업이 관계 당국에 규제 완화를 call for
(요청 사항 등을) 부르짖다 = 호소하다 (on), 외치다, 요청하다	투표를 꼭 하라고 유권자들에게 call on
(큰 소리로 오라고) 부름 = 부르는 소리, 외침	엄마의 call에 안방으로 가다
(오라고, 모이라고) 부름 = 초빙, 초청, 소집	그는 교수직의 call을 수락했다
(이름을 결정짓고 부르거나 심판이 '콜' 하듯) 부름 = 결정, 판단	"피자 시켜놨어" "그것은 잘한 call이야"
(포커 게임을 계속하겠다고 결정하고 '콜' 하듯) 부름 = 결정, 판단	그녀는 가방을 구입하기로 call을 하다
(전화의) 부름 = (통화의) 전화, 호출, 통화	모르는 번호의 call를 거부하다

건널목 맞은편에 있는 친구를 **부르다**	건널목 맞은편에 있는 친구를 **부르다**
참석자 이름을 한 명씩 **부르다**	참석자 이름을 한 명씩 **호명하다**
손님이 직원을 **부르다**	손님이 직원을 **오라고 하다**
아이들을 거실로 **부르다**	아이들을 거실로 **불러내다**
1차 합격자들에게 2차 면접에 **부르다**	1차 합격자들에게 2차 면접에 **오라고 하다**
직장 동료들을 집으로 **부르다**	직장 동료들을 집으로 **초대하다**
아침 회의를 **부르다**	아침 회의를 **소집하다**
법정에 증인을 **부르다**	법정에 증인을 **소환하다**
기자 회견을 **부르다**	기자 회견을 **열다**
공항에 가려고 택시를 **부르다**	공항에 가려고 택시를 **오라고 하다**
옆집에 비명소리가 나서 경찰을 **부르다**	옆집에 비명소리가 나서 경찰을 **부르다**
조카에게 합격 축하한다고 (전화로) **부르다**	조카에게 합격 축하한다고 **전화하다**
물어볼 것이 있어서 언니를 (전화로) **부르다**	물어볼 것이 있어서 언니에게 **전화를 걸다**
7시에 (잠자는) 아이들을 **부르다**	7시에 아이들을 **깨우다**
심판이 스트라이크라고 **부르다**	심판이 스트라이크라고 **판정을 내리다**
아이를 낳고 마이클이라고 **부르다**	아이를 낳고 마이클이라고 **하다**
나무인형을 만들어 피노키오라고 **부르다**	나무인형을 만들어 피노키오라고 **이름을 지어주다**
엄청난 힘을 가진 그를 슈퍼맨이라고 **부르다**	엄청난 힘을 가진 그를 슈퍼맨이라고 **부르다**
그는 여자친구를 허니라고 **부르다**	그는 여자친구를 허니라고 **하다**
한 번 본 그를 '잘생기고 키가 크다'라고 **부르다**	한 번 본 그를 '잘생기고 키가 크다'라고 **하다**
사자는 영어로 라이언이라고 **부르다**	사자는 영어로 라이언이라고 **하다**
평론가들이 이 영화를 걸작이라고 **부르다**	평론가들이 이 영화를 걸작이라고 **여기다**
독일어는 배우기 어려운 언어라고 **부르다**	독일어는 배우기 어려운 언어라고 **생각하다**
결혼식의 중단을 **부르다**	결혼식을 **취소하다**
(집에 찾아가서) 반찬을 전해 주려고 딸을 **부르다**	반찬을 전해 주려고 딸에게 **들르다**
무기한 파업을 **부르짖다**	무기한 파업을 **선언하다**
그가 도와 달라며 사람들에게 **부르짖다**	그가 도와 달라며 사람들에게 **외치다**
대기업이 관계 당국에 규제 완화를 **부르짖다**	대기업이 관계 당국에 규제 완화를 **요구하다**
투표를 꼭 하라고 유권자들에게 **부르짖다**	투표를 꼭 하라고 유권자들에게 **호소하다**
엄마의 **부름**에 안방으로 가다	엄마의 **부르는 소리**에 안방으로 가다
그는 교수직의 **부름**을 수락했다	그는 교수직의 **초빙**을 수락했다
"피자 시켜놨어" "그것은 잘한 **부름**이야"	"피자 시켜놨어" "그것은 잘한 **결정**이야"
그녀는 가방을 구입하기로 **부름**을 하다	그녀는 가방을 구입하기로 **결정**을 하다
모르는 번호의 **부름**을 거부하다	모르는 번호의 **전화**를 거부하다

buy [바이] [바이]

사다

(물건을) 사다 = 구입하다	편의점에서 빵과 우유를 **buy**
(집, 건물, 땅 등을) 사다 = 구매하다, 매입하다	아파트를 **buy**
(주식, 채권 등을) 사다 = 매입하다, 구매하다	자동차 관련 주식을 **buy**
(사랑, 행복, 배움 등을) 사다 = 얻다	선물 공세로 애인의 사랑을 **buy**
(지위, 대우, 승리 등을) 사다 = 얻다	개인 시간을 희생하여 높은 급여를 **buy**
(시간을) 사다 = (시간을) 벌다	택시를 타서 시간을 **buy**
(말, 믿음, 믿기지 않는 것 등을) 사다 = 믿다, 속다	사람들이 허무맹랑해 보이는 사기꾼의 말을 **buy**
(의견, 조언 등을) 사다 = 받아들이다, 수용하다	부장의 의견을 **buy**
(일할 사람, 운동선수를) 사다 = 고용하다, 계약하다, 들이다	직원 3명을 **buy**
(검은돈으로 사람을) 사다 = 매수하다	거액을 주고 경쟁 회사의 핵심 개발자를 **buy**
(누군가를 위해 물건을) 사다 = 사 주다, 구입해 주다	딸을 위해 피아노를 **buy**
(누군가를 위해 음식을) 사다 = 사 주다, 한턱내다, 대접하다	직원들에게 소고기를 **buy**

sell [쎄얼] [셀]

팔다 / 팔리다

(상품, 물건 등을) 팔다 = 판매하다	문구점에서 볼펜을 **sell**
(제품, 음식 등을) 팔다 = 판매하다, 장사하다	그는 서울에서 음식을 **sell**
(집, 땅, 회사 등을) 팔다 = 매각하다, 매도하다	웃돈 받고 집을 **sell**
(보험을) 팔다 = 판매하다, 취급하다	각종 보험 상품을 **sell**
(주식을) 팔다 = 매도하다, 매각하다	4년 가지고 있던 주식을 **sell**
(어떤 상품들을 갖추어서) 팔다 = 취급하다	이 매장은 각종 생활용품을 **sell**
(어떤 가격, 금액에) 팔다 = 판매하다	운동화를 저렴한 가격에 **sell**
(어떤 기간, 시간에) 팔다 = 판매하다	치킨을 일주일 동안 반값에 **sell**
(나라, 회사 등을) 팔다 = 팔아먹다, 넘겨주다	자신의 이익을 위해 나라를 **sell**
(친구, 동료 등을) 팔다 = 배신하다, 저버리다	거짓말이 들킬까 봐 친구를 **sell**
(양심, 거짓 등을) 팔다 = 저버리다, 갖다 버리다	원산지를 속여 양심을 **sell**
(계획, 아이디어를) 팔다 = 설득하다, 납득시키다	아내에게 음식 장사 계획을 **sell**
(땅, 집, 건물 등이) 팔리다 = 매각되다	땅이 외지인에게 **sell**
(회사, 가게 등이) 팔리다 = 매각되다	회사가 경쟁사에 **sell**
(어떤 가격에) 팔리다 = 팔리고 있다, 판매되다	스마트폰이 고가에 **sell**
(어떤 상태로) 팔리다 = 판매되다, 팔리고 있다	폭염으로 에어컨이 날개 돋친 듯이 **sell**
(얼마의 수량으로) 팔리다 = 판매되다, 팔리고 있다	음반이 100만 장 **sell**
(생각, 아이디어가) 팔리다 = 먹히다, 통하다, 받아들여지다	그의 광고 아이디어가 소비자들에게 **sell**

편의점에서 빵과 우유를 **사다**	편의점에서 빵과 우유를 **구입하다**
아파트를 **사다**	아파트를 **구매하다**
자동차 관련 주식을 **사다**	자동차 관련 주식을 **매입하다**
선물 공세로 애인의 사랑을 **사다**	선물 공세로 애인의 사랑을 **얻다**
개인 시간을 희생하여 높은 급여를 **사다**	개인 시간을 희생하여 높은 급여를 **얻다**
택시를 타서 시간을 **사다**	택시를 타서 시간을 **벌다**
사람들이 허무맹랑해 보이는 사기꾼의 말을 **사다**	사람들이 허무맹랑해 보이는 사기꾼의 말을 **믿다**
부장의 의견을 **사다**	부장의 의견을 **받아들이다**
직원 3명을 **사다**	직원 3명을 **고용하다**
거액을 주고 경쟁 회사의 핵심 개발자를 **사다**	거액을 주고 경쟁 회사의 핵심 개발자를 **매수하다**
딸을 위해 피아노를 **사다**	딸을 위해 피아노를 **사 주다**
직원들에게 소고기를 **사다**	직원들에게 소고기를 **사 주다**

문구점에서 볼펜을 **팔다**	문구점에서 볼펜을 **판매하다**
그는 서울에서 음식을 **팔다**	그는 서울에서 음식을 **판매하다**
웃돈 받고 집을 **팔다**	웃돈 받고 집을 **매각하다**
각종 보험 상품을 **팔다**	각종 보험 상품을 **판매하다**
4년 가지고 있던 주식을 **팔다**	4년 가지고 있던 주식을 **매도하다**
이 매장은 각종 생활용품을 **팔다**	이 매장은 각종 생활용품을 **취급하다**
운동화를 저렴한 가격에 **팔다**	운동화를 저렴한 가격에 **판매하다**
치킨을 일주일 동안 반값에 **팔다**	치킨을 일주일 동안 반값에 **판매하다**
자신의 이익을 위해 나라를 **팔다**	자신의 이익을 위해 나라를 **팔아먹다**
거짓말이 들킬까 봐 친구를 **팔다**	거짓말이 들킬까 봐 친구를 **배신하다**
원산지를 속여 양심을 **팔다**	원산지를 속여 양심을 **저버리다**
아내에게 음식 장사 계획을 **팔다**	아내에게 음식 장사 계획을 **설득하다**
땅이 외지인에게 **팔리다**	땅이 외지인에게 **매각되다**
회사가 경쟁사에 **팔리다**	회사가 경쟁사에 **매각되다**
스마트폰이 고가에 **팔리다**	스마트폰이 고가에 **팔리고 있다**
폭염으로 에어컨이 날개 돋친 듯이 **팔리다**	폭염으로 에어컨이 날개 돋친 듯이 **판매되다**
음반이 100만 장 **팔리다**	음반이 100만 장 **판매되다**
그의 광고 아이디어가 소비자들에게 **팔리다**	그의 광고 아이디어가 소비자들에게 **먹히다**

rule  [루울] [룰]

자 / 자를 대다

(기준으로 쓰는 척도의) 자 = 규칙, 척도, 표준, 습관	수업 중에 스마트폰 사용을 못하도록 **rule**을 만들다
(기준으로 쓰는 척도의) 자 = 규칙	안전 **rule**을 잘 지키다
(기준으로 쓰는 척도의) 자 = 규칙	혁신을 위해서 낡은 **rule**을 버리다
(기준으로 쓰는 척도의) 자 = 규칙	영어의 문법 **rule**은 항상 일정하지 않다
(기준으로 쓰는 척도의) 자 = 규칙	저녁 7시 이후에는 먹지 않는다는 **rule**을 세우다
(기준으로 쓰는 척도의) 자 = 룰, 규칙	선수들은 게임의 **rule**을 잘 이해해야 한다
(기준으로 쓰는 척도의) 자 = 법칙	언론의 **rule** 중 가장 중요한 것은 객관성 유지이다
(기준으로 쓰는 척도의) 자 = 규정, 규약	한글 맞춤법 **rule**을 정하다
(기준으로 쓰는 척도의) 자 = 규정, 규약	나이 제한 **rule**을 없애다
(기준으로 쓰는 척도의) 자 = 원칙, 척도, 표준, 습관	지인들과 돈거래를 하지 않는 **rule**을 세우다
(기준으로 쓰는 척도의) 자 = 지배	법의 **rule**은 우리 사회의 기초이다
(기준으로 쓰는 척도의) 자 = 통치	평화적인 **rule**이 50년간 이어지다
(기준으로 쓰는 척도의) 자 = 통치	국민들이 무력 **rule**에 반발하다
(정부, 국왕 등이) 자를 대다 = 통치하다, 지배하다	나라에 **rule**
(나라, 국민에) 자를 대다 = 다스리다, 통치하다	왕이 백성들을 잘 **rule**
(나라, 국민에) 자를 대다 = 지배하다, 통치하다	무력으로 식민지에 **rule**
(지구, 인간에) 자를 대다 = 지배하다, 통치하다	공룡이 지구에 **rule**
(지구, 인간에) 자를 대다 = 지배하다, 통치하다	돈이 현대 사회의 인간에 **rule**
(행동, 삶 등에) 자를 대다 = 지배하다, 좌우하다, 다스리다	스마트폰이 우리의 일상에 **rule**
(행동, 삶 등에) 자를 대다 = 좌우하다, 다스리다, 지배하다	건강한 식습관이 건강한 삶에 **rule**
(행동, 삶 등에) 자를 대다 = 지배하다, 좌우하다, 다스리다	정글의 법칙이 생태계에 **rule**
(미래, 양식 등에) 자를 대다 = 지배하다, 좌우하다, 다스리다	인공 지능이 우리의 삶에 **rule**
(결정, 판결에) 자를 대다 = (공식적인) 결정을 내리다, 판결하다	배신자를 추방하라고 **rule**

ruler [루울럴] [룰러]

자 / 자를 대는 사람

(길이를 재는) 자	30cm **ruler**을 구입하다
(선을 긋는) 자, 선을 긋는 기구, 선을 긋는 사람	**ruler**을 대고 선을 긋다
(통치에) 자를 대는 사람 = 통치자, (통치에) 선을 긋는 사람	**ruler**이 새로운 법을 시행할 것을 명령했다
(통치에) 자를 대는 사람 = 통치자, (통치에) 선을 긋는 사람	인자한 **ruler**이 국민의 안녕을 우선시하다
(통치에) 자를 대는 사람 = 통치자, (통치에) 선을 긋는 사람	각각의 개인은 자기 인생의 **ruler**이다
(지배에) 자를 대는 사람 = 지배자, (지배에) 선을 긋는 사람	독재 국가의 **ruler**은 절대적인 권력을 가진다
(지배에) 자를 대는 사람 = 지배자, (지배에) 선을 긋는 사람	가요계에서 그는 게임의 **ruler**로 여겨진다

수업 중에 스마트폰 사용을 못하도록 **자**를 만들다	수업 중에 스마트폰 사용을 못하도록 **규칙**을 만들다
안전 **자**를 잘 지키다	안전 **규칙**을 잘 지키다
혁신을 위해서 낡은 **자**를 버리다	혁신을 위해서 낡은 **규칙**을 버리다
영어의 문법 **자**는 항상 일정하지 않다	영어의 문법 **규칙**은 항상 일정하지 않다
저녁 7시 이후에는 먹지 않는다는 **자**를 세우다	저녁 7시 이후에는 먹지 않는다는 **규칙**을 세우다
선수들은 게임의 **자**를 잘 이해해야 한다	선수들은 게임의 **룰**을 잘 이해해야 한다
언론의 **자** 중 가장 중요한 것은 객관성 유지이다	언론의 **법칙** 중 가장 중요한 것은 객관성 유지이다
한글 맞춤법 **자**를 정하다	한글 맞춤법 **규정**을 정하다
나이 제한 **자**를 없애다	나이 제한 **규정**을 없애다
지인들과 돈거래를 하지 않는 **자**를 세우다	지인들과 돈거래를 하지 않는 **원칙**을 세우다
법의 **자**는 우리 사회의 기초이다	법의 **지배**는 우리 사회의 기초이다
평화적인 **자**가 50년간 이어지다	평화적인 **통치**가 50년간 이어지다
국민들이 무력 **자**에 반발하다	국민들이 무력 **통치**에 반발하다
나라에 **자를 대다**	나라를 **통치하다**
왕이 백성들에게 잘 **자를 대다**	왕이 백성들을 잘 **다스리다**
무력으로 식민지에 **자를 대다**	무력으로 식민지를 **지배하다**
공룡이 지구에 **자를 대다**	공룡이 지구를 **지배하다**
돈이 현대 사회의 인간에 **자를 대다**	돈이 현대 사회의 인간을 **지배하다**
스마트폰이 우리의 일상에 **자를 대다**	스마트폰이 우리의 일상을 **지배하다**
건강한 식습관이 건강한 삶에 **자를 대다**	건강한 식습관이 건강한 삶을 **좌우하다**
정글의 법칙이 생태계에 **자를 대다**	정글의 법칙이 생태계를 **지배하다**
인공 지능이 우리의 삶에 **자를 대다**	인공 지능이 우리의 삶을 **지배하다**
배신자를 추방하라고 **자를 대다**	배신자를 추방하라고 **결정을 내리다**

30cm **자**를 구입하다	30cm **자**를 구입하다
자를 대고 선을 긋다	**자**를 대고 선을 긋다
자를 대는 사람이 새로운 법을 시행할 것을 명령했다	**통치자**가 새로운 법을 시행할 것을 명령했다
인자한 **자를 대는 사람**이 국민의 안녕을 우선시하다	인자한 **통치자**가 국민의 안녕을 우선시하다
각각의 개인은 자기 인생의 **자를 대는 사람**이다	각각의 개인은 자기 인생의 **통치자**이다
독재 국가의 **자를 대는 사람**은 절대적인 권력을 가진다	독재 국가의 **지배자**는 절대적인 권력을 가진다
가요계에서 그는 게임에 **자를 대는 사람**으로 여겨진다	가요계에서 그는 게임의 **지배자**로 여겨진다

spread [스쁘뤧] [스프레드]

1. 퍼지다 / 퍼뜨리다 / 퍼지는 것   2. 펴지다 / 펴다 / 펴는 것

(소문, 루머가) 퍼지다 = 유포되다, 확산되다	소문이 **spread**
(질병, 바이러스가) 퍼지다 = 전염되다, 확산되다	독감이 **spread**
(암세포가) 퍼지다 = 전이되다, 확산되다	위암이 간으로 **spread**
(문제 등이) 퍼지다 = 확산되다, 번지다	인구 감소 문제가 전국적으로 **spread**
(시위 등이) 퍼지다 = 번지다, 확산되다	시위가 도시 곳곳으로 **spread**
(물건, 기술 등이) 퍼지다 = 확산되다, 보급되다	핵무기 제조 기술이 많은 나라에 **spread**
(견해, 주장 등이) 퍼지다 = 확산되다	부동산 침체로 인한 경기 비관론이 **spread**
(사상, 생각 등이) 퍼지다 = 확산되다	자유 시장주의가 **spread**
(문화 등이) 퍼지다 = 전해지다, 확산되다	한국의 문화가 세계적으로 **spread**
(종교 등이) 퍼지다 = 전파되다, 전해지다	불교가 동양의 여러 나라로 **spread**
(잉크, 페인트 등이) 퍼지다 = 번지다	노트에 물을 쏟아서 잉크가 **spread**
(옷에 국물, 소스 등이) 퍼지다 = 번지다	옷에 떡볶이 국물이 **spread**
(미소, 감정이) 퍼지다 = 번지다	그녀의 얼굴에 미소가 **spread**
(불이) 퍼지다 = 번지다	강한 바람을 타고 산불이 빠르게 **spread**
(소문, 루머를) 퍼뜨리다 = 유포하다	악플러가 악성 루머를 **spread**
(바이러스, 세균을) 퍼뜨리다 = 유포시키다, 확산시키다	해커가 컴퓨터 바이러스를 **spread**
(지식, 학문을) 퍼뜨리다 = 보급시키다, 확산시키다	세종 대왕이 백성들을 위해 한글을 **spread**
(소문, 루머 등이) 퍼지는 것 (퍼뜨리는 것) = 유포, 확산	거짓 소문이 **spread**을 막다
(사상 등이) 퍼지는 것 (퍼뜨리는 것) = 확산, 전파	프랑스 혁명이 민주주의의 **spread**을 가져오다
(상품, 물건 등이) 퍼지는 것 (퍼뜨리는 것) = 보급	무더위로 에어컨의 **spread**이 늘어나다
(질병 등이) 퍼지는 것 (퍼뜨리는 것) = 전파, 확산, 만연	모기에 의한 말라리아의 **spread**을 차단하다
(사막, 초원 등의 풍경이) 퍼지다 = 펼쳐지다, 뻗다	사막이 끝도 없이 **spread**
(돛, 그물 등의 접힌 것을) 펴다 = 펼치다	요트의 돛을 **spread**
(지도, 도면 등을) 펴다 = 펼치다	지도를 **spread**
(식탁보, 천 등을) 펴다 = 펼치다, 깔다	테이블 위에 식탁보를 **spread**
(이불, 담요 등을) 펴다 = 깔다, 펼치다	이불을 **spread**
(돗자리 등을) 펴다 = 깔다, 펼치다	해변 백사장에 돗자리를 **spread**
(새가 날개를) 펴다 = 펼치다	공작새가 날개를 **spread**
(나무가 가지를) 펴다 = 뻗다 (out), 펼치다	감나무가 가지를 **spread** out
(식탁에 음식을) 펴다 = (펴서) 차리다, 준비하다	식탁에 음식을 **spread**
(버터, 잼 등을 빵에) 펴다 = 펴 바르다, (펴서) 바르다	빵에 버터를 **spread**
(페인트, 물감을) 펴다 = (펴서) 바르다, 펴 바르다, 칠하다	벽에 페인트를 **spread**
(팔, 손가락, 다리를) 펴다 = 벌리다	아이가 뛰어 오자 그가 팔을 **spread**
(빵에 발라) 펴는 것 = 스프레드 (버터, 잼 등의 펴 바르는 속 재료)	샌드위치 **spread**을 만들다

소문이 **퍼지다**	소문이 **유포되다**
독감이 **퍼지다**	독감이 **전염되다**
위암이 간으로 **퍼지다**	위암이 간으로 **전이되다**
인구 감소 문제가 전국적으로 **퍼지다**	인구 감소 문제가 전국적으로 **확산되다**
시위가 도시 곳곳으로 **퍼지다**	시위가 도시 곳곳으로 **번지다**
핵무기 제조 기술이 많은 나라에 **퍼지다**	핵무기 제조 기술이 많은 나라에 **확산되다**
부동산 침체로 인한 경기 비관론이 **퍼지다**	부동산 침체로 인한 경기 비관론이 **확산되다**
자유 시장주의가 **퍼지다**	자유 시장주의가 **확산되다**
한국의 문화가 세계적으로 **퍼지다**	한국의 문화가 세계적으로 **전해지다**
불교가 동양의 여러 나라로 **퍼지다**	불교가 동양의 여러 나라로 **전파되다**
노트에 물을 쏟아서 잉크가 **퍼지다**	노트에 물을 쏟아서 잉크가 **번지다**
옷에 떡볶이 국물이 **퍼지다**	옷에 떡볶이 국물이 **번지다**
그녀의 얼굴에 미소가 **퍼지다**	그녀의 얼굴에 미소가 **번지다**
강한 바람을 타고 산불이 빠르게 **퍼지다**	강한 바람을 타고 산불이 빠르게 **번지다**
악플러가 악성 루머를 **퍼뜨리다**	악플러가 악성 루머를 **유포하다**
해커가 컴퓨터 바이러스를 **퍼뜨리다**	해커가 컴퓨터 바이러스를 **유포시키다**
세종 대왕이 백성들을 위해 한글을 **퍼뜨리다**	세종 대왕이 백성들을 위해 한글을 **보급시키다**
거짓 소문이 **퍼지는 것**을 막다	거짓 소문의 **유포**를 막다
프랑스 혁명이 민주주의의 **퍼지는 것**을 가져오다	프랑스 혁명이 민주주의의 **확산**을 가져오다
무더위로 에어컨의 **퍼지는 것**이 늘어나다	무더위로 에어컨의 **보급**이 늘어나다
모기에 의한 말라리아의 **퍼지는 것**을 차단하다	모기에 의한 말라리아의 **전파**를 차단하다
사막이 끝도 없이 **펴지다**	사막이 끝도 없이 **펼쳐지다**
요트의 돛을 **펴다**	요트의 돛을 **펼치다**
지도를 **펴다**	지도를 **펼치다**
테이블 위에 식탁보를 **펴다**	테이블 위에 식탁보를 **펼치다**
이불을 **펴다**	이불을 **깔다**
해변 백사장에 돗자리를 **펴다**	해변 백사장에 돗자리를 **깔다**
공작새가 날개를 **펴다**	공작새가 날개를 **펼치다**
감나무가 가지를 **펴다**	감나무가 가지를 **뻗다**
식탁에 음식을 **펴다**	식탁에 음식을 **차리다**
빵에 버터를 **펴다**	빵에 버터를 **펴 바르다**
벽에 페인트를 **펴다**	벽에 페인트를 **바르다**
아이가 뛰어 오자 그가 팔을 **펴다**	아이가 뛰어 오자 그가 팔을 **벌리다**
샌드위치 **펴는 것**을 만들다	샌드위치 **스프레드**를 만들다

hang [해앵] [행]

1. 걸다 / 걸리다   2. 달다 / 달리다

(옷, 모자 등을) 걸다	옷을 옷걸이에 **hang**
(달력, 시계 등을) 걸다	달력을 벽에 **hang**
(그림, 족자 등을) 걸다, (무엇을 걸어서) 장식하다	그림을 거실에 **hang**
(메달 등을) 걸다	금메달을 목에 **hang**
(국기 등을) 걸다 = 달다	개천절에 태극기를 **hang**
(현수막 등을) 걸다 = 달다	현수막을 **hang**
(벽지를) 걸다 = (벽지를) 바르다, 도배하다	벽지를 **hang**
(표지판, 안내판, 간판 등을) 걸다 = 달다	입구에 안내판을 **hang**
(줄 등을) 걸다	등반가가 암벽에 로프를 **hang**
(빨래를) 걸다 = 널다 (up)	빨래를 건조대에 **hang** up
(희망, 운명 등을) 걸다, 의존시키다	우리는 예선 최종 경기에서 본선 진출 희망을 **hang**
(장소에 시간을) 걸다 = 놀다 (out), (시간을) 보내다	친구들과 집에서 **hang** out
(장소에 시간을) 걸다 = 기다리다 (around), 서성이다	나는 애인이 올 때까지 카페에 **hang** around
(사진, 달력, 옷이) 걸리다 = 걸려 있다	안방에 웨딩 사진이 **hang**
(미술관에 그림이) 걸리다 = 전시되다	미술관에 그녀의 작품들이 **hang**
(끼여서) 걸리다	옷이 못에 **hang**
(냄새, 향기가) 걸리다 = 남다, 머무르다, 퍼지다	고기 냄새가 거실에 **hang**
(매연, 연기가) 걸리다 = 남다, 머무르다, 퍼지다	대기에 자동차 매연이 **hang**
(커튼을) 달다 = 설치하다, 매달다	창문에 커튼을 **hang**
(전등, 램프를) 달다 = 설치하다, 매달다	천장에 전등을 **hang**
(고기를 먹기 알맞을 때까지) 달다 = 매달아 두다, 매달다	숙성실에 소고기를 **hang**
(장식 등을) 달다 = 매달다, (무엇을 달아서) 장식하다	파티 장식을 천장과 벽에 **hang**
(날을 자루에) 달다 = 끼우다	도끼날을 자루에 **hang**
(통화 후 수화기를 전화기에) 달다 = (전화를) 끊다 (up)	통화 후 전화를 **hang** up
(사형수의 목을) 달다 = 교수형에 처하다, 목을 매달다	그를 살인죄로 **hang**
(책임, 죄, 오명을) 달다 = 씌우다, 지우다	모든 일의 책임을 부하에게 **hang**
(문, 종 등을) 달다 = (문을) 설치하다, (문을 경첩에) 끼우다 (on)	현관에 문을 **hang**
(커튼, 망토 등이) 달리다 = 드리워져 있다, 내려오다	베란다 창문에 커튼이 **hang**
(머리카락 등이) 달리다 = 내려오다, 드리워져 있다	그녀의 머리는 허리까지 **hang**
(박쥐, 거미가 천장, 거미줄에) 달리다 = 매달려 있다	박쥐들이 동굴 천장에 **hang**
(철봉, 나무 등에) 달리다 = 매달리다	그가 철봉에 **hang**
(사람의 몸에) 달리다 = 매달리다	조카들이 삼촌의 목과 허리에 **hang**
(어떤 선택, 조건에) 달리다 = 나름이다, 좌우하다, 달려 있다	행복은 마음먹기에 **hang**
(어떤 선택, 조건에) 달리다 = 좌우하다, 의존하다, 달려 있다	평화는 강력한 국방력에 **hang**

옷을 옷걸이에 **걸다**	옷을 옷걸이에 **걸다**
달력을 벽에 **걸다**	달력을 벽에 **걸다**
그림을 거실에 **걸다**	그림을 거실에 **걸다**
금메달을 목에 **걸다**	금메달을 목에 **걸다**
개천절에 태극기를 **걸다**	개천절에 태극기를 **달다**
현수막을 **걸다**	현수막을 **달다**
벽지를 **걸다**	벽지를 **바르다**
입구에 안내판을 **걸다**	입구에 안내판을 **달다**
등반가가 암벽에 로프를 **걸다**	등반가가 암벽에 로프를 **걸다**
빨래를 건조대에 **걸다**	빨래를 건조대에 **널다**
우리는 예선 최종 경기에서 본선 진출 희망을 **걸다**	우리는 예선 최종 경기에서 본선 진출 희망을 **걸다**
친구들과 집에서 (시간을) 없어지게 **걸다**	친구들과 집에서 **놀다** (시간을 보내다)
나는 애인이 올 때까지 (시간을) 카페 주위에 **걸다**	나는 애인이 올 때까지 카페에서 **기다리다**
안방에 웨딩 사진이 **걸리다**	안방에 웨딩 사진이 **걸려 있다**
미술관에 그녀의 작품들이 **걸리다**	미술관에 그녀의 작품들이 **전시되다**
옷이 못에 **걸리다**	옷이 못에 **걸리다**
고기 냄새가 거실에 **걸리다**	고기 냄새가 거실에 **남다**
대기에 자동차 매연이 **걸리다**	대기에 자동차 매연이 **남다**
창문에 커튼을 **달다**	창문에 커튼을 **설치하다**
천장에 전등을 **달다**	천장에 전등을 **설치하다**
숙성실에 소고기를 **달다**	숙성실에 소고기를 **매달아 두다**
파티 장식을 천장과 벽에 **달다**	파티 장식을 천장과 벽에 **매달다**
도끼날을 자루에 **달다**	도끼날을 자루에 **끼우다**
통화 후 전화를 **달다** (수화기를 전화기에 걸어 놓다)	통화 후 전화를 **끊다**
그를 살인죄로 **달다**	그를 살인죄로 **교수형에 처하다**
모든 일의 책임을 부하에게 **달다**	모든 일의 책임을 부하에게 **씌우다**
현관에 문을 **달다**	현관에 문을 **설치하다**
베란다 창문에 커튼이 **달리다** (달려 있다)	베란다 창문에 커튼이 **드리워져 있다**
그녀의 머리는 허리까지 **달리다** (달려 있다)	그녀의 머리는 허리까지 **내려오다**
박쥐들이 동굴 천장에 **달리다** (달려 있다)	박쥐들이 동굴 천장에 **매달려 있다**
그가 철봉에 **달리다** (달려 있다)	그가 철봉에 **매달리다**
조카들이 삼촌의 목과 허리에 **달리다** (달려 있다)	조카들이 삼촌의 목과 허리에 **매달리다**
행복은 마음먹기에 **달리다** (달려 있다)	행복은 마음먹기에 **나름이다**
평화는 강력한 국방력에 **달리다** (달려 있다)	평화는 강력한 국방력이 **좌우하다**

try  [츄롸이] [트라이]

1. 해 보다   2. 시험해 보다

(시도) 해 보다 = 시도하다	경험을 쌓기 위해 이것저것 **try**
(변화를 시도) 해 보다 = 시도하다	회사에서 매출 다변화를 **try**
(실험적인 것을 시도) 해 보다 = 시도하다	국악과 대중음악의 접목을 **try**
(또다시 시도, 도전) 해 보다 = 도전하다, 시도하다	다시 한번 **try**
(목표를 위해 노력) 해 보다 = 노력하다 (to)	자격증 시험에 합격하려고 **try**
(관계 개선 등을 노력) 해 보다 = 노력하다 (to)	사춘기 자녀와 대화를 하려고 **try**
(긍정적인 생각 등을) 해 보다 = 노력하다 (to)	긍정적인 생각을 하려고 **try**
(노력, 애쓰기를) 해 보다 = 노력하다 (to), 애쓰다	침착하려고 **try**
(노력, 애쓰기를) 해 보다 = 노력하다 (to), 애쓰다	담배를 끊으려고 **try**
(애쓰기, 노력을) 해 보다 = 애쓰다 (to), 노력하다	가수가 되고 싶어 부모님을 설득 **try**
(애쓰기, 노력을) 해 보다 = 애쓰다 (to), 노력하다	긴장을 풀려고 **try**
(질문, 물어보기를) 해 보다 = (질문을) 하다	강사에게 질문을 **try**
(취미, 배우기 등을 한 번) 해 보다 (~ing)	취미로 바이올린을 **try**
(운동, 등산 등을 한 번) 해 보다 (~ing)	건강을 위해 테니스를 **try**
(전화, 연락을) 해 보다	그녀에게 전화를 **try**
(사랑 고백 등을) 해 보다, 시도하다	좋아하는 그에게 고백을 **try**
(웃겨 보기 등을 시도) 해 보다, 시도하다	친구들을 웃겨 보려 **try**
(어떤 방법, 방식으로 판매 등을) 해 보다, 시도하다	신상품에 사은품을 껴서 판매 **try**
(어떤 방법, 방식으로 만들기를) 해 보다 = 만들어 보다	전통 방식대로 된장을 **try**
(어떤 음식 만들기를) 해 보다 = 만들어 보다	오늘 저녁에는 칼국수를 **try**
(구조, 도움 등을 시도) 해 보다 = 시도하다	갑자기 쓰러진 사람을 구하려고 **try**
(어떤 제품, 재료, 치료법 등을 사용) 해 보다 = 써 보다, 사용해 보다	피부관리를 위해 머드팩을 **try**
(채식, 육식 등의 식단 변화를 시도) 해 보다 = 먹어 보다, 바꿔 보다	건강을 위해 채식을 **try**
(착용) 해 보다 = (어울림, 사이즈가 맞는지) 입어 보다 (on)	옷가게에서 바지를 **try** on
(착용) 해 보다 = (어울림, 사이즈가 맞는지) 신어 보다 (on)	택배로 받은 신발을 **try** on
(착용) 해 보다 = (안경 등을) 써 보다 (on), 껴 보다, 착용해 보다	뿔테안경을 **try** on
(새로 만든 제품, 새로운 제품 등을) 시험해 보다, 사용해 보다, 써 보다	새로 제작한 자동차의 주행 성능을 **try**
(어떤 프로그램, 앱 등을) 시험해 보다 = 사용해 보다, 써 보다	작곡 프로그램을 **try**
(새로운 장소에 가서 그곳이 어떤지) 시험해 보다 = 가보다	얼마 전에 생긴 분식집을 **try**
(옳고 그름을 판단하기 위해) 시험해 보다 = 재판하다, 심리하다	폭행죄로 그를 **try**
(새로운 음식, 음료수, 술 먹기를) 시험해 보다 = 먹어 보다, 마셔 보다	매운 떡볶이를 **try**
(누가 만들어준 음식의 맛을) 시험해 보다 = 먹어 보다	언니가 만들어준 스파게티를 **try**
(음식의 맛, 간을) 시험해 보다 = 먹어 보다, 간을 보다	간이 맞는지 미역국을 **try**
(약이나 어떤 성분의 효능을) 시험해 보다 = 마셔 보다, 먹어 보다	목감기가 떨어지라고 생강차를 **try**

경험을 쌓기 위해 이것저것 **해 보다**	경험을 쌓기 위해 이것저것 **시도하다**
회사에서 매출 다변화를 **해 보다**	회사에서 매출 다변화를 **시도하다**
국악과 대중음악의 접목을 **해 보다**	국악과 대중음악의 접목을 **시도하다**
다시 한번 **해 보다**	다시 한번 **도전하다**
자격증 시험에 합격하려고 **해 보다**	자격증 시험에 합격하려고 **노력하다**
사춘기 자녀와 대화를 하려고 **해 보다**	사춘기 자녀와 대화를 하려고 **노력하다**
긍정적인 생각을 하려고 **해 보다**	긍정적인 생각을 하려고 **노력하다**
침착하려고 **해 보다**	침착하려고 **노력하다**
담배를 끊으려고 **해 보다**	담배를 끊으려고 **노력하다**
가수가 되고 싶어 부모님을 설득**해 보다**	가수가 되고 싶어 부모님을 설득하느라 **애쓰다**
긴장을 풀려고 **해 보다**	긴장을 풀려고 **애쓰다**
강사에게 질문을 **해 보다**	강사에게 질문을 **하다**
취미로 바이올린을 **해 보다**	취미로 바이올린을 **해 보다**
건강을 위해 테니스를 **해 보다**	건강을 위해 테니스를 **해 보다**
그녀에게 전화**해 보다**	그녀에게 전화**해 보다**
좋아하는 그에게 고백**해 보다**	좋아하는 그에게 고백**해 보다**
친구들을 웃겨 보려 **해 보다**	친구들을 웃겨 보려 **해 보다**
신상품에 사은품을 껴서 판매**해 보다**	신상품에 사은품을 껴서 판매**해 보다**
전통 방식대로 된장을 **해 보다**	전통 방식대로 된장을 **만들어 보다**
오늘 저녁에는 칼국수를 **해 보다**	오늘 저녁에는 칼국수를 **만들어 보다**
갑자기 쓰러진 사람을 구하려고 **해 보다**	갑자기 쓰러진 사람을 구하려고 **시도하다**
피부관리를 위해 머드팩을 **해 보다**	피부관리를 위해 머드팩을 **써 보다**
건강을 위해 채식을 **해 보다**	건강을 위해 채식을 **먹어 보다**
옷가게에서 바지를 착용**해 보다**	옷가게에서 바지를 **입어 보다**
택배로 받은 신발을 착용**해 보다**	택배로 받은 신발을 **신어 보다**
뿔테안경을 착용**해 보다**	뿔테안경을 **써 보다**
새로 제작한 자동차의 주행 성능을 **시험해 보다**	새로 제작한 자동차의 주행 성능을 **시험해 보다**
작곡 프로그램을 **시험해 보다**	작곡 프로그램을 **사용해 보다**
얼마 전에 생긴 분식집을 **시험해 보다**	얼마 전에 생긴 분식집을 **가보다**
폭행죄로 그를 **시험해 보다**	폭행죄로 그를 **재판하다**
매운 떡볶이를 **시험해 보다**	매운 떡볶이를 **먹어 보다**
언니가 만들어준 스파게티를 **시험해 보다**	언니가 만들어준 스파게티를 **먹어 보다**
간이 맞는지 미역국을 **시험해 보다**	간이 맞는지 미역국을 **먹어 보다**
목감기가 떨어지라고 생강차를 **시험해 보다**	목감기가 떨어지라고 생강차를 **마셔 보다**

grow [그뤄우] [그로우]

자라다 / 자라게 하다

(사람이) 자라다 = 성장하다, 크다, 발육하다	아이가 밝고 건강하게 **grow**
(키가) 자라다 = 크다, 성장하다, 발육하다	작년보다 키가 3cm **grow**
(동물이) 자라다 = 크다, 성장하다, 발육하다	돼지들이 잘 **grow**
(식물, 이끼가) 자라다 = 성장하다, 크다, 생장하다	옥수수가 사람 키만큼 **grow**
(두뇌가) 자라다 = 성장하다	독서를 통해 두뇌가 **grow**
(기술적으로) 자라다 = 늘다, 발전하다	그녀의 요리 솜씨가 **grow**
(직업적으로) 자라다 = 성장하다, 크다	그녀는 훌륭한 배우로 **grow**
(머리카락, 수염 등이) 자라다	그의 머리카락과 수염이 빨리 **grow**
(손톱, 발톱이) 자라다	손톱이 길게 **grow**
(규모, 수량 등이) 자라다 = (점점) 커지다, 증가하다	국가의 경제 규모가 **grow**
(회사, 사업이) 자라다 = (점점) 증가하다, 커지다	회사의 매출이 꾸준히 **grow**
(수요가) 자라다 = (점점) 증가하다, 커지다	반도체 수요가 **grow**
(수, 수량이) 자라다 = (점점) 증가하다, 커지다	한 번 쓰고 버려지는 1회 용품 사용량이 **grow**
(수, 수량이) 자라다 = (점점) 늘다, 커지다	그녀의 팬들이 **grow**
(수, 수량이) 자라다 = (점점) 늘다, 증가하다	1인 가구의 수가 **grow**
(문제가) 자라다 = (점점) 커지다, ~하게 되다	시간이 갈수록 문제가 **grow**
(갈등이) 자라다 = (점점) 커지다, ~하게 되다	아내와의 갈등이 **grow**
(시비, 말다툼이) 자라다 = (점점) 커지다, ~하게 되다	사소한 말다툼이 큰 싸움으로 **grow**
(사랑, 마음 등이) 자라다 = (점점) 커지다	그녀에 대한 사랑이 **grow**
(그리움 등이) 자라다 = (점점) 커지다	고향에 대한 그리움이 **grow**
(인식, 생각 등이) 자라다 = (점점) 커지다, 늘다, 크다	제품의 디자인에 대한 인식이 **grow**
(의존도 등이) 자라다 = (점점) 커지다	아이의 부모에 대한 의존도가 **grow**
(인기, 명성 등이) 자라다 = (점점) 높아지다, 커지다, 많아지다	그의 인기가 **grow**
(어떤 상태가 점점) 자라다 = (점점) ~하게 되다	고기 위주의 식사를 하다 보니 살찜이 **grow**
(어떤 상태가 점점) 자라다 = (점점) ~하게 되다	우리나라는 아파트 주거 문화가 보편화가 **grow**
(어떤 상태가 점점) 자라다 = (점점) ~하게 되다	사람들이 하나둘 늘자 시끄러움이 **grow**
(어떤 상태가 점점) 자라다 = (점점) ~하게 되다	반복된 일상에 지루함이 **grow**
(어떤 상태가 점점) 자라다 = (점점) ~하게 되다	어린 딸과 놀아 주느라 지침이 **grow**
(어떤 상태가 점점) 자라다 = (점점) ~하게 되다	아들은 대학생이 되면서 얌전함이 **grow**
(머리카락을) 자라게 하다 = 기르다	그녀는 머리를 길게 **grow**
(수염, 손톱을) 자라게 하다 = 기르다	그는 배역에 맞게 수염을 **grow**
(식물을) 자라게 하다 = 키우다, 기르다, 재배하다	선인장을 **grow**
(식물을) 자라게 하다 = 재배하다, 기르다, 키우다	텃밭에 고추를 **grow**
(사업, 회사를) 자라게 하다 = 키우다	회사의 규모를 **grow**

아이가 밝고 건강하게 **자라다**	아이가 밝고 건강하게 **성장하다**
작년보다 키가 3cm **자라다**	작년보다 키가 3cm **크다**
돼지들이 잘 **자라다**	돼지들이 잘 **크다**
옥수수가 사람 키만큼 **자라다**	옥수수가 사람 키만큼 **성장하다**
독서를 통해 두뇌가 **자라다**	독서를 통해 두뇌가 **성장하다**
그녀의 요리 솜씨가 **자라다**	그녀의 요리 솜씨가 **늘다**
그녀는 훌륭한 배우로 **자라다**	그녀는 훌륭한 배우로 **성장하다**
그의 머리카락과 수염이 빨리 **자라다**	그의 머리카락과 수염이 빨리 **자라다**
손톱이 길게 **자라다**	손톱이 길게 **자라다**
국가의 경제 규모가 **자라다**	국가의 경제 규모가 **커지다**
회사의 매출이 꾸준히 **자라다**	회사의 매출이 꾸준히 **증가하다**
반도체 수요가 **자라다**	반도체 수요가 **증가하다**
한 번 쓰고 버려지는 1회 용품 사용량이 **자라다**	한 번 쓰고 버려지는 1회 용품 사용량이 **증가하다**
그녀의 팬들이 **자라다**	그녀의 팬들이 **늘다**
1인 가구의 수가 **자라다**	1인 가구의 수가 **늘다**
시간이 갈수록 문제가 **자라다**	시간이 갈수록 문제가 **커지다**
아내와의 갈등이 **자라다**	아내와의 갈등이 **커지다**
사소한 말다툼이 큰 싸움으로 **자라다**	사소한 말다툼이 큰 싸움으로 **커지다**
그녀에 대한 사랑이 **자라다**	그녀에 대한 사랑이 **커지다**
고향에 대한 그리움이 **자라다**	고향에 대한 그리움이 **커지다**
제품의 디자인에 대한 인식이 **자라다**	제품의 디자인에 대한 인식이 **커지다**
아이의 부모에 대한 의존도가 **자라다**	아이의 부모에 대한 의존도가 **커지다**
그의 인기가 **자라다**	그의 인기가 **높아지다**
고기 위주의 식사를 하다 보니 살찜이 **자라다**	고기 위주의 식사를 하다 보니 살찌게 **되다**
우리나라는 아파트 주거 문화가 보편화가 **자라다**	우리나라는 아파트 주거 문화가 보편화**되다**
사람들이 하나둘 늘자 더 시끄러움이 **자라다**	사람들이 하나둘 늘자 더 시끄럽게 **되다**
반복된 일상에 지루함이 **자라다**	반복된 일상에 지루하게 **되다**
어린 딸과 놀아 주느라 지침이 **자라다**	어린 딸과 놀아 주느라 지치게 **되다**
아들은 대학생이 되면서 얌전함이 **자라다**	아들은 대학생이 되면서 얌전하게 **되다**
그녀는 머리를 길게 **자라게 하다**	그녀는 머리를 길게 **기르다**
그는 배역에 맞게 수염을 **자라게 하다**	그는 배역에 맞게 수염을 **기르다**
선인장을 **자라게 하다**	선인장을 **키우다**
텃밭에 고추를 **자라게 하다**	텃밭에 고추를 **재배하다**
회사의 규모를 **자라게 하다**	회사의 규모를 **키우다**

wear [우웨얼] [웨어]

입다 / 입히다 / 입는 것

(옷을) 입다 = 입고 있다 (입은 상태), 걸치고 있다	그녀는 연두색 니트를 wear
(신발을) 입다 = 신고 있다 (신은 상태), 신다	그는 편해 보이는 신발을 wear
(안경, 모자, 마스크 등을) 입다 = 쓰고 있다 (착용한 상태), 쓰다	감기에 걸려서 마스크를 wear
(시계, 팔찌, 벨트 등을) 입다 = 차고 있다 (착용한 상태), 차다	손목시계를 wear
(반지, 보청기 등을) 입다 = 끼고 있다 (착용한 상태), 끼다	그는 항상 결혼반지를 wear
(목도리, 넥타이 등을) 입다 = 두루고 있다, 두루다, 매고 있다, 매다	추워서 목도리를 wear
(화장품, 향수 등을) 입다 = 하고 있다 (화장한 상태, 뿌린 상태), 하다	그녀는 가벼운 화장을 wear
(상처를) 입다 = 입고 있다	칼에 베여 상처를 wear
(표정, 태도를) 입다 = 짓고 있다, 짓다, 띠고 있다, 띠다	그녀는 온화한 미소를 wear
(마음속에) 입다 = 간직하다, 간직하고 있다, 품다, 품고 있다	그는 배우에 대한 꿈을 wear
(지위, 직함, 자격을) 입다 = (지위, 직함이) ~이다	동생은 편의점의 점장을 wear
(어떤 머리카락을) 입다 = (특정한 머리를) 하고 있다, ~이다	그녀는 단발머리를 wear
(해짐, 낡음, 오래됨을) 입다 = 해지다 (out, down, away), 낡다	청바지가 오래되어 무릎이 wear out
(닳음, 마모, 오래됨을) 입다 = 닳다 (out, down, away), 마모되다	운동화 밑창이 wear down
(쇠약, 병약 등을) 입히다 = 수척하게 하다 (out, down)	병이 그에게 wear out
(지침, 피곤 등을) 입히다 = 지치게 하다 (down, out)	상사의 간섭이 직원들에게 wear down
(옷으로, 착용물로) 입는 것 = ~복 (복합어), 의복, 착용물	스포츠 매장에서 {운동 wear}을 구입하다
(옷으로, 장신구로) 입는 것 = ~옷 (복합어), 의류, 장신구	면 소재의 {속 wear}을 구입하다

balance [배알런스] [밸런스]

양팔저울 / 양팔저울질하다 / 양팔저울이다

양팔저울 = 천칭 (양팔저울), 저울, 천칭자리	balance 한쪽에는 금을 다른 쪽엔 추를 올려놓다
양팔저울 = 균형	balance를 잃고 넘어지다
양팔저울 = 조화, 안정	자연과의 balance를 염두에 두고 건물을 짓다
양팔저울 = 잔고	은행 balance가 넉넉하다
양팔저울 = 잔액	계좌 balance가 부족하다
양팔저울 = 잔금	아파트 balance를 납부하다
양팔저울질하다 = 양쪽 무게를 맞추다, 양팔저울에 달다	한쪽에 약초, 다른 쪽은 추를 놓고 balance
양팔저울질하다 = 균형을 잡다, 균형잡다	자전거를 balance
양팔저울질하다 = 저울질하다, (양손에 들고) 무게를 비교하다	그녀가 동시에 고백받은 남자들을 balance
양팔저울질하다 = 비교 평가하다, 비교하다, 견주어 보다	광고주가 두 가지 광고 시안을 놓고 balance
양팔저울이다 = 균형이 잡히다, 균형을 이루다	좋아하는 일을 해서 일과 삶이 balance
양팔저울이다 = 조화를 이루다	이 영화는 로맨스와 코믹이 balance

그녀는 연두색 니트를 **입다**	그녀는 연두색 니트를 **입고 있다** (동작이 아닌 상태)
그는 편해 보이는 신발을 **입다**	그는 편해 보이는 신발을 **신고 있다** (동작이 아닌 상태)
감기에 걸려서 마스크를 **입다**	감기에 걸려서 마스크를 **쓰고 있다** (동작이 아닌 상태)
손목시계를 **입다**	손목시계를 **차고 있다** (동작이 아닌 상태)
그는 항상 결혼반지를 **입다**	그는 항상 결혼반지를 **끼고 있다** (동작이 아닌 상태)
추워서 목도리를 **입다**	추워서 목도리를 **두르고 있다** (동작이 아닌 상태)
그녀는 가벼운 화장을 **입다**	그녀는 가벼운 화장을 **하고 있다** (동작이 아닌 상태)
칼에 베여 상처를 **입다**	칼에 베여 상처를 **입고 있다**
그녀는 온화한 미소를 **입다**	그녀는 온화한 미소를 **짓고 있다**
그는 배우에 대한 꿈을 **입다**	그는 배우에 대한 꿈을 **간직하다**
동생은 편의점의 점장을 **입다**	동생은 편의점의 점장**이다**
그녀는 단발머리를 **입다**	그녀는 단발머리를 **하고 있다**
청바지가 오래되어 무릎이 없어짐을 **입다**	청바지가 오래되어 무릎이 **해지다**
운동화 밑창이 낮아짐을 **입다**	운동화 밑창이 **닳다**
병이 그에게 없어짐을 **입히다**	병이 그를 **수척하게 하다**
상사의 간섭이 직원들에게 내려감을 **입히다**	상사의 간섭이 직원들을 **지치게 하다**
스포츠 매장에서 {운동할 때 **입는 것**}을 구입하다	스포츠 매장에서 {운동복}을 구입하다
면 소재의 {속에 **입는 것**}을 구입하다	면 소재의 {속옷}을 구입하다

양팔저울 한쪽에는 금을 다른 쪽엔 추를 올려놓다	**천칭** 한쪽에는 금을 다른 쪽엔 추를 올려놓다
양팔저울을 잃고 넘어지다	**균형**을 잃고 넘어지다
자연과의 **양팔저울**을 염두에 두고 건물을 짓다	자연과의 **조화**를 염두에 두고 건물을 짓다
은행 **양팔저울**이 넉넉하다	은행 **잔고**가 넉넉하다
계좌 **양팔저울**이 부족하다	계좌 **잔액**이 부족하다
아파트 **양팔저울**을 납부하다	아파트 **잔금**을 납부하다
한쪽에 약초, 다른 쪽은 추를 놓고 **양팔저울질하다**	한쪽에 약초, 다른 쪽은 추를 놓고 **양쪽 무게를 맞추다**
자전거를 **양팔저울질하다**	자전거의 **균형을 잡다**
그녀가 동시에 고백받은 남자들을 **양팔저울질하다**	그녀가 동시에 고백받은 남자들을 **저울질하다**
광고주가 두 가지 광고 시안을 놓고 **양팔저울질하다**	광고주가 두 가지 광고 시안을 놓고 **비교 평가하다**
좋아하는 일을 해서 일과 삶이 **양팔저울이다**	좋아하는 일을 해서 일과 삶이 **균형이 잡히다**
이 영화는 로맨스와 코믹이 **양팔저울이다**	이 영화는 로맨스와 코믹이 **조화를 이루다**

sharp [@샾~] [샤프] @혀를 말고 발음

날카로운

(칼날, 가위, 도구 등이) 날카로운 = 예리한, 잘 드는	sharp 칼날을 조심하다
(이빨, 발톱 등이) 날카로운 = 예리한, 뾰족한	상어는 sharp 이빨을 가지고 있다
(가시 등이) 날카로운 = 뾰족한, 예리한	장미에는 sharp 가시가 있다
(바늘, 연필 등이) 날카로운 = 뾰족한, 예리한	sharp 바늘에 찔리다
(보는 눈이) 날카로운 = 예리한	전문가의 sharp 눈으로 진품을 가려내다
(통찰력, 머리가) 날카로운 = 예리한, 총명한, 명석한	그의 sharp 통찰력으로 미래 산업을 예측하다
(경사 등이) 날카로운 = 가파른	sharp 경사에서 차가 뒤로 밀리다
(커브길 등이) 날카로운 = 급격한	비 오는 날에 sharp 커브길을 조심해서 운전하다
(상승, 하락이) 날카로운 = 급~ (급등, 급락 등), 급격한	원화 가치의 sharp 상승은 수출에 부정적이다
(비판, 평가 등이) 날카로운 = 신랄한, 예리한	맛집의 음식맛에 대해 sharp 평가를 하다
(질문, 지적 등이) 날카로운 = 예리한, 신랄한	그의 sharp 질문에 진땀을 빼다
(말, 감정 등이) 날카로운 = 모진, 뾰족한	아내의 sharp 잔소리에 기가 죽다
(소리, 맛이) 날카로운 = 귀청을 찢는, 톡 쏘는 듯한	기차가 급정거 하자 sharp 소리가 나다
(추위, 바람이) 날카로운 = 매서운, 살을 에는 듯한	sharp 추위가 전국을 뒤덮다
(통증이) 날카로운 = 찌르는 듯한	그녀는 sharp 두통으로 약을 먹었다
(차이, 대조가) 날카로운 = 뚜렷한, 분명한	두 제품의 장단점은 sharp 차이를 보인다
(얼굴선, 윤곽이) 날카로운 = (얼굴선, 윤곽이) 뚜렷한	이목구비가 sharp 그녀는 배우처럼 생겼다
(음이 반음) 날카로운 = 반음 올린, 반음 높인, 샵(#)이 붙은	노래를 원곡보다 sharp 키로 부르다

search [써얼취|] [서취]

뒤지다 / 뒤지기

(안 보이는 것을 찾으려고) 뒤지다 = 찾다, 찾아보다	서랍 속을 search
(안 보이는 것을 찾으려고) 뒤지다 = 찾아보다	리모컨이 안 보여서 거실 여기저기를 search
(주머니, 소지품, 몸 등을) 뒤지다 = 찾아보다	여권을 찾기 위해 가방과 주머니를 search
(원인 등을 찾으려고) 뒤지다 = 찾아보다, 조사하다, 연구하다	물고기가 떼로 죽은 원인을 search
(데이터베이스를) 뒤지다 = (인터넷에서) 검색하다	인터넷에서 필요한 자료를 search
(숨긴 것이 있는지) 뒤지다 = 검문하다, 몸수색하다	유력한 용의자를 search
(사람 등을 찾으려고) 뒤지다 = 물색하다, 찾아보다	국가 대표팀의 새로운 감독을 search
(남의 기분, 반응, 마음 상태 등을) 뒤지다 = 살펴보다	왠지 퉁명스러운 그녀의 얼굴을 search
(상처의 상태를) 뒤지다 = (상처를 자세히) 살펴보다	칼에 벤 상처를 search
(찾으려고 주변, 주위를 샅샅이) 뒤지다 = 수색하다, 조사하다	실종자를 찾기 위해 산을 search
(찾으려고 주변, 주위를 샅샅이) 뒤지기 = 수색, 조사, 탐색	비가 내려 실종자 search의 어려움이 있다
(찾으려고 여기저기) 뒤지기 = 탐구, 찾기, (인터넷) 검색	그 학생은 우주의 비밀을 search 하는데 흥미가 있다

날카로운 칼날을 조심하다	예리한 칼날을 조심하다
상어는 **날카로운** 이빨을 가지고 있다	상어는 **예리한** 이빨을 가지고 있다
장미에는 **날카로운** 가시가 있다	장미에는 **뾰족한** 가시가 있다
날카로운 바늘에 찔리다	**뾰족한** 바늘에 찔리다
전문가의 **날카로운** 눈으로 진품을 가려내다	전문가의 **예리한** 눈으로 진품을 가려내다
그의 **날카로운** 통찰력으로 미래 산업을 예측하다	그의 **예리한** 통찰력으로 미래 산업을 예측하다
날카로운 경사에서 차가 뒤로 밀리다	**가파른** 경사에서 차가 뒤로 밀리다
비 오는 날에 **날카로운** 커브길을 조심해서 운전하다	비 오는 날에 **급격한** 커브길을 조심해서 운전하다
원화 가치의 **날카로운** 상승은 수출에 부정적이다	원화 가치의 **급상승 (급등)**은 수출에 부정적이다
맛집의 음식맛에 대해 **날카로운** 평가를 하다	맛집의 음식맛에 대해 **신랄한** 평가를 하다
그의 **날카로운** 질문에 진땀을 빼다	그의 **예리한** 질문에 진땀을 빼다
아내의 **날카로운** 잔소리에 기가 죽다	아내의 **모진** 잔소리에 기가 죽다
기차가 급정거 하자 **날카로운** 소리가 나다	기차가 급정거 하자 **귀청을 찢는** 소리가 나다
날카로운 추위가 전국을 뒤덮다	**매서운** 추위가 전국을 뒤덮다
그녀는 **날카로운** 두통으로 약을 먹었다	그녀는 **찌르는 듯한** 두통으로 약을 먹었다
두 제품의 장단점은 **날카로운** 차이를 보인다	두 제품의 장단점은 **뚜렷한** 차이를 보인다
이목구비가 **날카로운** 그녀는 배우처럼 생겼다	이목구비가 **뚜렷한** 그녀는 배우처럼 생겼다
노래를 원곡보다 **날카로운** 키로 부르다	노래를 원곡보다 **반음 올린** 키로 부르다

서랍 속을 **뒤지다**	서랍 속을 **찾다**
리모컨이 안 보여서 거실 여기저기를 **뒤지다**	리모컨이 안 보여서 거실 여기저기를 **찾아보다**
여권을 찾기 위해 가방과 주머니를 **뒤지다**	여권을 찾기 위해 가방과 주머니를 **찾아보다**
물고기가 떼로 죽은 원인을 **뒤지다**	물고기가 떼로 죽은 원인을 **찾아보다**
인터넷에서 필요한 자료를 **뒤지다**	인터넷에서 필요한 자료를 **검색하다**
유력한 용의자를 **뒤지다**	유력한 용의자를 **검문하다**
국가 대표팀의 새로운 감독을 **뒤지다**	국가 대표팀의 새로운 감독을 **물색하다**
왠지 퉁명스러운 그녀의 얼굴을 **뒤지다**	왠지 퉁명스러운 그녀의 얼굴을 **살펴보다**
칼에 벤 상처를 **뒤지다**	칼에 벤 상처를 **살펴보다**
실종자를 찾기 위해 산을 **뒤지다**	실종자를 찾기 위해 산을 **수색하다**
비가 내려 실종자 **뒤지기**의 어려움이 있다	비가 내려 실종자 **수색**의 어려움이 있다
그 학생은 우주의 비밀을 **뒤지기** 하는데 흥미가 있다	그 학생은 우주의 비밀을 **탐구**하는데 흥미가 있다

move  [무웁] [무브]

움직이다 / 움직이게 하다 / 움직임

(몸을) 움직이다	몸을 **move**
(머리, 팔, 다리 등을) 움직이다	깁스를 풀고 다리를 **move**
(눈, 코, 입 등을) 움직이다	눈을 좌우로 **move**
(손, 손가락, 발, 발가락 등을) 움직이다	손가락을 **move**
(위치를 바꿔 몸을) 움직이다 = 이동하다, 옮기다, 가다	대기하던 사람들이 관중석 쪽으로 **move**
(위치를 바꿔 몸을) 움직이다 = 비키다, 이동하다, 가다	앞에 차가 오자 길가로 **move**
(거주 위치를 바꿔) 움직이다 = 이사하다 (to), 옮기다	그녀는 내일 서울로 **move** to
(거주 위치, 형태를 바꿔) 움직이다 = 이사하다 (into, in), 이사 오다	우리는 단독 주택으로 **move** into
(거주 위치를 바꿔) 움직이다 = 나오다 (out), 이사 가다	그는 부모님 집에서 **move** out
(거주 나라를 바꿔) 움직이다 = 이민하다 (to), (이민을) 가다, 오다	그녀는 다음달에 캐나다로 **move**
(직장, 반 등을) 움직이다 = 이직하다, 옮기다	동료가 다른 회사로 **move**
(어떤 지위로) 움직이다 = 승진하다 (up), 오르다, 올라가다	그가 과장에서 부장으로 **move** up
(어떤 방향으로) 움직이다 = 오르다 (up)	그녀가 계단을 **move** up
(지구가) 움직이다 = 돌다, 돌아가다, 이동하다	지구가 태양 주위를 **move**
(차량, 장비 등이) 움직이다 = 이동하다, 가다, 전진하다	버스가 다음 정거장으로 **move**
(인식, 시각 등이) 움직이다 = 바뀌다, 달라지다	지구 환경을 소중하게 여기는 쪽으로 인식이 **move**
(입장, 마음, 태도 등이) 움직이다 = 바뀌다, 달라지다	처음과 달리 그의 마음이 찬성하는 쪽으로 **move**
(생각, 신념 등이) 움직이다 = 바뀌다, 달라지다	그녀는 창조론에서 진화론으로 생각이 **move**
(질문, 화제 등을 바꿔) 움직이다 = 넘어가다, 넘기다, 바꾸다	다음 질문으로 **move**
(문제 해결을 위해) 움직이다 = 조치를 취하다, 행동하다	엘리베이터가 멈추자 관리실에서 **move**
(어떤 일에 마음이) 움직이다 = 감동하다	사람들이 그의 연설에 **move**
(마우스, 커서 등을) 움직이게 하다 = 이동시키다, 옮기다	커서를 오른쪽으로 **move**
(차량, 장비 등을) 움직이게 하다 = 이동시키다, 옮기다	차를 주차장으로 **move**
(위치를 바꿔) 움직이게 하다 = 옮기다, 이동시키다	짐들을 구석으로 **move**
(위치를 바꿔) 움직이게 하다 = 옮기다, 이동시키다	책상을 방으로 **move**
(위치를 바꿔) 움직이게 하다 = 옮기다, 이동시키다	빨래 건조대를 거실로 **move**
(위치를 바꿔) 움직이게 하다 = 옮기다, 이동시키다	액자를 벽으로 **move**
(체스, 장기 등의 말을) 움직이게 하다 = 두다, 옮기다, 이동시키다	체스의 말을 **move**
(동물을) 움직이게 하다 = 이동시키다	양 떼를 풀밭으로 **move**
(근무지를) 움직이게 하다 = 발령하다, 전근시키다	회사에서 그를 뉴욕 지사로 **move**
(마음을) 움직이게 하다 = 감동시키다, 움직이게 하다	애절한 그녀의 노래가 관객들을 **move**
(마음을) 움직이게 하다 = 뭉클해지게 하다, 아프게 하다	슬픈 영화가 마음을 **move**
(기분을) 움직이게 하다 = (화, 웃음 등이) 나게 하다	그의 무례함이 화를 **move**
(결정, 조치의) 움직임 = 결정, 선택, 조치, 행동	직업을 바꾼 것은 잘한 **move**이다

몸을 **움직이다**	몸을 **움직이다**
깁스를 풀고 다리를 **움직이다**	깁스를 풀고 다리를 **움직이다**
눈을 좌우로 **움직이다**	눈을 좌우로 **움직이다**
손가락을 **움직이다**	손가락을 **움직이다**
대기하던 사람들이 관중석 쪽으로 **움직이다**	대기하던 사람들이 관중석 쪽으로 **이동하다**
앞에 차가 오자 길가로 **움직이다**	앞에 차가 오자 길가로 **비키다**
그녀는 내일 서울로 **움직이다**	그녀는 내일 서울로 **이사하다**
우리는 단독 주택으로 **움직이다**	우리는 단독 주택으로 **이사하다**
그는 부모님 집에서 밖으로 **움직이다**	그는 부모님 집에서 **나오다**
그녀는 다음달에 캐나다로 **움직이다**	그녀는 다음달에 캐나다로 **이민하다**
동료가 다른 회사로 **움직이다**	동료가 다른 회사로 **이직하다**
그가 과장에서 부장으로 **움직이다**	그가 과장에서 부장으로 **승진하다**
그녀가 계단 위로 **움직이다**	그녀가 계단을 **오르다**
지구가 태양 주위를 **움직이다**	지구가 태양 주위를 **돌다**
버스가 다음 정거장으로 **움직이다**	버스가 다음 정거장으로 **이동하다**
지구 환경을 소중하게 여기는 쪽으로 인식이 **움직이다**	지구 환경을 소중하게 여기는 쪽으로 인식이 **바뀌다**
처음과 달리 그의 마음이 찬성하는 쪽으로 **움직이다**	처음과 달리 그의 마음이 찬성하는 쪽으로 **바뀌다**
그녀는 창조론에서 진화론으로 생각이 **움직이다**	그녀는 창조론에서 진화론으로 생각이 **바뀌다**
다음 질문으로 **움직이다**	다음 질문으로 **넘어가다**
엘리베이터가 멈추자 관리실에서 **움직이다**	엘리베이터가 멈추자 관리실에서 **조치를 취하다**
사람들이 그의 연설에 **움직이다**	사람들이 그의 연설에 **감동하다**
커서를 오른쪽으로 **움직이게 하다**	커서를 오른쪽으로 **이동시키다**
차를 주차장으로 **움직이게 하다**	차를 주차장으로 **이동시키다**
짐들을 구석으로 **움직이게 하다**	짐들을 구석으로 **옮기다**
책상을 방으로 **움직이게 하다**	책상을 방으로 **옮기다**
빨래 건조대를 거실로 **움직이게 하다**	빨래 건조대를 거실로 **옮기다**
액자를 벽으로 **움직이게 하다**	액자를 벽으로 **옮기다** (걸다)
체스의 말을 **움직이게 하다**	체스의 말을 **두다**
양 떼를 풀밭으로 **움직이게 하다**	양 떼를 풀밭으로 **이동시키다**
회사에서 그를 뉴욕 지사로 **움직이게 하다**	회사에서 그를 뉴욕 지사로 **발령하다**
애절한 그녀의 노래가 관객들을 **움직이게 하다**	애절한 그녀의 노래가 관객들을 **감동시키다**
슬픈 영화가 마음을 **움직이게 하다**	슬픈 영화가 마음을 **뭉클해지게 하다**
그의 무례함이 화를 **움직이게 하다**	그의 무례함이 **화나게 하다**
직업을 바꾼 것은 잘한 **움직임이다**	직업을 바꾼 것은 잘한 **결정이다**

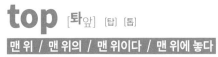

top [퇘앞] [탑] [톱]

맨 위 / 맨 위의 / 맨 위이다 / 맨 위에 놓다

(지붕, 건물 등의) 맨 위 = 꼭대기 (the top), 끝	참새가 지붕 top에 앉아 있다
(계단, 사다리 등의) 맨 위 = 꼭대기 (the top), 끝	그녀는 계단 top에 서 있다
(나무, 가지 등의) 맨 위 = 꼭대기 (the top), 끝	나무 top에 풍선이 걸려 있다
(산, 언덕 등의) 맨 위 = 정상 (the top), 꼭대기	산 top에 올라 아래를 내려다보다
(책상, 식탁 등의 납작한 것의) 맨 위 = 윗면 (the top)	책상 top에 흰색 시트지를 붙이다
(땅, 흙의) 맨 위 = 지면 (the top), 지표	땅의 top을 평평하게 고르다
(실력이) 맨 위 = 정상, 최고	그녀는 한식 요리의 top에 있다
(순위, 리스트의) 맨 위 = 1등, 최고	그는 홈런 순위 top에 있다
(성적이) 맨 위 = 수석, 1등	아들이 과에서 top으로 졸업하다
(음식의) 맨 위 = 위, 위쪽	그 케이크 top에 딸기가 있다
(페이지 면의) 맨 위 = 상단, 위쪽	페이지의 top에 그림을 배치하다
(옷의) 맨 위 = 상의, 윗도리, 윗옷	top을 입다
(뿌리채소의) 맨 위 = 잎 부분, 윗부분	당근의 top을 잘라내다
(펜, 병, 물건 등의) 맨 위 = 뚜껑, 마개	펜의 top를 잃어버리다
(주전자, 냄비 등의) 맨 위 = 뚜껑	주전자의 top을 닫다
(물건의) 맨 위 = (물건의 맨 위, 뚜껑처럼 생긴) 팽이	top이 잘 돌아가다
(층, 산 등의) 맨 위의 = 꼭대기의, 정상의	빌딩 top 층에 우리 사무실이 있다
(서랍의) 맨 위의 = 맨 위 칸의	top 서랍에 가위가 있다
(상태가) 맨 위의 = 최상의, 최고의	몸이 top 상태에 있다
(인기가) 맨 위의 = 최고의, 일류의, 톱의	할리우드 top 스타가 영화 홍보차 한국에 오다
(인기가) 맨 위의 = 톱의, 최고의, 일류의	행사에 top 가수를 섭외하다
(실력이) 맨 위의 = 정상급의, 최고의, 톱의	top 선수를 스카우트하다
(지위, 계급이) 맨 위의 = 최고의, 정상의	그는 은행에서 top 지위에 있다
(순위가) 맨 위의 = 최고의, 1위의	열심히 공부하여 top 학교에 입학하다
(순위가) 맨 위이다 = 1위에 오르다, 1위를 하다	우리가 만든 영화가 주말 박스오피스 top
(순위가) 맨 위이다 = 1위에 오르다, 1위를 하다	그녀의 소설이 베스트셀러 목록의 top
(순위가) 맨 위이다 = 1위를 차지하다, 1등을 하다	그 회사는 가장 취직하고 싶은 회사에 top
(순위가) 맨 위이다 = 정상에 오르다, 1위에 오르다	그 가수의 새 앨범이 차트 top
(성적이) 맨 위이다 = 1등을 하다, 수석을 하다	그녀가 시험에서 top
(산, 언덕 등의) 맨 위이다 = 정상에 오르다, 정상에 이르다	우리는 산의 top
(맡은 역할을) 맨 위에 놓다 = (역할을) 훌륭히 해내다	그녀는 회사에서 팀장의 역할을 top
(맡은 배역을) 맨 위에 놓다 = (배역을) 잘 연기하다, 훌륭히 해내다	그는 드라마에서 맡은 악역을 top
(음식의) 맨 위에 놓다 = (맨) 위에 얹다 (주로 수동태)	그녀는 크림이 topped 커피를 마시다
(음식의) 맨 위에 놓다 = (맨) 위에 얹다 (주로 수동태)	딸기가 topped 케이크를 사다

참새가 지붕 **맨 위**에 앉아 있다	참새가 지붕 **꼭대기**에 앉아 있다
그녀는 계단 **맨 위**에 서 있다	그녀는 계단 **꼭대기**에 서 있다
나무 **맨 위**에 풍선이 걸려 있다	나무 **꼭대기**에 풍선이 걸려 있다
산 **맨 위**에 올라 아래를 내려다보다	산 **정상**에 올라 아래를 내려다보다
책상 **맨 위**에 흰색 시트지를 붙이다	책상 **(상판의) 윗면**에 흰색 시트지를 붙이다
땅의 **맨 위**를 평평하게 고르다	땅의 **지면**를 평평하게 고르다
그녀는 한식 요리의 **맨 위**에 있다	그녀는 한식 요리의 **정상**에 있다
그는 홈런 순위 **맨 위**에 있다	그는 홈런 순위 **1등**에 있다
아들이 과에서 **맨 위**로 졸업하다	아들이 과에서 **수석**으로 졸업하다
그 케이크 **맨 위**에 딸기가 있다	그 케이크 **위**에 딸기가 있다
페이지의 **맨 위**에 그림을 배치하다	페이지의 **상단**에 그림을 배치하다
맨 위를 입다	**상의**를 입다
당근의 **맨 위**를 잘라내다	당근의 **잎 부분**을 잘라내다
펜의 **맨 위**를 잃어버리다	펜의 **뚜껑**을 잃어버리다
주전자의 **맨 위**를 닫다	주전자의 **뚜껑**을 닫다
맨 위가 잘 돌아가다	**팽이**가 잘 돌아가다
빌딩 **맨 위**의 층에 우리 사무실이 있다	빌딩 **꼭대기(의)** 층에 우리 사무실이 있다
맨 위의 서랍에 가위가 있다	**맨 위 칸**의 서랍에 가위가 있다
몸이 **맨 위**의 상태에 있다	몸이 **최상**의 상태에 있다
할리우드 **맨 위**의 스타가 영화 홍보차 한국에 오다	할리우드 **최고**의 스타가 영화 홍보차 한국에 오다
행사에 **맨 위**의 가수를 섭외하다	행사에 **톱(의)** 가수를 섭외하다
맨 위의 선수를 스카우트하다	**정상급(의)** 선수를 스카우트하다
그는 은행에서 **맨 위**의 지위에 있다	그는 은행에서 **최고**의 지위 (은행장)에 있다
열심히 공부하여 **맨 위**의 학교에 입학하다	열심히 공부하여 **최고**의 학교에 입학하다
우리가 만든 영화가 주말 박스오피스 **맨 위이다**	우리가 만든 영화가 주말 박스오피스 **1위에 오르다**
그녀의 소설이 베스트셀러 목록의 **맨 위이다**	그녀의 소설이 베스트셀러 목록의 **1위에 오르다**
그 회사는 가장 취직하고 싶은 회사에 **맨 위이다**	그 회사는 가장 취직하고 싶은 회사에 **1위를 차지하다**
그 가수의 새 앨범이 차트 **맨 위이다**	그 가수의 새 앨범이 차트 **정상에 오르다**
그녀가 시험에서 **맨 위이다**	그녀가 시험에서 **1등을 하다**
우리는 산의 **맨 위이다**	우리는 산의 **정상에 오르다**
그녀는 회사에서 팀장의 역할을 **맨 위에 놓다**	그녀는 회사에서 팀장의 역할을 **훌륭히 해내다**
그는 드라마에서 맡은 악역을 **맨 위에 놓다**	그는 드라마에서 맡은 악역을 **잘 연기하다**
그녀는 크림이 *맨 위에 놓인 커피를 마시다	그녀는 크림을 *위에 얹은 커피를 마시다
딸기가 *맨 위에 놓인 케이크를 사다	딸기를 *위에 얹은 케이크를 사다

rise [롸이즈] [라이즈]

오르다 / 오름

(해, 달, 별 등이) 오르다 = 뜨다, 솟아오르다, 떠오르다	아침 6시에 해가 rise
(인기, 명성이) 오르다 = 뜨다, 떠오르다	신인 배우가 영화 한 편으로 완전히 rise
(풍선, 기구, 새 등이 하늘로) 오르다 = 올라가다, 솟아오르다	풍선이 하늘로 rise
(연기, 먼지, 안개 등이 하늘로) 오르다 = 피어오르다	굴뚝에서 연기가 rise
(건물, 산 등이 하늘 높이) 오르다 = 솟아오르다, 솟다	건물들이 높이 rise
(가격, 물가, 요금 등이) 오르다 = 치솟다, 상승하다	물가가 천정부지로 rise
(실업률, 이혼율, 비만율 등이) 오르다 = 상승하다	경기 침체로 실업률이 rise
(소비량, 생산량 등의 양이) 오르다 = 늘다, 증가하다	쌀 생산량이 rise
(강, 바다 등의 수위가) 오르다 = 상승하다	많은 비가 내린 뒤 강의 수위가 rise
(자리, 잠자리에서) 오르다 = 일어나다, 일어서다, 기상하다	자리에서 rise
(생각이 떠) 오르다 = 떠오르다	첫사랑에 대한 추억이 rise
(수면 위로 물체, 물고기, 거품 등이) 오르다 = 떠오르다	물속에서 잠수함이 rise
(수준, 지위, 신분, 생활 등이) 오르다 = 올라가다, 승진하다	그녀는 자신의 직업 분야에서 정상에 rise
(온도, 체온, 정도 등이) 오르다 = 상승하다, 증가하다	기온이 rise
(가격, 양, 태양 등의) 오름 = 상승, 증가, (임금) 인상 (영국)	가격 rise이 지속되다

raise [뤠이즈] [레이즈]

올리다 / 올림

(손을) 올리다 = 들다, 들어 올리다	손을 raise
(잔, 총 등의 물건을) 올리다 = 들다, 들어 올리다	찻잔을 raise
(국기를 달아 위로) 올리다 = 게양하다, 달다	태극기를 raise
(수준 등을) 올리다 = 높이다	생활 수준을 raise
(기대 등을) 올리다 = 높이다	새 음반으로 팬들의 기대를 raise
(의식, 인식 등을) 올리다 = 높이다, 가지다	일회용품 사용에 대한 문제의식을 raise
(목소리, 소리, 목청을) 올리다 = 높이다, 가지다	목소리를 raise
(의문, 문제를) 올리다 = 제기하다	의문을 raise
(가격, 요금, 임금 등을) 올리다 = 인상하다	음식 가격을 raise
(돈, 기금, 사람 등을 모아) 올리다 = 모으다, 조성하다, 마련하다	지역 발전 기금을 raise
(몸을 세워) 올리다 = 일으키다, 일으켜 세우다	넘어진 아이를 raise
(먼지, 파도, 폭풍우 등을) 올리다 = (먼지 등을) 일으키다	강풍이 먼지를 raise
(소동, 반란, 폭동 등을) 올리다 = 일으키다	한바탕 소동을 raise
(아이, 가축, 식물을) 올리다 = 키우다, 기르다, 재배하다	아이를 raise
(임금, 물가 등의) 올림 = (임금) 인상 (미국), 상승, 올리기	인건비 raise로 물가가 오르다

아침 6시에 해가 **오르다**	아침 6시에 해가 **뜨다**
신인 배우가 영화 한 편으로 완전히 **오르다**	신인 배우가 영화 한 편으로 완전히 **뜨다**
풍선이 하늘로 **오르다**	풍선이 하늘로 **올라가다**
굴뚝에서 연기가 **오르다**	굴뚝에서 연기가 **피어오르다**
건물들이 높이 **오르다**	건물들이 높이 **솟아오르다**
물가가 천정부지로 **오르다**	물가가 천정부지로 **치솟다**
경기 침체로 실업률이 **오르다**	경기 침체로 실업률이 **상승하다**
쌀 생산량이 **오르다**	쌀 생산량이 **늘다**
많은 비가 내린 뒤 강의 수위가 **오르다**	많은 비가 내린 뒤 강의 수위가 **상승하다**
자리에서 **오르다**	자리에서 **일어나다**
첫사랑에 대한 추억이 **오르다**	첫사랑에 대한 추억이 **떠오르다**
물속에서 잠수함이 **오르다**	물속에서 잠수함이 **떠오르다**
그녀는 자신의 직업 분야에서 정상에 **오르다**	그녀는 자신의 직업 분야에서 정상에 **올라가다**
기온이 **오르다**	기온이 **상승하다**
가격 **오름**이 지속되다	가격 **상승**이 지속되다

손을 **올리다**	손을 **들다**
찻잔을 **올리다**	찻잔을 **들다**
태극기를 **올리다**	태극기를 **게양하다**
생활 수준을 **올리다**	생활 수준을 **높이다**
새 음반으로 팬들의 기대를 **올리다**	새 음반으로 팬들의 기대를 **높이다**
일회용품 사용에 대한 문제의식을 **올리다**	일회용품 사용에 대한 문제의식을 **높이다**
목소리를 **올리다**	목소리를 **높이다**
의문을 **올리다**	의문을 **제기하다**
음식 가격을 **올리다**	음식 가격을 **인상하다**
지역 발전 기금을 **올리다**	지역 발전 기금을 **모으다**
넘어진 아이를 **올리다**	넘어진 아이를 **일으키다**
강풍이 먼지를 **올리다**	강풍이 먼지를 **일으키다**
한바탕 소동을 **올리다**	한바탕 소동을 **일으키다**
아이를 **올리다**	아이를 **키우다**
인건비 **올림**으로 물가가 오르다	인건비 **인상**으로 물가가 오르다

season [씨이즌] [시즌]

계절 / 계절을 들이다

계절 (봄, 여름, 가을, 겨울 중의 하나)	가을은 독서의 season이다
계절 = ~기 (건기, 우기, 개화기 등)	계속되는 {장마의 season}로 인해 강물이 범람했다
계절 = ~기 (성수기, 비수기 등)	성수 season에는 여행지의 숙박비가 많이 오른다
계절 = ~철 (수확철, 장마철, 행사철 등)	수확 season에는 농촌의 일손이 모자라다
계절 = ~철 (휴가철, 낚시철, 사냥철 등), 한창때	휴가 season을 맞아 여행을 가다
계절 = ~철 (꽃게철, 새우철, 사과철 등), 한창때	지금은 꽃게 season이라 싱싱한 꽃게 요리를 맛볼 수 있다
계절 = 제철, 철, 유행기	season을 맞은 딸기를 맛보다
계절 = (경기가 좋은) 대목	명절 season을 노린 영화들이 쏟아져 나오다
계절 = 시기, 철	꽃가루가 날리는 season에 알레르기를 겪다
계절 = (스포츠, 경기의) 활동 기간, 시즌	야구 season이 돌아오다
계절 = (TV 프로그램이 한차례 방영되는) 방영 기간, 시기, 시즌	그 드라마의 다음 season이 빨리 오기를 기대하다
계절 = (연극, 영화 등이 한차례 공연, 상연되는) 시즌, 활동 기간	이 연극은 season 3까지 나오다
계절을 들이다 = (음식에) 양념을 하다, 조미하다, 맛을 들이다	소고기에 후추와 마늘로 season
계절을 들이다 = (음식에) 간을 하다, 간을 맞추다	미역국에 소금으로 season
계절을 들이다 = (이야기에) 양념을 치다, 살을 붙이다, 흥을 돋우다	그럴듯하게 꾸민 말로 이야기에 season
계절을 들이다 = (술을) 숙성시키다, 익히다, 맛을 들이다	와인을 오크통에서 season
계절을 들이다 = (목재를) 건조시키다, 말리다, 길들이다	가구용 목재에 season

life [(을)라잎] [라이프]

삶

삶 (살아 있음) = 인생	지금까지 살아온 life을 되돌아보다
삶 (살아 있음) = 생	그가 전쟁터에서 life을 마감하다
삶 (살아 있음) = 평생 (lifetime), 일생	그녀는 life을 함께할 배우자를 만나다
삶 (살아 있음) = 생애	드라마를 통해 강감찬 장군의 life가 재조명되다
삶 (살아 있음) = 생명, 명	새 life이 태어나다
삶 (살아 있음) = 생명, 명, 생존 기간, 유효 기간	이번 부상으로 그의 선수 life이 끝나다
삶 (살아 있음) = 목숨	사고로 life을 잃다
삶 = 수명 (life span), 생존 기간	한국인의 평균 life이 꾸준히 증가하다
삶 = 수명 (life span), 유효 기간 (제품, 계약 등)	핸드폰 배터리의 life이 다하다
삶 = 생물 (집합적)	바다에는 수많은 해양 life이 산다
삶 = 생활 (결혼 생활, 학교생활, 기숙사 생활 등)	그녀는 결혼 life에 만족한다
삶 = 생활 (회사 생활, 사회생활, 조직 생활 등)	그는 회사 life에 만족을 못 해 창업을 하다
삶 = 생활 (일상생활, 경제생활, 안정적인 생활 등)	인터넷이 없으면 일상 life에서 불편함이 크다

가을은 독서의 **계절**이다	가을은 독서의 **계절**이다
계속되는 {장마의 **계절**}로 인해 강물이 범람했다	계속되는 {**우기**}로 인해 강물이 범람했다
성수 **계절**에는 여행지의 숙박비가 많이 오른다	성수**기**에는 여행지의 숙박비가 많이 오른다
수확 **계절**에는 농촌의 일손이 모자라다	수확**철**에는 농촌의 일손이 모자라다
휴가 **계절**을 맞아 여행을 가다	휴가**철**을 맞아 여행을 가다
지금은 꽃게 **계절**이라 싱싱한 꽃게 요리를 맛볼 수 있다	지금은 꽃게**철**이라 싱싱한 꽃게 요리를 맛볼 수 있다
계절을 맞은 딸기를 맛보다	**제철**을 맞은 딸기를 맛보다
명절 **계절**을 노린 영화들이 쏟아져 나오다	명절 **대목**을 노린 영화들이 쏟아져 나오다
꽃가루가 날리는 **계절**에 알레르기를 겪다	꽃가루가 날리는 **시기**에 알레르기를 겪다
야구 **계절**이 돌아오다	야구 **활동 기간** (시즌)이 돌아오다
그 드라마의 다음 **계절**이 빨리 오기를 기대하다	그 드라마의 다음 **방영 기간**이 빨리 오기를 기대하다
이 연극은 **계절** 3까지 나오다	이 연극은 **시즌** 3까지 나오다
소고기에 후추와 마늘로 **계절**을 **들이다**	소고기에 후추와 마늘로 **양념**을 **하다**
미역국에 소금으로 **계절**을 **들이다**	미역국에 소금으로 **간**을 **하다**
그럴듯하게 꾸민 말로 이야기에 **계절**을 **들이다**	그럴듯하게 꾸민 말로 이야기에 **양념**을 **치다**
와인을 오크통에서 **계절**을 **들이다**	와인을 오크통에서 **숙성시키다**
가구용 목재에 **계절**을 **들이다**	가구용 목재를 **건조시키다**

지금까지 살아온 **삶**을 되돌아보다	지금까지 살아온 **인생**을 되돌아보다
그가 전쟁터에서 **삶**을 마감하다	그가 전쟁터에서 **생**을 마감하다
그녀는 **삶**을 함께할 배우자를 만나다	그녀는 **평생**을 함께할 배우자를 만나다
드라마를 통해 강감찬 장군의 **삶**이 재조명되다	드라마를 통해 강감찬 장군의 **생애**가 재조명되다
새 **삶**이 태어나다	새 **생명**이 태어나다
이번 부상으로 그의 선수 **삶**이 끝나다	이번 부상으로 그의 선수 **생명**이 끝나다
사고로 **삶**을 잃다	사고로 **목숨**을 잃다
한국인의 평균 **삶**이 꾸준히 증가하다	한국인의 평균 **수명**이 꾸준히 증가하다
핸드폰 배터리의 **삶**이 다하다	핸드폰 배터리의 **수명**이 다하다
바다에는 수많은 해양 **삶**이 산다	바다에는 수많은 해양 **생물**이 산다
그녀는 결혼 **삶**에 만족한다	그녀는 결혼 **생활**에 만족한다
그는 회사 **삶**에 만족을 못 해 창업을 하다	그는 회사 **생활**에 만족을 못 해 창업을 하다
인터넷이 없으면 일상 **삶**에서 불편함이 크다	인터넷이 없으면 일상**생활**에서 불편함이 크다

put ① [푸웉] [풋]

두다

(놓아) 두다 = 놓다 (on)	가방을 바닥에 **put** on
(놓아) 두다 = 놓다 (on)	사과를 탁자에 **put** on
(공간 안에 넣어) 두다 = 놓다 (in)	책장을 작은방에 **put** in
(물건을 가방에) 두다 = 넣다 (in)	책을 가방에 **put** in
(냉장고에 음식을) 두다 = 넣다 (in)	남은 음식을 냉장고에 **put** in
(전자레인지에 음식을) 두다 = 넣다 (in)	데워 먹을 피자를 전자레인지에 **put** in
(옷장에 옷을) 두다 = 넣다 (in)	코트를 옷장에 **put** in
(사람을 가둬) 두다 = 넣다 (in)	범인을 잡아 감옥에 **put** in
(주머니에 넣어) 두다 = 넣다 (in)	손을 주머니에 **put** in
(저금통, 자판기 등의 투입구에 돈을) 두다 = 넣다 (into, in)	돈을 저금통에 **put** into
(눈에 안약을) 두다 = 넣다 (in)	건조한 눈에 안약을 **put** in
(얹어) 두다 = 얹다 (on), 올려놓다	상추에 고기를 **put** on
(제한을) 두다 = 걸다 (on)	속도에 제한을 **put** on
(잡았던 것을 놓아 아래에) 두다 = 내려놓다 (down)	총을 **put** down
(잡았던 것을 놓아 아래에) 두다 = 내려놓다 (down)	컵을 테이블에 **put** down
(행동, 실천에) 두다 = 옮기다 (into), (행동을) 하다	계획을 행동에 **put** into
(가치, 중요성 등을) 두다 = 생각하다, 부여하다	그 회사는 제품의 품질에 우선을 **put** on
(가까이) 두다 = (갖다) 대다 (to), (가까이) 가져가다	소리를 엿들으려고 문에 귀를 **put** to
(믿음, 신뢰를) 두다 = 가지다 (in)	그에게 믿음을 **put** in
(책임을 사람, 일에) 두다 = 탓으로 하다 (to, on), 책임으로 돌리다	시험에 떨어진 것을 노력 부족에 **put** to
(어떤 상태에) 두다 = 되게 하다 (in)	이 노래는 나를 좋은 기분에 **put** in
(어떤 상태에) 두다 = 가하다 (on), 주다	그녀는 자녀에게 성적에 대한 압박에 **put** on
(어떤 상황에) 두다 = 빠뜨리다 (in, at), 처하게 하다	그들을 곤경에 **put** in
(노력, 시간을) 두다 = 다하다 (in, into), 들이다, 집중시키다	신제품 개발에 온 힘을 **put** in
(누군가를 일, 책임에) 두다 = 시키다 (to)	아들을 식탁 준비하는 일에 **put** to
(누군가를 일, 업무에) 두다 = 맡게 하다 (in)	그녀를 매장의 점장으로 **put** in
(손을 올려 위에) 두다 = 들다 (up), 올리다	답을 아는 사람이 손을 **put** up
(팔 물건을 팔 곳에 걸어) 두다 = 내놓다 (up, on), 올리다	집을 부동산에 **put** up
(팔 물건을 팔 곳에 올려) 두다 = 올리다 (on, up), 내놓다	쓰던 카메라를 중고 거래 사이트에 **put** on
(광고를 광고 매체에) 두다 = 내다 (on), 내보내다 (out)	TV에 광고를 **put** on
(신제품을 시장에) 두다 = 내놓다 (out), 출시하다	야심찬 신제품을 **put** out
(물건을 바깥에) 두다 = 내놓다 (out)	손님들을 위해 차와 과일을 **put** out
(물건을 바깥에) 두다 = 내놓다 (out)	쓰레기를 **put** out
(담뱃불, 모닥불 등을 꺼지게) 두다 = 끄다 (out)	담뱃불을 **put** out

가방을 바닥에 **두다**	가방을 바닥에 **놓다**
사과를 탁자에 **두다**	사과를 탁자에 **놓다**
책장을 작은방에 **두다**	책장을 작은방에 **놓다**
책을 가방에 **두다**	책을 가방에 **넣다**
남은 음식을 냉장고에 **두다**	남은 음식을 냉장고에 **넣다**
데워 먹을 피자를 전자레인지에 **두다**	데워 먹을 피자를 전자레인지에 **넣다**
코트를 옷장에 **두다**	코트를 옷장에 **넣다**
범인을 잡아 감옥에 **두다**	범인을 잡아 감옥에 **넣다**
손을 주머니에 **두다**	손을 주머니에 **넣다**
돈을 저금통 안에 **두다**	돈을 저금통에 **넣다**
건조한 눈에 안약을 **두다**	건조한 눈에 안약을 **넣다**
상추에 고기를 **두다**	상추에 고기를 **얹다**
속도에 제한을 **두다**	속도에 제한을 **걸다**
총을 내려 **두다**	총을 **내려놓다**
컵을 테이블에 내려 **두다**	컵을 테이블에 **내려놓다**
계획을 행동에 **두다**	계획을 행동으로 **옮기다**
그 회사는 제품의 품질에 우선을 **두다**	그 회사는 제품의 품질을 우선으로 **생각하다**
소리를 엿들으려고 문에 귀를 **두다**	소리를 엿들으려고 문에 귀를 **대다**
그에게 믿음을 **두다**	그에게 믿음을 **가지다**
시험에 떨어진 것을 노력 부족에 **두다**	시험에 떨어진 것을 노력 부족 **탓으로 하다**
이 노래는 나를 좋은 기분에 **두다**	이 노래는 나를 좋은 기분이 **되게 하다**
그녀는 자녀에게 성적에 대한 압박에 **두다**	그녀는 자녀에게 성적에 대한 압박을 **가하다**
그들을 곤경에 **두다**	그들을 곤경에 **빠뜨리다**
신제품 개발에 온 힘을 **두다**	신제품 개발에 온 힘을 **다하다**
아들을 식탁 준비하는 일에 **두다**	아들에게 식탁 준비하는 일을 **시키다**
그녀를 매장의 점장으로 **두다**	그녀에게 매장의 점장을 **맡게 하다**
답을 아는 사람이 손을 위에 **두다**	답을 아는 사람이 손을 **들다**
집을 부동산에 올려 **두다**	집을 부동산에 **내놓다**
쓰던 카메라를 중고 거래 사이트에 붙여 **두다**	쓰던 카메라를 중고 거래 사이트에 **올리다**
TV에 광고를 붙여 **두다**	TV에 광고를 **내다**
야심찬 신제품을 밖에 **두다**	야심찬 신제품을 **내놓다**
손님들을 위해 차와 과일을 밖에 **두다**	손님들을 위해 차와 과일을 **내놓다**
쓰레기를 밖에 **두다**	쓰레기를 **내놓다**
담뱃불을 꺼지게 **두다**	담뱃불을 **끄다**

put ② [푸읕] [풋]

두다

(옷을 몸에) 두다 = 입다 (on) (동작)	옷을 **put** on
(신발, 양말을 발에) 두다 = 신다 (on) (동작)	신발을 **put** on
(장갑을 손에) 두다 = 끼다 (on) (동작)	장갑을 **put** on
(헬멧, 모자를 머리에) 두다 = 쓰다 (on) (동작)	오토바이를 타려고 헬멧을 **put** on
(안경을 눈에) 두다 = 쓰다 (on) (동작)	책을 보려고 안경을 **put** on
(얼굴에 마스크를) 두다 = 쓰다 (on) (동작)	먼지가 많아서 마스크를 **put** on
(넥타이 목에) 두다 = 매다 (on) (동작)	넥타이를 **put** on
(벨트, 안전벨트를 몸에) 두다 = 매다 (on) (동작), 차다	안전벨트를 **put** on
(로션을 피부에) 두다 = 바르다 (on)	로션을 얼굴에 **put** on
(향수를 몸, 옷자락에) 두다 = 뿌리다 (on)	향수를 손등에 **put** on
(반창고를 피부에 붙여) 두다 = 붙이다 (on)	상처 난 손가락에 반창고를 **put** on
(찜질팩을 신체에 붙여) 두다 = (가져다) 대다 (on)	찜질팩을 부은 다리에 **put** on
(명찰을 옷에 붙여) 두다 = 달다 (on), 부착하다	가슴에 명찰을 **put** on
(체중, 살을 몸에 붙여) 두다 = 찌다 (on), 늘다, 불어나다	허리에 살을 **put** on
(음악을 틀어) 두다 = 틀다 (on)	음악을 **put** on
(상품값을 정해 붙여) 두다 = 매기다 (on), 붙이다, 정하다	상품에 값을 **put** on
(세금을) 두다 = 매기다 (on), 부과하다	제품에 세금을 **put** on
(명부, 명단에 이름을) 두다 = 올리다 (on), 적다	예약 명단에 이름을 **put** on
(포스터를 벽에 붙여) 두다 = 붙이다 (up on, on)	벽에 포스터를 **put** up on
(자물쇠를 문에 붙여) 두다 = 달다 (on)	문에 자물쇠를 **put** on
(공연을 무대에) 두다 = (무대를) 펼치다 (on), 공연하다	열정적인 무대를 **put** on
(상대방의 입장에 자신을) 두다 = 생각하다 (in)	상대방의 입장에 자신을 **put** in
(글자를 써) 두다 = (글을) 쓰다 (in), 적다, 기입하다	신청서에 이름과 연락처를 **put** in
(글자를 써) 두다 = (표시를) 하다 (in), 쓰다, 적다	네모 칸에 체크 표시를 **put** in
(글자를 써) 두다 = (사인을) 하다 (on), 쓰다, 적다	계약서에 사인을 **put** on
(말을) 두다 = 말하다 (put it), 표현하다	그 일에 대해 간단하게 **put** it
(말을) 두다 = 말하다 (put it), 표현하다	곤란한 질문에 재치를 **put** it
(불편함을 참고 올려) 두다 = ~을 참다 (up with), 견디다	좁은 방의 불편함을 **put** up with
(돈을 투자해) 두다 = 쏟다 (into), 투자하다	많은 돈을 사업에 **put** into
(돈을 은행, 계좌에) 두다 = 넣다 (in)	돈을 은행에 **put** in
(날짜를 떨어뜨려) 두다 = 연기하다 (off), 미루다	회의를 내일로 **put** off
(날짜를 떨어뜨려) 두다 = 미루다 (off), 연기하다	결혼 날짜를 **put** off
(정리의 상태에) 두다 = 놓다 (in), 정리하다	방을 정리해 **put** in
(다른 곳에, 사라지게) 두다 = 치우다 (away), 버리다	테이블에 어질러진 재료들을 **put** away

옷을 (몸에) 붙여 **두다**	옷을 **입다**
신발을 (발에) 붙여 **두다**	신발을 **신다**
장갑을 (손에) 붙여 **두다**	장갑을 **끼다**
오토바이를 타려고 헬멧을 (머리에) 붙여 **두다**	오토바이를 타려고 헬멧을 **쓰다**
책을 보려고 안경을 (눈에) 붙여 **두다**	책을 보려고 안경을 **쓰다**
먼지가 많아서 마스크를 (입에) 붙여 **두다**	먼지가 많아서 마스크를 **쓰다**
넥타이를 (목에) 붙여 **두다**	넥타이를 **매다**
안전벨트를 (몸에) 붙여 **두다**	안전벨트를 **매다**
로션을 얼굴에 붙여 **두다**	로션을 얼굴에 **바르다**
향수를 손등에 붙여 **두다**	향수를 손등에 **뿌리다**
상처 난 손가락에 반창고를 붙여 **두다**	상처 난 손가락에 반창고를 **붙이다**
찜질팩을 부은 다리에 붙여 **두다**	찜질팩을 부은 다리에 **대다**
가슴에 명찰을 붙여 **두다**	가슴에 명찰을 **달다**
허리에 살을 붙여 **두다**	허리에 살이 **찌다**
음악을 붙여 **두다**	음악을 **틀다**
상품에 값을 붙여 **두다**	상품에 값을 **매기다**
제품에 세금을 붙여 **두다**	제품에 세금을 **매기다**
예약 명단에 이름을 붙여 **두다**	예약 명단에 이름을 **올리다**
벽에 포스터를 붙여 올려 **두다**	벽에 포스터를 **붙이다**
문에 자물쇠를 붙여 **두다**	문에 자물쇠를 **달다**
열정적인 무대를 **두다**	열정적인 무대를 **펼치다**
상대방의 입장에 자신을 **두다**	상대방의 입장에서 **생각하다**
신청서에 이름과 연락처를 **두다**	신청서에 이름과 연락처를 **쓰다**
네모 칸에 체크 표시를 **두다**	네모 칸에 체크 표시를 **하다**
계약서에 사인을 **두다**	계약서에 사인을 **하다**
그 일에 대해 간단하게 **두다**	그 일에 대해 간단하게 **말하다**
곤란한 질문에 재치를 **두다**	곤란한 질문에 재치 있게 **말하다**
좁은 방의 불편함을 올려 **두다**	좁은 방의 불편함을 **참다**
많은 돈을 사업에 **두다**	많은 돈을 사업에 **쏟다**
돈을 은행에 **두다**	돈을 은행에 **넣다**
회의를 내일로 떨어뜨려 **두다**	회의를 내일로 **연기하다**
결혼 날짜를 떨어뜨려 **두다**	결혼 날짜를 **미루다**
방을 정리해 **두다**	방을 정리해 **놓다**
테이블에 어질러진 재료들을 저쪽으로 **두다**	테이블에 어질러진 재료들을 **치우다**

board [보얼(ㄷ)] [보드]

판자 / 판자를 대다

(나무) 판자	바닥에 board를 깔다
(나무) 판자 = 널빤지, 널	board를 벽에 대고 못을 박다
(종이) 판자 = 판지 (pasteboard), 두꺼운 종이, 마분지	책표지를 board로 만들다
(알림용) 판자 = 게시판 (bulletin board)	board에 안내문을 붙이다
(수업용) 판자 = 칠판 (chalkboard 미국, blackboard 영국)	board에 강의 내용을 요약해서 적다
(회의용) 판자 = 위원회 (처리할 사항을 놓고 판자에 둘러앉음)	그녀는 교육 board의 위원이다
(회의용) 판자 = 이사회 (의사 결정 사항을 놓고 판자에 둘러 모임)	긴급 board를 소집하다
(인터넷용) 판자 = (온라인 게시용) 판	온라인 게시 board에 시청자 의견을 올리다
(말을 놓는) 판자 = (말) 판 (체스판, 장기판, 윷놀이판 등)	장기 board에 말을 올리다
(각종) 판자 = 판 (다리미판, 회로 기판, 광고판 등)	다리미 board에 옷을 놓고 다리다
(스포츠용) 판자 = (스케이트) 보드, (서핑) 보드, (백) 보드 (농구)	그 학생은 board를 아주 잘 탄다
(각종) 판자 = 보드 (키보드, 메인보드, 스노보드, 석고보드 등)	키 board의 엔터키를 누르다
(식사를 올린 정기적인) 판자 = (판자에 올린 정기적인) 식사	기숙사의 저녁 board는 푸짐하게 나온다
(배와 연결된) 판자를 대다 = (판자를 밟고) 승선하다, 타다	관광객들이 유람선에 board
(탈것과 연결된) 판자를 대다 = (판자를 밟고) 탑승하다, 타다	그녀는 뉴욕으로 향하는 비행기에 board
(탈것 바닥에) 판자를 대다 = (판자에 올라) 승차하다, 타다	부산으로 가는 열차에 board
(음식 제공하는 정기적인) 판자를 대다 = (판자에) 음식을 제공하다	하숙하는 학생들에게 아침저녁으로 board
(숙식 제공하는 곳에) 판자를 대다 = 하숙하다, 기숙하다	그는 직장 근처에 board

air [에얼] [에어]

공기 / 공기에 두는 / 공기에 두다 / 공기에 두는 것

공기	자연의 맑은 air를 마시다
공기 = 대기	심각한 air 오염으로 하늘이 뿌옇다
공기 = 공중 (the air)	세게 찬 공이 the air로 솟아오르다
공기 = 허공 (the air)	멍하니 the air을 바라보다
(새, 비행 등이 나는) 공기 = 하늘 (the air), 공중, 항공	새가 the air을 날다
(겉과 속으로 느껴지는) 공기 = 분위기 (an air), 느낌, 태도	그 집의 인테리어는 화려한 an air을 주었다
(이동 수단, 경로가) 공기에 두는 = 비행기의, 비행기에 의한	3년 만에 air 여행을 하다
(이동 수단, 경로가) 공기에 두는 = 항공의, 항공기의	air 택배로 물건을 보내다
(활동, 움직임을) 공기에 두는 = 공중의, 비행기로 하는	적군과 {air 전쟁}을 벌이다
(방, 옷, 책 등을) 공기에 두다 = 환기하다 (out), 바람에 쐬다	창문을 열어 방을 air out
(방송 전파를) 공기에 두다 = (전파로) 방송하다	오늘부터 새로운 드라마를 air
(방송 전파를) 공기에 두는 것 = (전파, 공중파) 방송 (the air)	신인 가수가 the air에 처음으로 출연하다

76

바닥에 **판자**를 깔다	바닥에 **판자**를 깔다
판자를 벽에 대고 못을 박다	**널빤지**를 벽에 대고 못을 박다
책표지를 **판자**로 만들다	책표지를 **판지**로 만들다
판자에 안내문을 붙이다	**게시판**에 안내문을 붙이다
판자에 강의 내용을 요약해서 적다	**칠판**에 강의 내용을 요약해서 적다
그녀는 교육 **판자**의 위원이다	그녀는 교육 **위원회**의 위원이다
긴급 **판자**를 소집하다	긴급 **이사회**를 소집하다
온라인 게시 **판자**에 시청자 의견을 올리다	온라인 게시판에 시청자 의견을 올리다
장기 **판자**에 말을 올리다	장기판에 말을 올리다
다리미 **판자**에 옷을 놓고 다리다	다리미판에 옷을 놓고 다리다
그 학생은 **판자**를 아주 잘 탄다	그 학생은 **보드**를 아주 잘 탄다
키 **판자**의 엔터키를 누르다	키**보드**의 엔터키를 누르다
기숙사의 저녁 **판자**는 푸짐하게 나온다	기숙사의 저녁 **식사**는 푸짐하게 나온다
관광객들이 유람선에 **판자를 대다**	관광객들이 유람선에 **승선하다**
그녀는 뉴욕으로 향하는 비행기에 **판자를 대다**	그녀는 뉴욕으로 향하는 비행기에 **탑승하다**
부산으로 가는 열차에 **판자를 대다**	부산으로 가는 열차에 **승차하다**
하숙하는 학생들에게 아침저녁으로 **판자를 대다**	하숙하는 학생들에게 아침저녁으로 **음식을 제공하다**
그는 직장 근처에 **판자를 대다**	그는 직장 근처에 **하숙하다**

자연의 맑은 **공기**를 마시다	자연의 맑은 **공기**를 마시다
심각한 **공기** 오염으로 하늘이 뿌옇다	심각한 **대기** 오염으로 하늘이 뿌옇다
세게 찬 공이 **공기**로 솟아오르다	세게 찬 공이 **공중**으로 솟아오르다
멍하니 **공기**를 바라보다	멍하니 **허공**을 바라보다
새가 **공기**를 날다	새가 **하늘**을 날다
그 집의 인테리어는 화려한 **공기**를 주었다	그 집의 인테리어는 화려한 **분위기**를 주었다
3년 만에 **공기**에 두는 여행을 하다	3년 만에 **비행기(의)** 여행을 하다
공기에 두는 택배로 물건을 보내다	**항공(의)** 택배로 물건을 보내다 (항공 택배)
적군과 {**공기에 두는** 전쟁}을 벌이다	적군과 {**공중의 전쟁**}을 벌이다 (공중전)
창문을 열어 방을 밖의 **공기에 두다**	창문을 열어 방을 **환기하다**
오늘부터 새로운 드라마를 **공기에 두다**	오늘부터 새로운 드라마를 **방송하다**
신인 가수가 **공기에 두는** 것에 처음으로 출연하다	신인 가수가 **방송**에 처음으로 출연하다

bring [브링] [브링]

1. 가져오다　　2. 데려오다

(물건을 어느 장소로) 가져오다 = 가지고 오다	방으로 책을 **bring**
(물건을 어느 장소로) 가져오다 = 가지고 오다	현관에 있는 택배를 거실로 **bring**
(물건을 어느 장소로) 가져오다 = 가지고 오다	더워서 방에 선풍기를 **bring**
(간식, 물 등을) 가져오다 = 갖다주다	공부하는 자녀에게 간식을 **bring**
(주문한 음식 등을) 가져오다 = 갖다주다, 가지고 오다	종업원이 주문한 음식을 **bring**
(계산서, 견적서 등을) 가져오다 = 가지고 오다, 가져다주다	직원이 계산서을 **bring**
(자동차를) 가져오다 = 가지고 오다	주차된 차를 가게 앞으로 **bring**
(행운, 불운 등을) 가져오다 = 가져다주다, 주다	네잎클로버가 행운을 **bring**
(행복, 기쁨, 슬픔 등을) 가져오다 = 가져다주다, 주다	아기가 태어나 행복을 **bring**
(즐거움, 재미, 흥미 등을) 가져오다 = 주다, 가져다주다	취미 생활이 일상에 즐거움을 **bring**
(효율, 활력 등을) 가져오다 = 주다, 가져다주다	30분의 낮잠이 학업에 효율성을 **bring**
(정보, 방법 등을) 가져오다 = 얻게 하다, 가져다주다	인터넷의 발달은 많은 정보를 **bring**
(변화를) 가져오다 = 일으키다, 가져다주다	세대교체가 소비 패턴의 변화를 **bring**
(눈물을) 가져오다 = (눈물을) 나게 하다, 흘리게 하다	슬픈 영화가 눈물을 **bring**
(추억을) 가져오다 = 떠오르게 하다, 생각나게 하다	어릴 적 사진이 추억을 **bring**
(기억을) 가져오다 = 생각나게 하다, 떠오르게 하다	예전 이야기가 그때 일들을 **bring**
(기회, 혜택 등을) 가져오다 = 주다, 가져다주다	영어가 외국인 친구를 만날 수 있는 기회를 **bring**
(평화, 혼란을) 가져오다 = 가져다주다, 주다	강한 국방력과 외교가 평화를 **bring**
(이야기, 주제 등을) 가져오다 = 꺼내다 (up)	어제 본 드라마에 대한 이야기를 **bring** up
(생각, 마음을) 가져오다 = 들게 하다, 생기게 하다	약해진 체력이 운동할 마음을 **bring**
(결과를) 가져오다 = 일으키다, 초래하다, 야기하다 (about)	사소한 오해가 말다툼을 **bring**
(피해, 손해 등을) 가져오다 = 주다, 일으키다	폭우가 농작물에 피해를 **bring**
(사고를) 가져오다 = 일으키다, 야기하다, 부르다	졸음운전이 사고를 **bring**
(죽음을) 가져오다 = 부르다, 일으키다, 야기하다	큰 병이 죽음을 **bring**
(이익, 수익 등을) 가져오다 = (수익을) 주다, 얻게 하다	영화가 흥행하여 많은 수익을 **bring**
(부, 재산 등을) 가져오다 = (부를) 얻게 하다, 주다	음식 장사가 많은 돈을 **bring**
(법적 조치를) 가져오다 = (법적 조치를) 취하다	도를 넘은 악플에 대해서 법적 조치를 **bring**
(소송, 고발을) 가져오다 = (소송을) 제기하다, (소송을) 하다	자녀 양육권 소송을 **bring**
(사람을) 데려오다 = 데리고 오다	조카들을 집에 **bring**
(사람을) 데려오다 = 데리고 오다	런던에 있는 가족들을 한국으로 **bring**
(말하고 있는 사람에게 누군가를) 데려오다 = 데려가다, 데리고 가다	"조금만 기다려. 지금 애들을 그쪽으로 **bring**"
(어른을) 데려오다 = 모시고 오다	공항에서 회장님을 **bring**
(증인을 법정에) 데려오다 = (증인을 법정에) 세우다	증인을 법정에 **bring**
(동물을) 데려오다 = 데리고 오다	집에 병아리를 **bring**

방으로 책을 **가져오다**	방으로 책을 **가지고 오다**
현관에 있는 택배를 거실로 **가져오다**	현관에 있는 택배를 거실로 **가지고 오다**
더워서 방에 선풍기를 **가져오다**	더워서 방에 선풍기를 **가지고 오다**
공부하는 자녀에게 간식을 **가져오다**	공부하는 자녀에게 간식을 **갖다주다**
종업원이 주문한 음식을 **가져오다**	종업원이 주문한 음식을 **갖다주다**
직원이 계산서를 **가져오다**	직원이 계산서를 **가지고 오다**
주차된 차를 가게 앞으로 **가져오다**	주차된 차를 가게 앞으로 **가지고 오다**
네잎클로버가 행운을 **가져오다**	네잎클로버가 행운을 **가져다주다**
아기가 태어나 행복을 **가져오다**	아기가 태어나 행복을 **가져다주다**
취미 생활이 일상에 즐거움을 **가져오다**	취미 생활이 일상에 즐거움을 **주다**
30분의 낮잠이 학업에 효율성을 **가져오다**	30분의 낮잠이 학업에 효율성을 **주다**
인터넷의 발달은 많은 정보를 **가져오다**	인터넷의 발달은 많은 정보를 **얻게 하다**
세대교체가 소비 패턴의 변화를 **가져오다**	세대교체가 소비 패턴의 변화를 **일으키다**
슬픈 영화가 눈물을 **가져오다**	슬픈 영화가 눈물을 **나게 하다**
어릴 적 사진이 추억을 **가져오다**	어릴 적 사진이 추억을 **떠오르게 하다**
예전 이야기가 그때 일들을 **가져오다**	예전 이야기가 그때 일들을 **생각나게 하다**
영어가 외국인 친구를 만날 수 있는 기회를 **가져오다**	영어가 외국인 친구를 만날 수 있는 기회를 **주다**
강한 국방력과 외교가 평화를 **가져오다**	강한 국방력과 외교가 평화를 **가져다주다**
어제 본 드라마에 대한 이야기를 **가져오다**	어제 본 드라마에 대한 이야기를 **꺼내다**
약해진 체력이 운동할 마음을 **가져오다**	약해진 체력이 운동할 마음을 **들게 하다**
사소한 오해가 말다툼을 **가져오다**	사소한 오해가 말다툼을 **일으키다**
폭우가 농작물에 피해를 **가져오다**	폭우가 농작물에 피해를 **주다**
졸음운전이 사고를 **가져오다**	졸음운전이 사고를 **일으키다**
큰 병이 죽음을 **가져오다**	큰 병이 죽음을 **부르다**
영화가 흥행하여 많은 수익을 **가져오다**	영화가 흥행하여 많은 수익을 **주다**
음식 장사가 많은 돈을 **가져오다**	음식 장사가 많은 돈을 **얻게 하다**
도를 넘은 악플에 대해서 법적 조치를 **가져오다**	도를 넘은 악플에 대해서 법적 조치를 **취하다**
자녀 양육권 소송을 **가져오다**	자녀 양육권 소송을 **제기하다**
조카들을 집에 **데려오다**	조카들을 집에 **데리고 오다**
런던에 있는 가족들을 한국으로 **데려오다**	런던에 있는 가족들을 한국으로 **데리고 오다**
"조금만 기다려. 지금 애들을 그쪽으로 *데려올게"	"조금만 기다려. 지금 애들을 그쪽으로 *데려갈게"
공항에서 회장님을 **데려오다**	공항에서 회장님을 **모시고 오다**
증인을 법정에 **데려오다**	증인을 법정에 **세우다**
집에 병아리를 **데려오다**	집에 병아리를 **데리고 오다**

take ①  [퉤잌] [테이크]

1. 가져가다   2. 취하다   3. 데려가다

(물건을 지니어) 가져가다 = 가지고 가다, 챙기다	비가 와서 우산을 **take**
(훔치거나 실수로) 가져가다 = 훔치다, 가지고 가다	남의 우산을 **take**
(손, 팔을 뻗쳐 손으로) 가져가다 = 잡다, 집다, 쥐다, 들다	애인의 손을 **take**
(손, 팔을 뻗쳐 품으로) 가져가다 = 안다, 껴안다	아기를 품에 **take**
(이익, 이자, 몫 등을) 가져가다 = 챙기다, 얻다, 벌다	이번 달은 많은 수입을 **take**
(기회, 조건 등을) 가져가다 = 잡다, 획득하다	일할 기회를 **take**
(자리, 좌석 등을) 가져가다 = 앉다, 차지하다	버스의 중간 자리를 **take**
(자리, 지위 등을) 가져가다 = 차지하다, 잡다, 앉다, 오르다	부사장 자리를 **take**
(권력, 정권 등을) 가져가다 = 잡다, 차지하다, 장악하다	막강한 권력을 **take**
(우승, 메달, 순위 등을) 가져가다 = 차지하다, 이기다	세계 육상 선수권 대회에서 금메달을 **take**
(학위, 상 등을) 가져가다 = 취득하다, 받다, 따다, 타다	박사 학위를 **take**
(공간, 나라 등을) 가져가다 = 점령하다, 차지하다, 장악하다	열강 세력들이 식민지를 **take**
(목숨을) 가져가다 = 앗아가다, 빼앗다	왕이 반역자의 목숨을 **take**
(질문을) 가져가다 = (질문을) 받다	학생의 질문을 **take**
(마음, 눈길 등을) 가져가다 = 사로잡다, 끌다, 매료시키다	그녀가 내 마음을 **take**
(일, 직무 등을) 가져가다 = (일을) 맡다, 담당하다	나는 해외 영업 업무를 **take**
(배역, 역할 등을) 가져가다 = (배역을) 맡다, 잡다	영화의 주인공 역을 **take**
(책임, 비난 등을) 가져가다 = 지다, 감수하다	실수에 대한 책임을 **take**
(돌봄, 보살핌을) 가져가다 = (돌) 보다	아기 {돌봄을 **take**}
(숫자, 수를) 가져가다 = 빼다, 제하다	9에서 3을 **take**
(적어서 글자로) 가져가다 = 쓰다 (down), 적다, 기록하다	강의 내용을 노트에 **take**
(카메라에 담아서) 가져가다 = (사진을) 찍다, 촬영하다	사진을 **take**
(사진을 한 컷 한 컷) 가져가다 = (사진을) 촬영하다, 찍다	웨딩 사진을 **take**
(위험을) 가져가다 = (위험을) 떠안다, 감수하다	무리한 투자로 손실의 위험을 **take**
(시간을) 가져가다 = (시간이) 걸리다, 들다, 소요되다, 필요로 하다	요리하는데 1시간을 **take**
(기간을) 가져가다 = (기간이) 걸리다, 들다, 소요되다, 필요로 하다	집 짓는데 9개월을 **take**
(시간을) 가져가다 = (시간을) 내다, 들이다	조카를 돌보려고 시간을 **take**
(노력, 인내 등을) 가져가다 = 들다, 필요로 하다	운동 습관을 들이는데 많은 노력을 **take**
(체온, 혈압, 맥박 등을 측정기로) 가져가다 = 재다, 측정하다	아기의 체온을 **take**
(병을) 가져가다 = (병에) 걸리다	독감을 **take**
(공기를 몸속으로) 가져가다 = (공기를 들이) 마시다	산에 오르며 맑은 공기를 **take**
(솜씨, 실력, 수준 등을) 가져가다 = (실력, 수준 등을) 높이다, 쌓다	요리법을 배워 음식 만드는 솜씨를 **take**
(수준, 단계, 경지 등을) 가져가다 = 끌어올리다, 이르게 하다	꾸준한 연습으로 연주 실력을 한 단계 **take**
(탈것, 공간 등이 수용력을) 가져가다 = (얼마큼) 싣다, 수용할 수 있다	이 트럭은 5톤의 무게를 **take**

비가 와서 우산을 **가져가다**	비가 와서 우산을 **가지고 가다**
남의 우산을 **가져가다**	남의 우산을 **훔치다**
애인의 손을 **가져가다**	애인의 손을 **잡다**
아기를 품에 **가져가다**	아기를 품에 **안다**
이번 달은 많은 수입을 **가져가다**	이번 달은 많은 수입을 **챙기다**
일할 기회를 **가져가다**	일할 기회를 **잡다**
버스의 중간 자리를 **가져가다**	버스의 중간 자리에 **앉다**
부사장 자리를 **가져가다**	부사장 자리를 **차지하다**
막강한 권력을 **가져가다**	막강한 권력을 **잡다**
세계 육상 선수권 대회에서 금메달을 **가져가다**	세계 육상 선수권 대회에서 금메달을 **차지하다**
박사 학위를 **가져가다**	박사 학위를 **취득하다**
열강 세력들이 식민지를 **가져가다**	열강 세력들이 식민지를 **점령하다**
왕이 반역자의 목숨을 **가져가다**	왕이 반역자의 목숨을 **앗아가다**
학생의 질문을 **가져가다**	학생의 질문을 **받다**
그녀가 내 마음을 **가져가다**	그녀가 내 마음을 **사로잡다**
나는 해외 영업 업무를 **가져가다**	나는 해외 영업 업무를 **맡다**
영화의 주인공 역을 **가져가다**	영화의 주인공 역을 **맡다**
실수에 대한 책임을 **가져가다**	실수에 대한 책임을 **지다**
아기 {돌봄을 **가져가다**}	아기를 {**돌보다**}
9에서 3을 **가져가다**	9에서 3을 **빼다**
강의 내용을 노트에 **가져가다**	강의 내용을 노트에 **쓰다**
사진을 (카메라에) **가져가다**	사진을 **찍다**
웨딩 사진을 (한 컷 한 컷) **가져가다**	웨딩 사진을 **촬영하다**
무리한 투자로 손실의 위험을 **가져가다**	무리한 투자로 손실의 위험을 **떠안다**
요리하는데 1시간을 **가져가다**	요리하는데 1시간 **걸리다**
집 짓는데 9개월을 **가져가다**	집 짓는데 9개월 **걸리다**
조카를 돌보려고 시간을 **가져가다**	조카를 돌보려고 시간을 **내다**
운동 습관을 들이는데 많은 노력을 **가져가다**	운동 습관을 들이는데 많은 노력이 **들다**
아기의 체온을 (체온계로) **가져가다**	아기의 체온을 **재다**
독감을 **가져가다**	독감에 **걸리다**
산에 오르며 맑은 공기를 **가져가다**	산에 오르며 맑은 공기를 **마시다**
요리법을 배워 음식 만드는 솜씨를 **가져가다**	요리법을 배워 음식 만드는 솜씨를 **높이다**
꾸준한 연습으로 연주 실력을 한 단계 **가져가다**	꾸준한 연습으로 연주 실력을 한 단계 **끌어올리다**
이 트럭은 5톤의 무게를 **가져가다**	이 트럭으로 5톤의 무게를 **싣다** (실을 수 있다)

take ② [퉤익] [테이크]

1. 가져가다   2. 취하다   3. 데려가다

(예, 사례 등을) 가져가다 = (예, 사례 등을) 들다	고부가 가치 산업으로 자동차를 예로 **take**
(결제 수단으로 카드를) 가져가다 = 받다, 취급하다	이 가게는 신용 카드를 **take**
(길, 방향을) 가져가다 = (큰길, 오른쪽, 왼쪽, 직진 등으로) 가다	내비게이션의 안내에 따라 오른쪽 방향을 **take**
(조언, 충고, 의견, 제안, 조건 등을) 가져가다 = 받아들이다	부모님의 조언을 **take**
(해석하여) 가져가다 = 이해하다, 받아들이다, 여기다	그의 대답을 긍정적인 뜻으로 **take**
(전화, 메시지를) 가져가다 = 받다, 응하다	딸에게 걸려온 전화를 **take**
(물건을 고르고 구입하여) 가져가다 = 사다, (구입) 하다, 고르다	의류매장에서 베이지색 니트를 **take**
(몇 개 중에서 선택하여) 가져가다 = 고르다, 선택하다, 취하다	마음에 드는 것을 **take**
(수업 내용을) 가져가다 = (수업을) 받다, 듣다, 수강하다	영어 수업을 **take**
(강의, 강좌 내용을) 가져가다 = (강의를) 듣다, 받다, 수강하다	창업 강의를 **take**
(시험 문제를) 가져가다 = (시험을) 보다, 치다, 치르다	자격증 실기 시험을 **take**
(시험 문제를) 가져가다 = (시험을) 치다, 보다, 치르다	대입 시험을 **take**
(장점, 좋은 점을) 가져가다 = 취하다	그 사람의 장점을 **take**
(조치, 방법 등을) 취하다 = (조치를) 하다	응급조치를 **take**
(대책, 방안 등을) 취하다 = 강구하다, 세우다	여름철 홍수 대책을 **take**
(어떤 입장, 태도, 자세 등을) 취하다 = 보이다, 분명히 하다	단호한 태도를 **take**
(샤워, 목욕을) 취하다 = (샤워를) 하다	운동 후 샤워를 **take**
(휴식, 낮잠을) 취하다 = (휴식을) 하다, (낮잠을) 자다	공부하다가 잠시 휴식을 **take**
(여론조사를) 취하다 = (여론조사를) 하다, 실시하다	여론 조사를 **take**
(산책을) 취하다 = (산책을) 하다	남편과 산책을 **take**
(약을) 취하다 = (약을) 먹다, 복용하다, 섭취하다	식사 후에 약을 **take**
(비타민, 영양제 등을) 취하다 = 복용하다, (비타민을) 먹다	비타민을 아침과 저녁에 **take**
(식사, 음료 등을) 취하다 = 먹다, 마시다	저녁 식사를 **take**
(이동 수단으로) 취하다 = (선택하여) 타다, 이용하다	집으로 가는 버스를 **take**
(이동 수단으로) 취하다 = (선택하여) 타다, 이용하다	9층에 가려고 엘리베이터를 **take**
(이동 경로로) 취하다 = (고속도로 등을) 타다, 이용하다	대전에 가려고 고속도로를 **take**
(이동 경로로) 취하다 = (계단 등을 경로로) 가다, 이용하다	4층까지 계단을 **take**
(장소로) 데려가다 = 데리고 가다, 모시고 가다	아이들을 놀이공원에 **take**
(장소로) 데려가다 = 데려다주다, 모셔다드리다	데이트 후에 애인을 집까지 **take**
(안내 장소로) 데려가다 = 안내하다, 모시다, 인도하다	손님을 예약 자리로 **take**
(직원, 임원 등으로) 데려가다 = 채용하다, 뽑다, 맞아들이다	패기 넘치는 그를 신입사원으로 **take**
(아내, 양자 등의 관계로) 데려가다 = 맞아들이다, 입양하다, 취하다	부부가 그 아기를 양자로 **take**
(범인, 포로, 동물 등을 잡아서) 데려가다 = 붙잡다, 잡다, 체포하다	잠복하고 있다가 범인을 **take**
(어떤 일에 얼마만큼의 인력을) 데려가다 = (인력이) 필요로 하다	식당 운영하는데 5명 정도의 직원을 **take**

고부가 가치 산업으로 자동차를 예로 **가져가다**	고부가 가치 산업으로 자동차를 예로 **들다**
이 가게는 신용 카드를 **가져가다**	이 가게는 신용 카드를 **받다** (받는다, 취급한다)
내비게이션의 안내에 따라 오른쪽 방향을 **가져가다**	내비게이션의 안내에 따라 오른쪽 방향으로 **가다**
부모님의 조언을 **가져가다**	부모님의 조언을 **받아들이다**
그의 대답을 긍정적인 뜻으로 **가져가다**	그의 대답을 긍정적인 뜻으로 **이해하다**
딸에게 걸려온 전화를 **가져가다**	딸에게 걸려온 전화를 **받다**
의류매장에서 베이지색 니트를 **가져가다**	의류매장에서 베이지색 니트를 **사다**
마음에 드는 것을 **가져가다**	마음에 드는 것을 **고르다**
영어 수업을 **가져가다**	영어 수업을 **받다**
창업 강의를 **가져가다**	창업 강의를 **듣다**
자격증 실기 시험을 **가져가다**	자격증 실기 시험을 **보다**
대입 시험을 **가져가다**	대입 시험을 **치다**
그 사람의 장점을 **가져가다**	그 사람의 장점을 **취하다**
응급조치를 **취하다**	응급조치를 **하다**
여름철 홍수 대책을 **취하다**	여름철 홍수 대책을 **강구하다** (세우다)
단호한 태도를 **취하다**	단호한 태도를 **보이다**
운동 후 샤워를 **취하다**	운동 후 샤워를 **하다**
공부하다가 잠시 휴식을 **취하다**	공부하다가 잠시 **휴식하다**
여론 조사를 **취하다**	여론 조사를 **하다**
남편과 산책을 **취하다**	남편과 산책을 **하다**
식사 후에 약을 **취하다**	식사 후에 약을 **먹다**
비타민을 아침과 저녁에 **취하다**	비타민을 아침과 저녁에 **복용하다**
저녁 식사를 **취하다**	저녁 식사를 **먹다**
집으로 가는 버스를 **취하다**	집으로 가는 버스를 **타다** (선택해서 타고 가다)
9층에 가려고 엘리베이터를 **취하다**	9층에 가려고 엘리베이터를 **타다** (선택해서 타고 가다)
대전에 가려고 고속도로를 **취하다**	대전에 가려고 고속도로를 **타다** (이용해서 가다)
4층까지 계단을 **취하다**	4층까지 계단으로 **가다** (이용해서 가다)
아이들을 놀이공원에 **데려가다**	아이들을 놀이공원에 **데리고 가다**
데이트 후에 애인을 집까지 **데려가다**	데이트 후에 애인을 집까지 **데려다주다**
손님을 예약 자리로 **데려가다**	손님을 예약 자리로 **안내하다**
패기 넘치는 그를 신입사원으로 **데려가다**	패기 넘치는 그를 신입사원으로 **채용하다**
부부가 아기를 양자로 **데려가다**	부부가 그 아기를 양자로 **맞아들이다**
잠복하고 있다가 범인을 **데려가다**	잠복하고 있다가 범인을 **붙잡다**
식당 운영하는데 5명 정도의 직원을 **데려가다**	식당 운영하는데 5명 정도의 직원이 **필요로 하다**

work [우월(크)] [우월] [워크]

일하다 / 일 시키다 / 일 / 일한 것

(직업, 생계로) 일하다 = 다니다, 근무하다, 종사하다	그녀는 시청에서 **work**
(공장 등에서) 일하다 = 근무하다, 다니다, 종사하다	그는 식품 제조 공장에서 **work**
(어떤 분야에서) 일하다 = 종사하다, 다니다, 근무하다	형은 금융업에서 **work**
(작업실 등에서) 일하다 = 작업하다	음반을 제작하려고 스튜디오에서 **work**
(학교 등에서) 일하다 = 공부하다, 학업 하다	학생들이 학교에서 열심히 **work**
(어떤 도구로) 일하다 = 작업하다	전반적인 업무를 컴퓨터로 **work**
(어떤 에너지원으로) 일하다 = 움직이다, 작동하다	이 오토바이는 전기로 **work**
(어떤 방법으로) 일하다 = 작업하다	작업 지침을 가지고 효율적으로 **work**
(기계, 자동차 등이) 일하다 = 작동하다, 돌아가다	공장의 기계가 **work**
(기구, 제품, 시계 등이) 일하다 = 작동하다, 돌아가다	형광등이 **work**
(세탁기 등의 제품이) 일하다 = 돌아가다, 작동하다	세탁기가 **work**
(물건이 어떤 효과로) 일하다 = 효과가 있다, 작용하다	과자가 우는 아이에게 **work**
(물건이 어떤 기능으로) 일하다 = 작용하다, 효과가 있다	새로 산 운동화가 나에게 **work**
(마음, 감정 등에) 일하다 = 영향을 미치다, 작용하다	그녀의 미모가 남자들에게 **work**
(약이) 일하다 = (약이) 듣다, 효과가 있다	기침약이 잘 **work**
(약이) 일하다 = 효과가 있다, (약이) 듣다	발목 삔 데에 파스가 **work**
(효과, 효능이) 일하다 = 효과가 있다, 영향을 미치다	커피가 각성제로 **work**
(계획 등이) 일하다 = 잘 되어 가다, 진행되다	사업 계획이 **work**
(아이디어, 생각 등이) 일하다 = 먹히다, 통하다, 영향을 미치다	번뜩이는 광고 카피가 소비자에게 **work**
(말, 이야기 등이) 일하다 = 통하다, 먹히다, 영향을 미치다	그의 진정성 있는 말이 지지자들에게 **work**
(달콤한 말 등이) 일하다 = 홀리다, 속이다, 영향을 미치다	바람둥이의 사탕발림이 여자들에게 **work**
(무엇을 위해) 일하다 = 노력하다 (for), 고용되어 있다 (for)	그들은 평화를 위해 **work**
(무언가에 집중하여) 일하다 = 노력하다 (on), 집중하다	부족한 영어 발음을 **work** on
(어떤 문제에서 나오게) 일하다 = 해결하다 (out)	저조한 판매 실적을 **work** out
(근력, 체력이 나오게) 일하다 = 운동하다 (out)	헬스장에서 **work** out
(사람, 동물에게) 일 시키다 = 일하게 하다, 부리다	일꾼들을 **work**
(기계, 장비에게) 일 시키다 = 조작하다, 다루다, 일하게 하다	지게차를 **work**
(전자 제품, 장치에게) 일 시키다 = 사용하다, 다루다, 조작하다	복사기를 **work**
(할) 일	오늘 해야 할 **work**가 많다
(직업적, 정신적인) 일 = 업무	과중한 **work**에 녹초가 되다
(예술적, 육체적인) 일 = 작업	그녀는 그림 그리는 **work**에 몰두했다
일 = 근무, 노동, 장사, 사업, 공부, 연구	**work**를 마치고 집으로 가다
일 = 직장, 일자리, 일거리, 직업, 일터	그녀는 새로운 **work**를 찾고 있다
일한 것 = 작품, 저작물, 공예품, 제작물, 성과	그녀의 **work**가 미술관에 전시되다

그녀는 시청에서 **일하다**	그녀는 시청에 **다니다**
그는 식품 제조 공장에서 **일하다**	그는 식품 제조 공장에서 **근무하다**
형은 금융업에서 **일하다**	형은 금융업에 **종사하다**
음반을 제작하려고 스튜디오에서 **일하다**	음반을 제작하려고 스튜디오에서 **작업하다**
학생들이 학교에서 열심히 **일하다**	학생들이 학교에서 열심히 **공부하다**
전반적인 업무를 컴퓨터로 **일하다**	전반적인 업무를 컴퓨터로 **작업하다**
이 오토바이는 전기로 **일하다**	이 오토바이는 전기로 **움직이다**
작업 지침을 가지고 효율적으로 **일하다**	작업 지침을 가지고 효율적으로 **작업하다**
공장의 기계가 **일하다** (물건을 만들어내다)	공장의 기계가 **작동하다**
형광등이 **일하다** (주위를 밝게 하다)	형광등이 **작동하다**
세탁기가 **일하다** (세탁물을 빨래하다)	세탁기가 **돌아가다**
과자가 우는 아이에게 **일하다** (울음을 멈추게 하다)	과자가 우는 아이에게 **효과가 있다**
새로 산 운동화가 나에게 **일하다** (잘 맞아 편하게 하다)	새로 산 운동화가 나에게 **작용하다**
그녀의 미모가 남자들에게 **일하다** (마음을 사로잡다)	그녀의 미모가 남자들에게 **영향을 미치다**
기침약이 잘 **일하다**	기침약이 잘 **듣다**
발목 삔 데에 파스가 **일하다**	발목 삔 데에 파스가 **효과가 있다**
커피가 각성제로 **일하다**	커피가 각성제로 **효과가 있다**
사업 계획이 **일하다**	사업 계획이 **잘 되어 가다**
번뜩이는 광고 카피가 소비자에게 **일하다**	번뜩이는 광고 카피가 소비자에게 **먹히다**
그의 진정성 있는 말이 지자들에게 **일하다**	그의 진정성 있는 말이 지자들에게 **통하다**
바람둥이의 사탕발림이 여자들에게 **일하다**	바람둥이의 사탕발림이 여자들을 **홀리다**
그들은 평화를 위해 **일하다**	그들은 평화를 위해 **노력하다**
부족한 영어 발음에 붙어서 **일하다**	부족한 영어 발음에 **노력하다**
저조한 판매 실적을 밖으로 나오게 **일하다**	저조한 판매 실적을 **해결하다**
헬스장에서 (근력이) 나오게 **일하다**	헬스장에서 **운동하다**
일꾼들을 **일 시키다**	일꾼들을 일하게 하다
지게차를 **일 시키다** (짐을 들고 나르게 하다)	지게차를 **조작하다**
복사기를 **일 시키다** (복사를 하게 하다)	복사기를 **사용하다**
오늘 해야 할 **일**이 많다	오늘 해야 할 일이 많다
과중한 **일**에 녹초가 되다	과중한 **업무**에 녹초가 되다
그녀는 그림 그리는 **일**에 몰두했다	그녀는 그림 그리는 **작업**에 몰두했다
일을 마치고 집으로 가다	**근무**를 마치고 집으로 가다
그녀는 새로운 **일**을 찾고 있다	그녀는 새로운 **직장**을 찾고 있다
그녀의 **일한 것**이 미술관에 전시되다	그녀의 **작품**이 미술관에 전시되다

follow [쀨로우] [팔로우]

따라가다

(사람, 동물의 뒤를) 따라가다, 좇다	꼬마가 엄마의 뒤를 **follow**
(사람, 동물의 뒤를) 따라가다 = 따라오다, 좇다	새끼 오리가 내 뒤를 졸졸 **follow**
(사람, 동물을) 따라가다, 동행하다	오디션 보러 가는 친구를 **follow**
(안내자를) 따라가다, 동행하다, 좇다	자리 안내하는 웨이터를 **follow**
(누군가의 뒤를 몰래) 따라가다 = 미행하다, 쫓아가다	증거를 잡기 위해 바람피우는 애인을 몰래 **follow**
(행적, 행방을) 따라가다 = 쫓아가다, 추적하다	달아나는 범인을 **follow**
(행적, 행방을) 따라가다 = 추적하다, 쫓다	실종자의 행방을 **follow**
(원인의 뒤를) 따라가다 = 추적하다, 살펴보다	바이러스의 유입 경로를 **follow**
(길, 표시를) 따라가다	안내판을 보고 우측 길을 **follow**
(연예인, 유명인 등을) 따라가다 = 따르다, 추종하다, 좇다	청소년들이 아이돌 스타를 **follow**
(문화, 전통 등을) 따라가다 = 추종하다, 좇다	외국인이 한국의 문화를 **follow**
(돈, 물질, 이상, 꿈 등을) 따라가다 = 추구하다, 좇다	안락한 삶을 위해 연봉이 높은 직장을 **follow**
(소신을) 따라가다 = 따르다	어떤 외압에도 흔들리지 않고 소신을 **follow**
(조언, 충고, 교훈 등을) 따라가다 = 따르다	인생 선배의 조언을 **follow**
(스승, 지도자, 가르침 등을) 따라가다 = 따르다, 섬기다	스승의 가르침을 **follow**
(규칙, 원칙 등을) 따라가다 = 따르다	경기 규칙을 **follow**
(법, 질서 등을) 따라가다 = 따르다	개정된 법을 **follow**
(관례, 선례, 예, 음력 등을) 따라가다 = 따르다	오랜 관례를 **follow**
(지침, 계획을) 따라가다 = 따르다	안전 지침을 **follow**
(기법, 방법 등을) 따라가다 = 따라 하다	대기업의 마케팅 기법을 **follow**
(설명서, 요리법 등을) 따라가다 = ~대로 하다, 따르다	조립 설명서를 **follow**
(양심, 본능, 열정을) 따라가다 = 따르다	누가 뭐라 해도 그는 양심을 **follow**
(주시하여) 따라가다 = (눈으로 움직임, 악보 등을) 지켜보다	사진작가가 부엉이의 움직임을 **follow**
(경청하여) 따라가다 = (이야기에 귀를) 기울이다	딸이 하는 이야기를 **follow**
(상황을) 따라가다 = (주의하여 계속) 지켜보다, 주시하다	투표 후 개표 진행 상황을 **follow**
(말의 요점을) 따라가다 = 알아듣다 (의문문, 부정문), 이해하다	"내가 하는 말을 잘 {**follow** 했니?}"
(이해력으로) 따라가다 = 이해하다 (의문문, 부정문), 알아듣다	그녀가 하는 설명을 **follow**
(어느 직업, 업계를) 따라가다 = 종사하다	그는 건축업을 **follow**
(누군가의 직업, 업계를) 따라가다 = 대를 잇다	어머니와 같이 패션 디자이너의 길을 **follow**
(결과가) 따라가다 = 뒤따르다, 수반하다, 결과가 나오다	상품이 잘 팔려서 많은 수익이 **follow**
(결과가) 따라가다 = 뒤따르다, ~뒤에 ~을 하다	심부름을 한 뒤에 용돈이 **follow**
(어떤 순위, 통계의 뒤를) 따라가다 = 뒤를 잇다, 다음에 오다	행복지수는 핀란드가 1위를 덴마크가 **follow**
(시간, 순서상) 따라가다 = 뒤이어 일어나다, 잇따라 일어나다	번개가 번쩍이고 천둥이 **follow**
(시간, 순서상) 따라가다 = 뒤를 잇다, 다음에 오다	뉴스가 끝나고 드라마가 **follow**

꼬마가 엄마의 뒤를 **따라가다**	꼬마가 엄마의 뒤를 **따라가다**
새끼 오리가 내 뒤를 졸졸 **따라가다**	새끼 오리가 내 뒤를 졸졸 **따라오다**
오디션 보러 가는 친구를 **따라가다**	오디션 보러 가는 친구를 **따라가다**
자리 안내하는 웨이터를 **따라가다**	자리 안내하는 웨이터를 **따라가다**
증거를 잡기 위해 바람피우는 애인을 몰래 **따라가다**	증거를 잡기 위해 바람피우는 애인을 몰래 **미행하다**
달아나는 범인을 **따라가다**	달아나는 범인을 **쫓아가다**
실종자의 행방을 **따라가다**	실종자의 행방을 **추적하다**
바이러스의 유입 경로를 **따라가다**	바이러스의 유입 경로를 **추적하다**
안내판을 보고 우측 길을 **따라가다**	안내판을 보고 우측 길을 **따라가다**
청소년들이 아이돌 스타를 **따라가다**	청소년들이 아이돌 스타를 **따르다**
외국인들이 한국의 문화를 **따라가다**	외국인들이 한국의 문화를 **추종하다**
안락한 삶을 위해 연봉이 높은 직장을 **따라가다**	안락한 삶을 위해 연봉이 높은 직장을 **추구하다**
어떤 외압에도 흔들리지 않고 소신을 **따라가다**	어떤 외압에도 흔들리지 않고 소신을 **따르다**
인생 선배의 조언을 **따라가다**	인생 선배의 조언을 **따르다**
스승의 가르침을 **따라가다**	스승의 가르침을 **따르다**
경기 규칙을 **따라가다**	경기 규칙을 **따르다**
개정된 법을 **따라가다**	개정된 법을 **따르다**
오랜 관례를 **따라가다**	오랜 관례를 **따르다**
안전 지침을 **따라가다**	안전 지침을 **따르다**
대기업의 마케팅 기법을 **따라가다**	대기업의 마케팅 기법을 **따라 하다**
조립 설명서를 **따라가다**	조립 설명서 **대로 하다**
누가 뭐라 해도 그는 양심을 **따라가다**	누가 뭐라 해도 그는 양심을 **따르다**
사진작가가 부엉이의 움직임을 **따라가다**	사진작가가 부엉이의 움직임을 **지켜보다**
딸이 하는 이야기를 **따라가다**	딸이 하는 이야기에 **기울이다**
투표 후 개표 진행 상황을 **따라가다**	투표 후 개표 진행 상황을 **지켜보다**
"내가 하는 말을 잘 {**따라가다** 했니?}" (따라 갔니?)	"내가 하는 말을 잘 {**알아든다** 했니?}" (알아 들었니?)
그녀가 하는 설명을 **따라가다**	그녀가 하는 설명을 **이해하다**
그는 건축업을 **따라가다**	그는 건축업에 **종사하다**
어머니와 같이 패션 디자이너의 길을 **따라가다**	어머니와 같이 패션 디자이너의 길로 **대를 잇다**
상품이 잘 팔려서 많은 수익이 **따라가다**	상품이 잘 팔려서 많은 수익이 **뒤따르다** (생기다)
심부름을 한 뒤에 용돈이 **따라가다**	심부름을 한 뒤에 용돈이 **뒤따르다** (생기다)
행복지수는 핀란드가 1위를 덴마크가 **따라가다**	행복지수는 핀란드가 1위를 덴마크가 **뒤를 잇다**
번개가 번쩍이고 천둥이 **따라가다**	번개가 번쩍이고 천둥이 **뒤이어 일어나다** (치다)
뉴스가 끝나고 드라마가 **따라가다**	뉴스가 끝나고 드라마가 **뒤를 잇다** (방송되다)

break  [브뤠일] [브레이크]

깨다 / 깨지다 / 깨는 것

(유리, 물건을) 깨다 = 깨뜨리다	유리컵을 **break**
(물건, 건물을) 깨다 = 부수다	건물을 **break**
(물건, 제품을) 깨다 = 고장 내다, 망가뜨리다	스마트폰을 **break**
(약속을) 깨다 = 어기다, 저버리다	약속을 **break**
(계약, 신뢰 등을) 깨다 = 파기하다, 어기다, 저버리다	계약을 **break**
(법, 규칙 등을) 깨다 = 위반하다, 어기다	도로의 제한 속도를 **break**
(기분, 평화, 수면 등을) 깨다 = 망치다, 깨뜨리다	언쟁 때문에 기분을 **break**
(침묵, 정적 등을) 깨다 = 깨뜨리다	농담으로 어색한 분위기를 **break**
(스포츠 기록 등을) 깨다 = 경신하다	마라톤 세계 기록을 **break**
(흥행 기록 등을) 깨다 = 경신하다	영화 관객 수 흥행 기록을 **break**
(편견, 고정 관념, 틀 등을) 깨다 = 부수다 (down), 버리다	편견을 **break**
(습관, 버릇, 관습, 전통 등을) 깨다 = 버리다	군것질하는 습관을 **break**
(틀, 보이지 않는 장벽, 경계 등을) 깨다 = 허물다, 개척하다	기존의 틀을 **break**
(큰 것을 작은 것으로) 깨다 = 나누다, 쪼개다	100개 포장 제품을 5개씩 **break**
(큰 것을 작은 것으로) 깨다 = (잔돈으로) 바꾸다, 헐다, 쪼개다	5만원을 1만원 짜리로 **break**
(길, 땅을) 깨다 = (길을 처음) 내다, 트다, (땅을 처음) 갈다	마을로 통하는 길을 **break**
(암호, 문제 등을) 깨다 = 풀다, 해결하다	복잡한 암호를 **break**
(약속, 계약, 신뢰 등이) 깨지다	신뢰가 **break**
(얼음, 유리 등이) 깨지다	얼음이 **break**
(제품, 물건 등이) 깨지다 = 고장나다	자동차가 **break** down
(제품, 물건 등이) 깨지다 = 망가지다	텔레비전이 **break** down
(제품, 물건 등이) 깨지다 = 부서지다	문 손잡이가 **break**
(물건이) 깨지다 = 부러지다	안경다리가 **break**
(뼈가) 깨지다 = 부러지다, 골절되다	교통사고로 뼈가 **break**
(무릎, 팔꿈치 등의 피부가) 깨지다 = 까지다, 찢어지다	넘어져서 무릎이 **break**
(마음이) 깨지다 = 무너지다	마음이 **break**
(궂은 날씨가) 깨지다 = (추위가) 풀리다, (비가) 개다	봄이 가까워 지자 추위가 **break**
(전선, 줄, 끈 등이) 깨지다 = 끊어지다	가방끈이 **break**
(뉴스, 속보가) 깨지다 = (뉴스가 처음으로) 터지다, 알려지다	톱스타의 연애 소식이 **break**
(비밀, 계획, 정보가) 깨지다 = 새다, 누설되다	비밀이 **break**
(관계가) 깨지다 = 헤어지다 (up), 이별하다, 끝나다	성격 차이로 연인과 **break** up
(재산이) 깨지다 = 파산하다, 빈털터리가 되다	사업 실패로 **break**
(어두운 밤이) 깨지다 = (날이) 새다, (동이) 트다	어두운 밤이 지나고 날이 **break**
(활동을 잠시) 깨는 것 = 휴식, 쉼, 휴가	일하는 도중에 **break**을 취하다

유리컵을 **깨다**	유리컵을 **깨뜨리다**
건물을 **깨다**	건물을 **부수다**
스마트폰을 **깨다**	스마트폰을 **고장 내다**
약속을 **깨다**	약속을 **어기다**
계약을 **깨다**	계약을 **파기하다**
도로의 제한 속도를 **깨다**	도로의 제한 속도를 **위반하다**
언쟁 때문에 기분을 **깨다**	언쟁 때문에 기분을 **망치다**
농담으로 어색한 분위기를 **깨다**	농담으로 어색한 분위기를 **깨뜨리다**
마라톤 세계 기록을 **깨다**	마라톤 세계 기록을 **경신하다**
영화 관객 수 흥행 기록을 **깨다**	영화 관객 수 흥행 기록을 **경신하다**
편견을 **깨다**	편견을 **부수다**
군것질하는 습관을 **깨다**	군것질하는 습관을 **버리다**
기존의 틀을 **깨다**	기존의 틀을 **허물다**
100개 포장 제품을 5개씩 **깨다**	100개 포장 제품을 5개씩 **나누다**
5만원을 1만원 짜리로 **깨다**	5만원을 1만원 짜리로 **바꾸다**
마을로 통하는 길을 **깨다**	마을로 통하는 길을 **내다**
복잡한 암호를 **깨다**	복잡한 암호를 **풀다**
신뢰가 **깨지다**	신뢰가 **깨지다**
얼음이 **깨지다**	얼음이 **깨지다**
자동차가 **깨지다**	자동차가 **고장나다**
텔레비전이 **깨지다**	텔레비전이 **망가지다**
문 손잡이가 **깨지다**	문 손잡이가 **부서지다**
안경다리가 **깨지다**	안경다리가 **부러지다**
교통사고로 뼈가 **깨지다**	교통사고로 뼈가 **부러지다**
넘어져서 무릎이 **깨지다**	넘어져서 무릎이 **까지다**
마음이 **깨지다**	마음이 **무너지다**
봄이 가까워 지자 추위가 **깨지다**	봄이 가까워 지자 추위가 **풀리다**
가방끈이 **깨지다**	가방끈이 **끊어지다**
톱스타의 연애 소식이 **깨지다**	톱스타의 연애 소식이 **터지다**
비밀이 **깨지다**	비밀이 **새다**
성격 차이로 연인과 **깨지다**	성격 차이로 연인과 **헤어지다**
사업 실패로 **깨지다**	사업 실패로 **파산하다**
어두운 밤이 지나고 날이 **깨지다**	어두운 밤이 지나고 날이 **새다**
일하는 도중에 **깨는** 것을 취하다	일하는 도중에 **휴식**을 취하다

color [컬럴] [컬러]

색 / 색의 / 색칠하다 / 색칠되다

(자연이 보여주는) 색 = 색상 (color 미국, colour 영국)	꽃집에는 다양한 **color**의 꽃들이 있다
(자연이 보여주는) 색 = 빛깔, 천연색	과일들이 제 **color**을 뽐내며 먹음직스럽게 놓여 있다
(제품이 보여주는) 색 = 색깔	그녀는 밝은 **color**의 티셔츠를 구입했다
(특징을 나타내는) 색 = (자신만의) 색깔, 컬러	그녀는 자신만의 **color**이 뚜렷한 배우이다
(특징을 나타내는) 색 = 색깔, 특색	이곳은 지역 **color**이 강한 음식을 판다
(상징을 나타내는) 색 = 색깔 (상징색)	파란 **color**은 시원함, 차가움, 이성 등을 나타낸다
(상징을 나타내는) 색 = 색상 (상징색)	빨간 유니폼은 대표팀의 고유 **color**이다
(얼굴이 보여주는) 색, 안색, 혈색	잠을 충분히 자서 얼굴 **color**이 좋아지다
(피부가 보여주는) 색 = (유색 인종의) 피부색 (skin color)	우리는 인종과 **color**으로 사람을 차별하지 않는다
(자연이 보여주는) 색의 = 컬러의	**color** 사진을 흑백 사진으로 바꾸다
(물감으로) 색칠하다 = 채색하다, 칠하다	캔버스 밑그림에 유화 물감으로 **color**
(페인트로) 색칠하다 = 칠하다, 색을 입히다	벽을 녹색으로 **color**
(바다, 자연, 과일 등에) 색칠하다 = 물들이다, 채색하다	바다를 에메랄드빛으로 **color**
(다른 색으로 사실 등에) 색칠하다 = (그럴듯하게) 꾸미다, 왜곡하다	사건의 진실을 자신에게 유리한 쪽으로 **color**
(특색 있게) 색칠하다 = 컬러를 입히다, 특색을 입히다	그 가수가 특유의 창법으로 노래를 **color**
(다른 색으로) 색칠되다 = (과일 등이) 물들다, (얼굴이) 붉어지다 (up)	초록색 바나나가 노란색으로 **color**

paint [페인(트)] [페인트]

물감 / 물감칠하다

(색칠하는) 물감, 페인트	노란색 **paint**로 병아리를 그리다
(색칠하는) 물감 = 페인트	코발트를 곱게 갈아서 코발트블루 **paint**를 만들다
(색칠하는) 물감 = 페인트	벽에 칠하려고 흰색 **paint**를 구입하다
(그림 그리는) 물감 = 그림물감 (paints)	**paint**s로 풍경화를 그리다
(밑그림에) 물감칠하다 = 칠하다, (칠하여) 그리다	나뭇가지를 갈색으로 **paint**
(종이에) 물감칠하다 = (칠하여) 그리다, (칠하여) 쓰다	도화지에 그림을 **paint**
(캔버스에) 물감칠하다 = (칠하여) 그리다, (칠하여) 쓰다	그녀의 초상화를 **paint**
(벽, 집에) 물감칠하다 = 페인트칠하다, 칠하다	벽을 하늘색으로 **paint**
(문에) 물감칠하다 = 칠하다, 페인트칠하다	현관문을 녹색으로 **paint**
(제품에) 물감칠하다 = 도색하다, 칠하다	자동차를 회색으로 **paint**
(도자기에) 물감칠하다 = 색을 입히다, 칠하다	건조된 도자기에 **paint**
(자연에) 물감칠하다 = 물들이다, 칠하다	저녁노을이 하늘을 붉게 **paint**
(얼굴에) 물감칠하다 = (색조 화장품을) 바르다, (색조) 화장하다	입술에 립스틱을 **paint**
(표현에) 물감칠하다 = (말하여) 그리다, 묘사하다, 표현하다, 평하다	이 시는 일상의 작은 행복들을 **paint**

꽃집에는 다양한 **색**의 꽃들이 있다	꽃집에는 다양한 **색상**의 꽃들이 있다
과일들이 제 **색**을 뽐내며 먹음직스럽게 놓여 있다	과일들이 제 **빛깔**을 뽐내며 먹음직스럽게 놓여 있다
그녀는 밝은**색**의 티셔츠를 구입했다	그녀는 밝은 **색깔**의 티셔츠를 구입했다
그녀는 자신만의 **색**이 뚜렷한 배우이다	그녀는 자신만의 **색깔**이 뚜렷한 배우이다
이곳은 지역**색**이 강한 음식을 판다	이곳은 지역 **색깔**이 강한 음식을 판다
파란**색**은 시원함, 차가움, 이성 등을 나타낸다	파란 **색깔**은 시원함, 차가움, 이성 등을 나타낸다
빨간 유니폼은 대표팀의 고유 **색**이다	빨간 유니폼은 대표팀의 고유 **색상**이다
잠을 충분히 자서 얼굴색이 좋아지다	잠을 충분히 자서 얼굴**색**이 좋아지다
우리는 인종과 **색**으로 사람을 차별하지 않는다	우리는 인종과 **피부색**으로 사람을 차별하지 않는다
색의 사진을 흑백 사진으로 바꾸다	**컬러(의)** 사진을 흑백 사진으로 바꾸다
캔버스 밑그림에 유화 물감으로 **색칠하다**	캔버스 밑그림에 유화 물감으로 **채색하다**
벽을 녹색으로 **색칠하다**	벽을 녹색으로 **칠하다**
바다를 에메랄드빛으로 **색칠하다**	바다를 에메랄드빛으로 **물들이다**
사건의 진실을 자신에게 유리한 쪽으로 **색칠하다**	사건의 진실을 자신에게 유리한 쪽으로 **꾸미다**
그 가수가 특유의 창법으로 노래를 **색칠하다**	그 가수가 특유의 창법으로 노래에 **컬러를 입히다**
초록색 바나나가 노란색으로 **색칠되다**	초록색 바나나가 노란색으로 **물들다** (변하다)

노란색 **물감**으로 병아리를 그리다	노란색 **물감**으로 병아리를 그리다
코발트를 곱게 갈아서 코발트블루 **물감**을 만들다	코발트를 곱게 갈아서 코발트블루 **페인트**를 만들다
벽에 칠하려고 흰색 **물감**을 구입하다	벽에 칠하려고 흰색 **페인트**를 구입하다
물감으로 풍경화를 그리다	**그림물감**으로 풍경화를 그리다
나뭇가지를 갈색으로 **물감칠하다**	나뭇가지를 갈색으로 **칠하다**
도화지에 그림을 **물감칠하다**	도화지에 그림을 **그리다**
그녀의 초상화를 **물감칠하다**	그녀의 초상화를 **그리다**
벽을 하늘색으로 **물감칠하다**	벽을 하늘색으로 **페인트칠하다**
현관문을 녹색으로 **물감칠하다**	현관문을 녹색으로 **칠하다**
자동차를 회색으로 **물감칠하다**	자동차를 회색으로 **도색하다**
건조된 도자기에 **물감칠하다**	건조된 도자기에 **색을 입히다**
저녁노을이 하늘을 붉게 **물감칠하다**	저녁노을이 하늘을 붉게 **물들이다**
입술에 립스틱을 **물감칠하다**	입술에 립스틱을 **바르다**
이 시는 일상의 작은 행복들을 **물감칠하다**	이 시는 일상의 작은 행복들을 **그리다**

for ① [뽀얼] [포]

~에 대응하여 / ~에 대응한

(목적) ~에 대응하여 = ~을 위해, ~을 위한 (~에 대응한)	아들 생일 **for** 노트북을 사다
(목적) ~에 대응하여 = ~을 위해, ~을 위한 (~에 대응한)	여자친구 **for** 깜짝 이벤트를 준비하다
(목적) ~에 대응하여 = ~을 위해, ~을 위한 (~에 대응한)	성공 **for** 최선을 다하다
(목적) ~에 대응하여 = ~을 위해, ~을 위한 (~에 대응한)	고음 처리 **for** 레슨을 받다
(목적) ~에 대응하여 = ~을 위해, ~을 위한 (~에 대응한)	우승 **for** 강도 높게 훈련하다
(목적) ~에 대응하여 = ~을 위해, ~을 위한 (~에 대응한)	자유 **for** 목숨을 바치다
(목적) ~에 대응하여 = ~을 위해, ~을 위한 (~에 대응한)	내년 상반기 **for** 사업 계획서를 작성하다
(목적) ~에 대응하여 = ~을 얻기 위해, ~을 위해	신용 **for** 납품 날짜를 철저히 지키다
(목적) ~에 대응하여 = ~을 보내기 위해, ~을 위해	추석 **for** 고향에 내려가다
(목적) ~에 대응하여 = ~을 기념하여, ~을 위해	아기의 첫 번째 생일 **for** 잔치를 벌이다
(목적) ~에 대응하여 = ~을 맞아, ~을 맞이하여, ~을 위해	은퇴 **for** 송별회를 열다
(목적) ~에 대응하여 = ~을 대비하여, ~을 위해	노후 **for** 집을 짓다
(목적) ~에 대응하여 = ~를	남자친구 **for** 기다리다
(목적) ~에 대응하여 = ~를, ~을 위해	버스 **for** 기다리다
(목적) ~에 대응하여 = ~삼아, ~을 위해	운동 **for** 테니스를 하다
(목적) ~에 대응하여 = ~를, ~을 위해	일자리 **for** 찾아보다
(목적) ~에 대응하여 = ~하려고, ~을 위해	맨 위에 있는 물건을 내리는 것 **for** 손을 뻗다
(목적) ~에 대응하여 = ~하러, ~을, ~을 위해	산책 **for** 나가다
(관련) ~에 대응하여 = ~에는, ~을 위해서는	건강 **for** 야채 식단이 좋다
(의도) ~에 대응하여 = ~의 뜻으로	좋다는 **for** 엄지척을 하다
(시간, 기간) ~에 대응하여 = ~동안 쭉, ~동안 계속, ~걸쳐서 쭉	3시간 **for** 청소와 빨래를 하고 있다
(시간, 기간) ~에 대응하여 = ~동안 (쭉, 계속)	"잠시 **for** 기다려 주세요"
(시간, 기간) ~에 대응하여 = ~간, ~동안 (쭉, 계속)	3주 **for** 강릉에 머무를 예정이다
(시간, 기간) ~에 대응하여 = ~째 (계속), ~동안 (쭉, 계속)	7개월 **for** 영화를 찍다
(시간, 기간) ~에 대응하여 = ~로	6시 **for** 식당 예약을 하다
(시간, 기간) ~에 대응하여 = ~로	토요일 3시 **for** 약속 시간을 변경하다
(비교) ~에 대응하여 = ~치고는, ~로서는	5월 **for** 날이 춥다
(비교) ~에 대응하여 = ~치고는, ~로서는	첫눈 **for** 많은 눈이 내리다
(비교) ~에 대응하여 = ~치고는, ~로서는	취미로 그린 그림 **for** 전문가 실력이다
(비교) ~에 대응하여 = ~에 비해, ~치고는	저렴한 것 **for** 품질이 만족스럽다
(비교) ~에 대응하여 = ~에 비해, ~치고는	이 아이는 3살 **for** 말을 아주 잘한다
(비교) ~에 대응하여 = ~보다, ~에 비해	그 사람은 나이 **for** 어려 보인다
(거리) ~에 대응하여 = ~를 (~의 거리를)	3km **for** 걸어서 오다
(거리) ~에 대응하여 = ~를 (~의 거리를)	"150m 정도 **for** 쭉 가면 은행이 있어요"

아들 생일에 **대응하여** 노트북을 사다	아들 생일을 **위해** 노트북을 사다
여자친구에 **대응하여** 깜짝 이벤트를 준비하다	여자친구를 **위해** 깜짝 이벤트를 준비하다
성공에 **대응하여** 최선을 다하다	성공을 **위해** 최선을 다하다
고음 처리에 **대응하여** 레슨을 받다	고음 처리를 **위해** 레슨을 받다
우승에 **대응하여** 강도 높게 훈련하다	우승을 **위해** 강도 높게 훈련하다
자유에 **대응하여** 목숨을 바치다	자유를 **위해** 목숨을 바치다
내년 상반기{에 **대응하여**} 사업 계획서를 작성하다	내년 상반기 사업 계획서를 작성하다 {생략}
신용에 **대응하여** 납품 날짜를 철저히 지키다	신용을 **얻기 위해** 납품 날짜를 철저히 지키다
추석에 **대응하여** 고향에 내려가다	추석을 **보내기 위해** 고향에 내려가다
아기의 첫 번째 생일에 **대응하여** 잔치를 벌이다	아기의 첫 번째 생일을 **기념하여** 잔치를 벌이다
은퇴에 **대응하여** 송별회를 열다	은퇴를 **맞아** 송별회를 열다
노후에 **대응하여** 집을 짓다	노후를 **대비하여** 집을 짓다
남자친구에 **대응하여** 기다리다	남자친구를 기다리다
버스에 **대응하여** 기다리다	버스를 기다리다
운동에 **대응하여** 테니스를 하다	운동 **삼아** 테니스를 하다
일자리에 **대응하여** 찾아보다	일자리를 찾아보다
맨 위에 있는 물건을 내리는 것에 **대응하여** 손을 뻗다	맨 위에 있는 물건을 내리**려고** 손을 뻗다
산책에 **대응하여** 나가다	산책**하러** 나가다
건강에 **대응하여** 야채 식단이 좋다	건강**에는** 야채 식단이 좋다
좋다는 것에 **대응하여** 엄지척을 하다	좋다는 **뜻으로** 엄지척을 하다
3시간에 **대응하여** 청소와 빨래를 하고 있다	3시간 **동안 쭉** 청소와 빨래를 하고 있다
"잠시에 **대응하여** 기다려 주세요"	"잠시 **동안** 기다려 주세요"
3주에 **대응하여** 강릉에 머무를 예정이다	3주**간** 강릉에 머무를 예정이다
7개월에 **대응하여** 영화를 찍다	7개월**째** 영화를 찍다
6시에 **대응하여** 식당 예약을 하다	6시**로** 식당 예약을 하다
토요일 3시에 **대응하여** 약속 시간을 변경하다	토요일 3시**로** 약속 시간을 변경하다
5월에 **대응하여** 날이 춥다	5월 **치고는** 날이 춥다
첫눈에 **대응하여** 많은 눈이 내리다	첫눈 **치고는** 많은 눈이 내리다
취미로 그린 그림에 **대응하여** 전문가 실력이다	취미로 그린 그림 **치고는** 전문가 실력이다
저렴한 것에 **대응하여** 품질이 만족스럽다	저렴한 것에 **비해** 품질이 만족스럽다
이 아이는 3살에 **대응하여** 말을 아주 잘한다	이 아이는 3살**에 비해** 말을 아주 잘한다
그 사람은 나이에 **대응하여** 어려 보인다	그 사람은 나이**보다** 어려 보인다
3km에 **대응하여** 걸어서 오다	3km**를** 걸어서 오다
"150m 정도에 **대응하여** 쭉 가면 은행이 있어요"	"150m 정도**를** 쭉 가면 은행이 있어요"

for ② [뿌얼] [포]

~에 대응하여 / ~에 대응한

(교환, 대가) ~에 대응하여 = ~에 대하여 (~의 보답으로)	감사 **for** 선물을 드리다
(교환, 대가) ~에 대응하여 = ~에 대하여 (~의 보답으로)	도움 **for** 사례를 하다
(교환, 대가) ~에 대응하여 = ~해서 (~의 보상으로)	남의 화분을 깬 것 **for** 돈을 물어 주다
(교환, 대가) ~에 대응하여 = ~해서 (~의 보상으로)	성적이 오른 것 **for** 용돈을 받다
(교환, 대가) ~에 대응하여 = ~으로, ~로, ~한 대가로	책값 **for** 5만원을 내다
(교환, 대가) ~에 대응하여 = ~로, ~으로, ~한 대가로	여행비 **for** 30만원이 들다
(교환, 대가) ~에 대응하여 = ~로, ~으로, ~한 대가로	영화표를 무료 **for** 얻다
(교환, 대가) ~에 대응하여 = ~에는, ~한 대가로	눈 **for** 눈으로 갚다
(교환, 대가) ~에 대응하여 = ~에, ~당, ~와 교환하여	퀴즈 한 문제 **for** 10점씩 주다
(교환, 대가) ~에 대응하여 = ~한 대가로, ~로, ~으로	광물의 수출 **for** 곡물을 수입하다
(교환, 대가) ~에 대응하여 = ~에 찬성하여, ~를 지지하여	그녀의 기획안 **for** 한 표를 주다
(교환, 대가) ~에 대응하여 = ~했으니, ~한 대가로, ~와 교환하여	최선을 다함 **for** 좋은 결과를 기대하다
(이유, 원인) ~에 대응하여 = ~때문에	그 학생은 지각 **for** 벌을 받다
(이유, 원인) ~에 대응하여 = ~으로, ~때문에	프랑스 파리는 에펠탑 **for** 유명하다
(이유, 원인) ~에 대응하여 = ~을 해서, ~때문에	실수 **for** 사과를 하다
(이유, 원인) ~에 대응하여 = ~을 해서, ~때문에	"답장을 늦게 한 것 **for** 미안해"
(이유, 원인) ~에 대응하여 = ~을 해서, ~때문에	"식사를 대접해 준 것 **for** 감사합니다"
(이유, 원인) ~에 대응하여 = ~을 해서, ~때문에	약속을 지키지 못한 것 **for** 신용을 잃다
(이유, 원인) ~에 대응하여 = ~으로, ~의 결과로서	모욕죄 **for** 벌금형에 처하다
(이유, 원인) ~에 대응하여 = ~으로, ~때문에	이유 없이 **for** 기분이 좋다
(이유, 원인) ~에 대응하여 = ~에, ~의 결과로서, ~때문에	합격 소식 **for** 환호성을 지르다
(소속) ~에 대응하여 = ~에서, ~을 위해	제과점 **for** 일하다
(대상) ~에 대응하여 = ~에, ~을 위해	방송사 아나운서 **for** 지원하다
(대상) ~에 대응하여 = ~에, ~을 위해	경영학과 **for** 지원하다
(대상) ~에 대응하여 = ~에, ~을 위해	도시락 나눔 봉사 활동 **for** 자원하다
(대상) ~에 대응한 = ~에 대한, ~을 향한	그녀 **for** 마음을 접다
(방향) ~에 대응하여 = ~을 향하여	설악산 **for** 출발하다
(방향) ~에 대응하여 = ~로, ~으로	도쿄 **for** 떠나다
(방향) ~에 대응한 = ~행의	뉴욕 **for** 비행기를 타다
(용도) ~에 대응한 = ~용, ~을 위한	유아 **for** 그림책을 만들다
(용도) ~에 대응한 = ~용, ~을 위한	4인 **for** 텐트를 구입하다
(용도) ~에 대응한 = ~용, ~을 위한	커플 **for** 운동화를 구입하다
(용도) ~에 대응한 = ~용, ~을 위한	개업 10주년 기념 **for** 사은품을 준비하다
(용도) ~에 대응한 = ~로, ~대용의, ~용, ~을 위한	바쁜 아침 식사 **for** 토스트를 먹다

감사에 대응하여 선물을 드리다	감사에 대하여 선물을 드리다
도움에 대응하여 사례를 하다	도움에 대하여 사례를 하다
남의 화분을 깬 것에 대응하여 돈을 물어 주다	남의 화분을 깨서 돈을 물어 주다
성적이 오른 것에 대응하여 용돈을 받다	성적이 올라서 용돈을 받다
책값에 대응하여 5만원을 내다	책값으로 5만원을 내다
여행비에 대응하여 30만원이 들다	여행비로 30만원이 들다
영화표를 무료에 대응하여 얻다	영화표를 무료로 얻다
눈에 대응하여 눈으로 갚다	눈에는 눈으로 갚다
퀴즈 한 문제에 대응하여 10점씩 주다	퀴즈 한 문제에 10점씩 주다
광물의 수출에 대응하여 곡물을 수입하다	광물을 수출한 대가로 곡물을 수입하다
그녀의 기획안에 대응하여 한 표를 주다	그녀의 기획안에 찬성하여 한 표를 주다
최선을 다함에 대응하여 좋은 결과를 기대하다	최선을 다했으니 좋은 결과를 기대하다
그 학생은 지각에 대응하여 벌을 받다	그 학생은 지각 때문에 벌을 받다
프랑스 파리는 에펠탑에 대응하여 유명하다	프랑스 파리는 에펠탑으로 유명하다
실수에 대응하여 사과를 하다	실수를 해서 사과를 하다
"답장을 늦게 한 것에 대응하여 미안해"	"답장을 늦게 해서 미안해"
"식사를 대접해 준 것에 대응하여 감사합니다"	"식사를 대접해 주셔서 감사합니다"
약속을 지키지 못한 것에 대응하여 신용을 잃다	약속을 지키지 못해서 신용을 잃다
모욕죄에 대응하여 벌금형에 처하다	모욕죄로 벌금형에 처하다
이유 없이{에 대응하여} 기분이 좋다	이유 없이 기분이 좋다 {생략}
합격 소식에 대응하여 환호성을 지르다	합격 소식에 환호성을 지르다
제과점에 대응하여 일하다	제과점에서 일하다
방송사 아나운서에 대응하여 지원하다	방송사 아나운서에 지원하다
경영학과에 대응하여 지원하다	경영학과에 지원하다
도시락 나눔 봉사 활동에 대응하여 자원하다	도시락 나눔 봉사 활동에 자원하다
그녀에 대응한 마음을 접다	그녀에 대한 마음을 접다
설악산에 대응하여 출발하다	설악산을 향하여 출발하다
도쿄에 대응하여 떠나다	도쿄로 떠나다
뉴욕에 대응한 비행기를 타다	뉴욕행의 비행기를 타다
유아에 대응한 그림책을 만들다	유아용 그림책을 만들다
4인에 대응한 텐트를 구입하다	4인용 텐트를 구입하다
커플에 대응한 운동화를 구입하다	커플용 운동화를 구입하다
개업 10주년 기념{에 대응한} 사은품을 준비하다	개업 10주년 기념 사은품을 준비하다 {생략}
바쁜 아침 식사에 대응한 토스트를 먹다	바쁜 아침 식사로 토스트를 먹다

pick [피읔] [픽]

쏙 집다

(옷, 신발 등을 입으려고) 쏙 집다 = 고르다, 선택하다	입고 나갈 옷을 **pick**
(노트북, 핸드폰 등을 사려고) 쏙 집다 = 고르다, 선택하다	성능 좋고 가벼운 노트북으로 **pick**
(노트북, 핸드폰 등을 쓰려고) 쏙 집다 = 집어 들다 (up), 들다	학교에 가져가려고 노트북을 **pick** up
(볼 영화, 들을 음악을) 쏙 집다 = 고르다, 선별하다	좋아하는 로맨스 코미디 영화로 **pick**
(선물로 주려고) 쏙 집다 = 고르다, 선택하다	동생 선물을 **pick**
(학교, 학과, 전공을) 쏙 집다 = 선택하다, 고르다	학교와 학과를 **pick**
(장소, 여행지 등을) 쏙 집다 = 고르다, 선택하다	점심 먹을 식당을 **pick**
(여러 개 중에 한 개를) 쏙 집다 = 고르다, 선택하다, 뽑다	점심 메뉴를 **pick**
(일할 사람, 담당자 등을) 쏙 집다 = 뽑다	설거지할 사람을 **pick**
(심판, 교사 등을) 쏙 집다 = 뽑다, 선정하다	심사위원을 **pick**
(선수, 팀원, 조원 등을) 쏙 집다 = 선발하다, 뽑다	국가대표 선수를 **pick**
(날짜를) 쏙 집다 = 정하다	이사 날짜를 **pick**
(귓속의 귀지, 물 등을) 쏙 집다 = (귀를) 후비다	간지러워서 귀를 **pick**
(콧속을) 쏙 집다 = (코를) 후비다	코를 **pick**
(틈 사이를) 쏙 집다 = (치아, 구멍 등을) 쑤시다	식사 후 이쑤시개로 이를 **pick**
(새가 모이를) 쏙 집다 = 쪼다, 쪼아 먹다	닭이 모이를 **pick**
(뾰족한 것으로 한 조각씩) 쏙 집다 = 쪼다, 쪼아 부수다	조각상을 만들려고 정으로 돌덩이를 **pick**
(자물쇠, 금고를) 쏙 집다 = (열쇠 대신 뾰족한 것으로) 따다, 열다	창고의 자물쇠를 젓가락으로 **pick**
(과일, 꽃을) 쏙 집다 = (과일을) 따다, (꽃을) 꺾다	사과나무에서 사과를 **pick**
(가시, 보풀, 작은 조각 등을) 쏙 집다 = 빼다 (out), 뽑다, 떼어 내다	손바닥의 가시를 **pick** out
(남의 결점, 흠 등을) 쏙 집다 = 들추다 (up), 찾아내다	남의 흠을 **pick** up
(싸움을) 쏙 집다 = 걸다, 붙이다	괜한 트집으로 싸움을 **pick**
(뼈에서 살을) 쏙 집다 = (살을) 뜯다, 뜯어먹다, 발라내다, 발라먹다	닭다리 살을 **pick**
(음식을 조금씩) 쏙 집다 = 깨작거리다, 조금씩 집어먹다	입맛이 없어서 밥을 **pick**
(남의 것을) 쏙 집다 = (소매치기로) 집어내 훔치다	앞사람에게 다가가 지갑을 **pick**
(손, 손가락, 집게 등으로) 쏙 집다 = 집다 (up), 집어 들다	봉지를 뜯어 과자를 **pick** up
(손, 손가락, 집게 등으로) 쏙 집다 = 줍다 (up), 집어 들다	바닥에 떨어진 쓰레기를 **pick** up
(도구, 연장, 무기 등을) 쏙 집다 = 집어 들다 (up), 들다	요리를 하려고 냄비를 **pick** up
(전화를 하려고 전화기를) 쏙 집다 = (전화기를 집어) 들다 (up)	전화를 하려고 핸드폰을 **pick** up
(걸려온 전화의 전화기를) 쏙 집다 = (전화를) 받다 (up)	딸에게 걸려온 전화를 **pick** up
(차 안으로) 쏙 집다 = (차로) 가는 도중에 태우다 (up)	학원에서 나오는 아들을 **pick** up
(가는 도중이나 가서 살 물건을) 쏙 집다 = 사다 (up)	집에 가는 길에 우유를 **pick** up
(우연히 어떤 사실, 실수 등을) 쏙 집다 = 알아채다 (up), 발견하다	남자친구가 양다리라는 사실을 **pick** up
(지식, 언어 등을) 쏙 집다 = 배우다 (up), 습득하다	미국에 유학 와서 영어를 빠르게 **pick** up

입고 나갈 옷을 **쏙 집다**	입고 나갈 옷을 **고르다**
성능 좋고 가벼운 노트북으로 **쏙 집다**	성능 좋고 가벼운 노트북으로 **고르다**
학교에 가져가려고 노트북을 **쏙 집다**	학교에 가져가려고 노트북을 **집어 들다**
좋아하는 로맨스 코미디 영화로 **쏙 집다**	좋아하는 로맨스 코미디 영화로 **고르다**
동생 선물을 **쏙 집다**	동생 선물을 **고르다**
학교와 학과를 **쏙 집다**	학교와 학과를 **선택하다**
점심 먹을 식당을 **쏙 집다**	점심 먹을 식당을 **고르다**
점심 메뉴를 **쏙 집다**	점심 메뉴를 **고르다**
설거지할 사람을 **쏙 집다**	설거지할 사람을 **뽑다**
심사위원을 **쏙 집다**	심사위원을 **뽑다**
국가대표 선수를 **쏙 집다**	국가대표 선수를 **선발하다**
이사 날짜를 **쏙 집다**	이사 날짜를 **정하다**
간지러워서 귀를 **쏙 집다**	간지러워서 귀를 **후비다**
코를 **쏙 집다**	코를 **후비다**
식사 후 이쑤시개로 이를 **쏙 집다**	식사 후 이쑤시개로 이를 **쑤시다**
닭이 모이를 **쏙 집다**	닭이 모이를 **쪼다**
조각상을 만들려고 정으로 돌덩이를 **쏙 집다**	조각상을 만들려고 정으로 돌덩이를 **쪼다**
창고의 자물쇠를 젓가락으로 **쏙 집다**	창고의 자물쇠를 젓가락으로 **따다**
사과나무에서 사과를 **쏙 집다**	사과나무에서 사과를 **따다**
손바닥의 가시를 **쏙 집다**	손바닥의 가시를 **빼다**
남의 흠을 **쏙 집다**	남의 흠을 **들추다**
괜한 트집으로 싸움을 **쏙 집다**	괜한 트집으로 싸움을 **걸다**
닭다리 살을 **쏙 집다**	닭다리 살을 **뜯다**
입맛이 없어서 밥을 **쏙 집다**	입맛이 없어서 밥을 **깨작거리다**
앞사람에게 다가가 지갑을 **쏙 집다**	앞사람에게 다가가 지갑을 **집어내 훔치다**
봉지를 뜯어 과자를 **쏙 집다**	봉지를 뜯어 과자를 **집다**
바닥에 떨어진 쓰레기를 **쏙 집다**	바닥에 떨어진 쓰레기를 **줍다**
요리를 하려고 냄비를 **쏙 집다**	요리를 하려고 냄비를 **집어 들다**
전화를 하려고 핸드폰을 **쏙 집다**	전화를 하려고 핸드폰을 **들다**
딸에게 걸려온 전화를 **쏙 집다**	딸에게 걸려온 전화를 **받다**
학원에서 나오는 아들을 **쏙 집다**	학원에서 나오는 아들을 **가는 도중에 태우다**
집에 가는 길에 우유를 **쏙 집다**	집에 가는 길에 우유를 **사다**
남자친구가 양다리라는 사실을 **쏙 집다**	남자친구가 양다리라는 사실을 **알아채다**
미국에 유학 와서 영어를 빠르게 **쏙 집다**	미국에 유학 와서 영어를 빠르게 **배우다**

catch [캐아취] [캐취]

잡다 / 잡히다 / 잡는 것 / 잡은 것

(움직이는 것을) 잡다	메뚜기를 catch
(움직이는 것을) 잡다	그물로 물고기를 catch
(던진 것을) 잡다 = 받다	동생이 던져준 사과를 catch
(공을) 잡다 = 받다, 포수를 하다 (투수의 공을 잡다)	아들이 던진 공을 catch
(떨어지는 것을) 잡다 = 받다	양동이에 빗물을 catch
(팔, 손을) 잡다 = 붙잡다, 붙들다	그의 팔을 catch
(쫓아가서) 잡다 = 붙잡다, 붙들다, 포획하다	달아나는 말을 catch
(달아나지 못하게) 잡다 = 붙잡다, 붙들다, 체포하다	소매치기를 catch
(쏜 것, 던진 것으로) 잡다 = 맞히다, 명중하다	활로 꿩을 catch
(버스, 지하철 등을 간신히) 잡다 = 잡아타다, (시간에 맞춰) 타다	뛰어가서 버스를 catch
(비행기, 배 등을 간신히) 잡다 = 잡아타다, (시간에 맞춰) 타다	공항에 도착하자마자 비행기를 catch
(택시를) 잡다 = (택시를) 잡아타다	짐이 무거워서 택시를 catch
(TV, 스포츠 등을 시간에 맞춰) 잡다 = (시간에 맞춰) 보다	주말 드라마를 catch
(말의 내용, 뜻을) 잡다 = 알아듣다, 알아채다, 이해하다	그녀가 하는 말의 뜻을 catch
(불을) 잡다 = (불이) 붙다, 옮다	커튼이 불을 catch
(빛을) 잡다 = (빛을) 받다	유리가 빛을 catch
(안 좋은 행동을) 잡다 = 적발하다, 발견하다, 목격하다, 덮치다	뇌물을 주고받는 모습을 catch
(안 좋은 행동을) 잡다 = 적발하다, 발견하다, 목격하다, 덮치다	학생이 담배 피우는 것을 catch
(오타, 오류 등을) 잡다 = 발견하다	보고서에 오타가 있는 것을 catch
(언뜻, 얼핏) 잡다 = (언뜻, 얼핏) 보다, 알아채다, 포착하다	멀리서 친구가 오는 것을 언뜻 catch
(알아채어) 잡다 = 알아채다	그녀가 거짓말하는 것을 catch
(알아채어) 잡다 = 알아채다	남편이 직장을 그만두고 창업하려는 것을 catch
(냄새, 향기를 얼핏) 잡다 = (냄새, 향기를 얼핏) 맡다	빵 가게 앞에서 빵 굽는 냄새를 catch
(때마침) 잡다 = (때마침) 만나다, (때마침) 하다	할 말이 있었는데 마침 그를 사무실에서 catch
(숨을) 잡다 = (숨을) 돌리다, 고르다	그녀가 엘리베이터까지 뛰어와서는 숨을 catch
(눈길, 주의, 관심을) 잡다 = (눈길을) 끌다, 사로잡다	보이 그룹의 막내가 잘생겨서 눈길을 catch
(못, 뾰족한 것 등에) 잡히다 = 걸리다	옷소매가 못에 catch
(나뭇가지 등에) 잡히다 = 걸리다	부메랑이 나뭇가지에 catch
(틈, 구멍, 양쪽 사이에) 잡히다 = 끼다	가방이 현관문에 catch
(틈, 구멍, 양쪽 사이에) 잡히다 = 끼다	구두의 굽이 바닥의 틈에 catch
(감기, 병 등에) 잡히다 = (병에) 걸리다, 감염되다	그녀는 감기에 catch
(바이러스, 병 등에) 잡히다 = 감염되다, 걸리다	날생선을 먹고 바이러스에 catch
잡는 것 = 잡기, 붙잡기, 포획, 함정, 계략, 캐치볼 (놀이)	그가 몸을 날려 멋지게 공 catch를 하다
잡은 것 = 포획량, 포획물, 잡은 양	오징어 catch가 많다

메뚜기를 **잡다**	메뚜기를 **잡다**
그물로 물고기를 **잡다**	그물로 물고기를 **잡다**
동생이 던져준 사과를 **잡다**	동생이 던져준 사과를 **받다**
아들이 던진 공을 **잡다**	아들이 던진 공을 **받다**
양동이에 빗물을 **잡다**	양동이에 빗물을 **받다**
그의 팔을 **잡다**	그의 팔을 **붙잡다**
달아나는 말을 **잡다**	달아나는 말을 **붙잡다**
소매치기를 **잡다**	소매치기를 **붙잡다**
활로 꿩을 **잡다**	활로 꿩을 **맞히다**
뛰어가서 버스를 **잡다**	뛰어가서 버스를 **잡아타다**
공항에 도착하자마자 비행기를 **잡다**	공항에 도착하자마자 비행기를 **잡아타다**
짐이 무거워서 택시를 **잡다**	짐이 무거워서 택시를 **잡아타다**
주말 드라마를 **잡다**	주말 드라마를 (시간에 맞춰) **보다**
그녀가 하는 말의 뜻을 **잡다**	그녀가 하는 말의 뜻을 **알아듣다**
커튼이 불을 **잡다**	커튼에 불이 **붙다**
유리가 빛을 **잡다**	유리가 빛을 **받다**
뇌물을 주고받는 모습을 **잡다**	뇌물을 주고받는 모습을 **적발하다**
학생이 담배 피우는 것을 **잡다**	학생이 담배 피우는 것을 **적발하다**
보고서에 오타가 있는 것을 **잡다**	보고서에 오타가 있는 것을 **발견하다**
멀리서 친구가 오는 것을 언뜻 **잡다**	멀리서 친구가 오는 것을 언뜻 **보다**
그녀가 거짓말하는 것을 **잡다**	그녀가 거짓말하는 것을 **알아채다**
남편이 직장을 그만두고 창업하려는 것을 **잡다**	남편이 직장을 그만두고 창업하려는 것을 **알아채다**
빵 가게 앞에서 빵 굽는 냄새를 **잡다**	빵 가게 앞에서 빵 굽는 냄새를 (얼핏) **맡다**
할 말이 있었는데 마침 그를 사무실에서 **잡다**	할 말이 있었는데 마침 그를 사무실에서 **만나다**
그녀가 엘리베이터까지 뛰어와서는 숨을 **잡다**	그녀가 엘리베이터까지 뛰어와서는 숨을 **돌리다**
보이 그룹의 막내가 잘생겨서 눈길을 **잡다**	보이 그룹의 막내가 잘생겨서 눈길을 **끌다**
옷소매가 못에 **잡히다**	옷소매가 못에 **걸리다**
부메랑이 나뭇가지에 **잡히다**	부메랑이 나뭇가지에 **걸리다**
가방이 현관문에 **잡히다**	가방이 현관문에 **끼다**
구두의 굽이 바닥의 틈에 **잡히다**	구두의 굽이 바닥의 틈에 **끼다**
그녀는 감기에 **잡히다**	그녀는 감기가 **걸리다**
날생선을 먹고 바이러스에 **잡히다**	날생선을 먹고 바이러스에 **감염되다**
그가 몸을 날려 멋지게 공 **잡는 것을** 하다	그가 몸을 날려 멋지게 공 **잡기를** 하다
오징어 **잡은 것이** 많다	오징어 **포획양이** 많다

dress [쥬**뤠**스] [드레스]

옷을 입다 / 옷을 입히다 / 옷

(사람이) 옷을 입다	학교에 가려고 **dress**
(차려서) 옷을 입다 = 차려입다 (up), 정장하다, 몸치장하다	소개팅을 위하여 **dress** up
(갖추어) 옷을 입다 = 정장하다 (up), 갖추어 입다	그는 면접을 위해 **dress** up
(사람에게) 옷을 입히다	엄마가 아이에게 **dress**
(만들어서, 골라서) 옷을 입히다 = 옷을 제공하다, 옷을 주다	그 의류업체는 많은 연예인에게 옷을 **dress**
(상처에 치료의) 옷을 입히다 = 약 바르고 붕대를 감다, 치료하다	손바닥 상처에 **dress**
(진열장에) 옷을 입히다 = 상품을 진열하다, 꾸미다, 장식하다	가게의 판매대에 **dress**
(샐러드에) 옷을 입히다 = 소스를 뿌리다, 드레싱을 치다	과일 샐러드에 **dress**
(요리에) 옷을 입히다 = (피자에) 토핑을 올리다, (요리를) 꾸미다	피자에 **dress**
(생선, 닭, 목재, 가죽 등에) 옷을 입히다 = 손질하다, 다듬다	낚시로 잡은 갈치에 **dress**
(위아래 하나로 된) 옷 = 드레스	그녀는 세 번째로 입었던 웨딩 **dress**를 선택했다
(위아래 하나로 된) 옷 = 원피스 (드레스의 한국식 외래어)	아이는 분홍색 **dress**를 입고 있다
(위아래 갖춘) 옷 = 예복, 정장, 정복, 의상, 의복	여자친구는 우아한 **dress**를 입고 파티에 참석했다
(위아래 갖춘) 옷 = 복장, 옷차림	항공사는 유니폼을 입어야 하는 **dress** 규정이 있다

treat [츄**뤼**잍] [트리트]

대하다

(사람을) 대하다 = 대우하다	아이들을 어른들과 똑같은 인격체로 **treat**
(동물을) 대하다 = 다루다, 취급하다	병아리를 아기처럼 **treat**
(어린애, 애송이 등으로) 대하다 = 취급하다	고등학생 아들을 아직 어린애로 **treat**
(영웅, 스승, 고객 등으로) 대하다 = 대우하다, 모시다, 처우하다	사람들을 구한 그를 영웅으로 **treat**
(물건처럼, 하인처럼, 죄인처럼) 대하다 = 취급하다, 처우하다	그 회사는 직원들을 기계 부품처럼 **treat**
(식사 등으로) 대하다 = 대접하다, 접대하다, 사 주다	친척들을 초대해 저녁으로 **treat**
(술 등으로) 대하다 = 한턱내다, 대접하다, 사 주다	승진 기념으로 동료들을 술로 **treat**
(선물 등으로) 대하다 = 대접하다, 접대하다, 사 주다	친구를 콘서트로 **treat**
(~처럼) 대하다 = ~라고 생각하다, 여기다	건강한 한 끼 식사를 보약으로 **treat**
(~처럼) 대하다 = 여기다, ~라고 생각하다	그 사람의 고백을 농담으로 **treat**
(질병, 환자 등을) 대하다 = 치료하다, 고치다	수많은 질병을 페니실린으로 **treat**
(상처, 부상 등을) 대하다 = 처치하다, 치료하다	무릎 상처를 연고로 **treat**
(물질을 화학 약품으로) 대하다 = (약품) 처리하다, 가공하다	금속을 산으로 **treat**
(우유, 금속 등을 열로) 대하다 = (열을 가했다가 식혀서) 처리하다	우유를 열로 **treat**
(문제를) 대하다 = 다루다, 논하다, 처리하다	기후 문제를 신중하게 **treat**
(어떤 내용, 주제 등을) 대하다 = 다루다, 논하다, 이야기하다	이 책은 인생철학을 **treat**

학교에 가려고 옷을 입다	학교에 가려고 옷을 입다
소개팅을 위하여 완전하게 옷을 입다	소개팅을 위하여 차려입다
그는 면접을 위해 완전하게 옷을 입다	그는 면접을 위해 정장하다
엄마가 아이에게 옷을 입히다	엄마가 아이에게 옷을 입히다
그 의류업체는 많은 연예인에게 옷을 옷을 입히다	그 의류업체는 많은 연예인에게 옷을 옷을 제공하다
손바닥 상처에 옷을 입히다	손바닥 상처에 약 바르고 붕대를 감다
가게의 판매대에 옷을 입히다	가게의 판매대에 상품을 진열하다
과일 샐러드에 옷을 입히다	과일 샐러드에 소스를 뿌리다
피자에 옷을 입히다	피자에 토핑을 올리다
낚시로 잡은 갈치에 옷을 입히다	낚시로 잡은 갈치를 손질하다
그녀는 세 번째로 입었던 웨딩 옷을 선택했다	그녀는 세 번째로 입었던 웨딩드레스를 선택했다
아이는 분홍색 옷을 입고 있다	아이는 분홍색 원피스를 입고 있다
여자친구는 우아한 옷을 입고 파티에 참석했다	여자친구는 우아한 예복을 입고 파티에 참석했다
항공사는 유니폼을 입어야 하는 옷 규정이 있다	항공사는 유니폼을 입어야 하는 복장 규정이 있다

아이들을 어른들과 똑같은 인격체로 대하다	아이들을 어른들과 똑같은 인격체로 대우하다
병아리를 아기처럼 대하다	병아리를 아기처럼 다루다
고등학생 아들을 아직 어린애로 대하다	고등학생 아들을 아직 어린애로 취급하다
사람들을 구한 그를 영웅으로 대하다	사람들을 구한 그를 영웅으로 대우하다
그 회사는 직원들을 기계 부품처럼 대하다	그 회사는 직원들을 기계 부품처럼 취급하다
친척들을 초대해 저녁으로 대하다	친척들을 초대해 저녁을 대접하다
승진 기념으로 동료들을 술로 대하다	승진 기념으로 동료들에게 술을 한턱내다
친구를 콘서트로 대하다	친구에게 콘서트를 대접하다 (보여주다)
건강한 한 끼 식사를 보약으로 대하다	건강한 한 끼 식사를 보약이라고 생각하다
그 사람의 고백을 농담으로 대하다	그 사람의 고백을 농담으로 여기다
수많은 질병을 페니실린으로 대하다	수많은 질병을 페니실린으로 치료하다
무릎 상처를 연고로 대하다	무릎 상처를 연고로 처치하다
금속을 산으로 대하다	금속을 산으로 처리하다
우유를 열로 대하다	우유를 열로 처리하다 (열처리하다)
기후 문제를 신중하게 대하다	기후 문제를 신중하게 다루다
이 책은 인생철학을 대하다	이 책은 인생철학을 다루다

lose [(을)루우즈] [루즈]

잃다 / 잃게 하다

(물건, 돈을) 잃다 = 분실하다, 잃어버리다	지갑을 lose
(물건을) 잃다 = 분실하다, 잃어버리다	새로 산 볼펜을 lose
(돈, 투자금을) 잃다 = 잃어버리다	주식 투자로 돈을 lose
(건강, 신체, 미모를) 잃다 = 잃어버리다	일만 하느라 건강을 lose
(목숨을) 잃다 = 잃어버리다	목숨을 lose
(시력, 목소리, 감각 등을) 잃다 = 잃어버리다	잦은 야근으로 시력을 lose
(입맛, 미각을) 잃다 = 잃어버리다	걱정으로 입맛을 lose
(흥미, 관심을) 잃다 = 잃어버리다	좋아하던 야구에 흥미를 lose
(직장, 신용, 능력 등을) 잃다 = 잃어버리다	직장을 lose
(사람, 동물을) 잃다 = 잃어버리다	공원에서 아이를 lose
(자신감을) 잃다 = 잃어버리다	큰 실수를 하고 나서 자신감을 lose
(용기 등을) 잃다 = 잃어버리다	용기를 lose
(균형 등을) 잃다 = 잃어버리다	균형을 lose
(인내심을) 잃다 = 잃어버리다	인내심을 lose
(냉정함, 자제력을) 잃다 = 잃어버리다	다급함에 냉정함을 lose
(희망, 꿈을) 잃다 = 잃어버리다	희망을 lose
(의식, 이성, 기억을) 잃다 = 잃어버리다	공에 맞고 순간적으로 의식을 lose
(찾아가는 길, 방향을) 잃다 = 길을 잃다 (get lost, be lost)	그들은 산에서 get lost*
(인생의 길, 방향을) 잃다 = 잃어버리다 (lose one's way)	그녀는 남편과 사별 후 그녀의 길을 lose
(나아갈 길, 방향을) 잃다 = 잃어버리다, 어찌할 바를 모르다	그는 사업 방향을 lose
(정해진 시간을) 잃다 = 허비하다, 낭비하다, 까먹다	교통 체증 때문에 출동 시간을 lose
(기회를) 잃다 = 놓치다, 날리다	한 골 넣을 수 있는 기회를 lose
(이야기, 말을) 잃다 = 놓치다, 못 듣다	경적 소리에 그가 한 말을 lose
(말의 요점 등을) 잃다 = 이해하지 못하다	전문 용어가 많아서 첫 강의를 lose
(의욕을) 잃다 = 상실하다	삶의 의욕을 lose
(경기, 내기에서 승리를) 잃다 = 지다, 패하다	축구 경기를 lose
(선거, 소송에서 승리를) 잃다 = 패하다, 지다	국회의원 선거를 lose
(전투, 논쟁에서 승리를) 잃다 = 지다, 패하다	전쟁을 lose
(걱정으로 잠을) 잃다 = (걱정으로 잠을) 못 자다, 못 이루다	애인과 다투고 나서 잠을 lose
(연락을) 잃다 = (연락이) 끊기다	초등학교 동창생들과 연락을 lose
(체중, 머리카락을) 잃다 = 빠지다	병으로 체중과 머리카락을 lose
(실력을) 잃다 = (실력이) 녹슬다, 없어지다	나이가 들자 고음 내는 실력을 lose
(체중을) 잃게 하다 = (몸무게를) 빼다, 감량하다, 줄이다	식단 조절로 몸무게를 3kg lose
(안 좋은 태도를) 잃게 하다 = 버리다, 바꾸다	불평하는 태도를 lose

지갑을 **잃다**	지갑을 **분실하다**
새로 산 볼펜을 **잃다**	새로 산 볼펜을 **분실하다**
주식 투자로 돈을 **잃다**	주식 투자로 돈을 **잃어버리다**
일만 하느라 건강을 **잃다**	일만 하느라 건강을 **잃어버리다** (해치다)
목숨을 **잃다**	목숨을 **잃어버리다**
잦은 야근으로 시력을 **잃다**	잦은 야근으로 시력을 **잃어버리다**
걱정으로 입맛을 **잃다**	걱정으로 입맛을 **잃어버리다**
좋아하던 야구에 흥미를 **잃다**	좋아하던 야구에 흥미를 **잃어버리다**
직장을 **잃다**	직장을 **잃어버리다**
공원에서 아이를 **잃다**	공원에서 아이를 **잃어버리다**
큰 실수를 하고 나서 자신감을 **잃다**	큰 실수를 하고 나서 자신감을 **잃어버리다**
용기를 **잃다**	용기를 **잃어버리다**
균형을 **잃다**	균형을 **잃어버리다**
인내심을 **잃다**	인내심을 **잃어버리다**
다급함에 냉정함을 **잃다**	다급함에 냉정함을 **잃어버리다**
희망을 **잃다**	희망을 **잃어버리다**
공에 맞고 순간적으로 의식을 **잃다**	공에 맞고 순간적으로 의식을 **잃어버리다**
그들은 산에서 *잃은을 받다	그들은 산에서 *길을 **잃다**
그녀는 남편과 사별 후 그녀의 길을 **잃다**	그녀는 남편과 사별 후 그녀의 길을 **잃어버리다**
그는 사업 방향을 **잃다**	그는 사업 방향을 **잃어버리다**
교통 체증 때문에 출동 시간을 **잃다**	교통 체증 때문에 출동 시간을 **허비하다**
한 골 넣을 수 있는 기회를 **잃다**	한 골 넣을 수 있는 기회를 **놓치다**
경적 소리에 그가 한 말을 **잃다**	경적 소리에 그가 한 말을 **놓치다**
전문 용어가 많아서 첫 강의를 **잃다**	전문 용어가 많아서 첫 강의를 **이해하지 못하다**
삶의 의욕을 **잃다**	삶의 의욕을 **상실하다**
축구 경기를 **잃다**	축구 경기에서 **지다**
국회의원 선거를 **잃다**	국회의원 선거에서 **패하다**
전쟁을 **잃다**	전쟁에서 **지다**
애인과 다투고 나서 잠을 **잃다**	애인과 다투고 나서 잠을 **못 자다**
초등학교 동창생들과 연락을 **잃다**	초등학교 동창생들과 연락이 **끊기다**
병으로 체중과 머리카락을 **잃다**	병으로 체중과 머리카락이 **빠지다**
나이가 들자 고음 내는 실력을 **잃다**	나이가 들자 고음 내는 실력이 **녹슬다**
식단 조절로 몸무게를 3kg **잃게 하다**	식단 조절로 몸무게를 3kg **빼다**
불평하는 태도를 **잃게 하다**	불평하는 태도를 **버리다**

master [ma아ㅅ떨] [마스터]

달인 / 달인이 되다

(하인, 고용인, 동물 등을 잘 움직이게 하는) 달인 = 주인, 고용주	**master**이 하인에게 지시를 내리다
(주체적으로 처리하고 행동해 나가는) 달인 = 주인공, 주인, 지배자	어린이는 내일의 **master**이다
(교육에 대한) 달인 = (남자) 선생 (영국), 교사, 스승, 학장, 교장	그는 이 학교의 수학 **master**이다
(기술, 예술, 철학 등에 대한) 달인 = 스승, 사부, 지도자	**master** 밑에서 도자기 빚는 기술을 배우다
(예술의) 달인 = 거장, 대가, 능통한 사람	그는 클래식 음악계의 **master**로 불린다
(기술, 요리의) 달인 = 명인, 명수, 숙련자	한식의 **master**답게 그녀의 음식맛은 일품이다
(학식, 논문의) 달인 = 석사, 석사 학위, 마스터	그녀는 하버드 대학교에서 **master** 학위를 취득하다
(능력의) 달인 = 능통자, 숙련자, 정복자, 마스터	그는 9개 국어를 구사할 수 있는 언어의 **master**이다
(학습 등의) 달인이 되다 = (학습 등을) 정복하다, 마스터하다	천재 소녀는 수학의 **master**
(언어 등의) 달인이 되다 = (외국어 등을) 마스터하다, 정복하다	독학으로 일본어의 **master**
(기술, 예술 등의) 달인이 되다 = 터득하다, 마스터하다	자연스럽게 고음 내는 방법의 **master**
(기술, 예술 등의) 달인이 되다 = 숙달하다, 통달하다	코치의 지도로 타격 기술의 **master**
(기술, 예술 등의) 달인이 되다 = 완전히 익히다	깊고 진한 국물 맛 내는 비법의 **master**
(감정 통제의) 달인이 되다 = 다스리다, 참다, 억제하다	그는 화가 났지만 화의 **master**
(사람, 동물의) 달인이 되다 = 길들이다, 굴복시키다, 정복하다	날뛰는 야생마의 **master**

hot [하앝] [핫]

뜨거운

(물, 기름 등의 온도가) 뜨거운	**hot** 물을 보온병에 넣다
(날씨, 기온, 공기 등이) 뜨거운 = 더운	**hot** 날에 시원한 계곡으로 피서를 가다
(요리, 커피 등이) 뜨거운 = 뜨끈한, 따뜻한, 따끈한, 갓 만든	아침에 **hot** 된장찌개를 준비하다
(맛이) 뜨거운 = 매운, 얼얼한, 자극하는, 톡 쏘는	그는 **hot** 카레를 잘 먹는다
(뉴스가) 뜨거운 = 따끈따끈한, 최신의, 방금 나온, 새로운, 핫한	톱스타가 결혼한다는 **hot** 뉴스가 올라오다
(영화, 장소, 상품 등이) 뜨거운 = 인기 있는, 잘 팔리는, 핫한	요즘 가장 **hot** 드라마를 챙겨 보다
(주제, 문제 등이) 뜨거운 = 논란의 소지가 많은, 인기 있는, 핫한	정치 이야기는 **hot** 주제이다
(감기몸살 등으로 몸이) 뜨거운 = 열이 있는, 화끈거리는	몸살로 **hot** 이마에 물수건을 올리다
(토론, 논의 등이) 뜨거운 = 열띤, 치열한	군대 모병제 전환에 대해 **hot** 토론을 하다
(경쟁 등이) 뜨거운 = 치열한, 격렬한, 맹렬한	자동차를 제조하는 회사들이 **hot** 경쟁을 벌이다
(전투 등이) 뜨거운 = 격렬한, 맹렬한, 치열한	나라를 지키기 위해 **hot** 전투를 벌이다
(기질, 감정 등이) 뜨거운 = 불같은, 격한, 성난, 흥분한	그 사람은 **hot** 성질이고 화를 잘 낸다
(활동, 감정 등이) 뜨거운 = 불타는, 화끈한, 열광적인	**hot** 신혼 첫날밤을 보내다
(성적 매력이) 뜨거운 = 섹시한, 성적 매력이 있는	그 배우는 {**hot** 이다}
(색, 냄새, 재즈 리듬 등이) 뜨거운 = 강렬한, 자극적인, 선명한	그녀는 **hot** 핑크 티셔츠를 입고 있다

달인이 하인에게 지시를 내리다	**주인**이 하인에게 지시를 내리다
어린이는 내일의 **달인**이다	어린이는 내일의 **주인공**이다
그는 이 학교의 수학 **달인**이다	그는 이 학교의 수학 **선생**이다
달인 밑에서 도자기 빚는 기술을 배우다	**스승** 밑에서 도자기 빚는 기술을 배우다
그는 클래식 음악계의 **달인**으로 불린다	그는 클래식 음악계의 **거장**으로 불린다
한식의 **달인**답게 그녀의 음식맛은 일품이다	한식의 **명인**답게 그녀의 음식맛은 일품이다
그녀는 하버드 대학교에서 **달인** 학위를 취득하다	그녀는 하버드 대학교에서 **석사** 학위를 취득하다
그는 9개 국어를 구사할 수 있는 언어의 **달인**이다	그는 9개 국어를 구사할 수 있는 언어의 **능통자**이다
천재 소녀는 수학의 **달인이 되다**	천재 소녀는 수학을 **정복하다**
독학으로 일본어의 **달인이 되다**	독학으로 일본어를 **마스터하다**
자연스럽게 고음 내는 방법의 **달인이 되다**	자연스럽게 고음 내는 방법을 **터득하다**
코치의 지도로 타격 기술의 **달인이 되다**	코치의 지도로 타격 기술에 **숙달하다**
깊고 진한 국물 맛 내는 비법의 **달인이 되다**	깊고 진한 국물 맛 내는 비법을 **완전히 익히다**
그는 화가 났지만 화의 **달인이 되다**	그는 화가 났지만 화를 **다스리다**
날뛰는 야생마의 **달인이 되다**	날뛰는 야생마를 **길들이다**

뜨거운 물을 보온병에 넣다	**뜨거운** 물을 보온병에 넣다
뜨거운 날에 시원한 계곡으로 피서를 가다	**더운** 날에 시원한 계곡으로 피서를 가다
아침에 **뜨거운** 된장찌개를 준비하다	아침에 **뜨끈한** 된장찌개를 준비하다
그는 **뜨거운** 카레를 잘 먹는다	그는 **매운** 카레를 잘 먹는다
톱스타가 결혼한다는 **뜨거운** 뉴스가 올라오다	톱스타가 결혼한다는 **따끈따끈한** 뉴스가 올라오다
요즘 가장 **뜨거운** 드라마를 챙겨 보다	요즘 가장 **인기 있는** 드라마를 챙겨 보다
정치 이야기는 **뜨거운** 주제이다	정치 이야기는 **논란의 소지가 많은** 주제이다
몸살로 **뜨거운** 이마에 물수건을 올리다	몸살로 **열이 있는** 이마에 물수건을 올리다
군대 모병제 전환에 대해 **뜨거운** 토론을 하다	군대 모병제 전환에 대해 **열띤** 토론을 하다
자동차를 제조하는 회사들이 **뜨거운** 경쟁을 벌이다	자동차를 제조하는 회사들이 **치열한** 경쟁을 벌이다
나라를 지키기 위해 **뜨거운** 전투를 벌이다	나라를 지키기 위해 **격렬한** 전투를 벌이다
그 사람은 **뜨거운** 성질이고 화를 잘 낸다	그 사람은 **불같은** 성질이고 화를 잘 낸다
뜨거운 신혼 첫날밤을 보내다	**불타는** 신혼 첫날밤을 보내다
그 배우는 {**뜨거운** 이다}	그 배우는 {**섹시한** 이다} (섹시하다)
그녀는 **뜨거운** 핑크 티셔츠를 입고 있다	그녀는 **강렬한** 핑크 티셔츠를 입고 있다

figure [삐규얼] [피겨] [피규어]

형상화하다 / 형상화된 것

(생각을) 형상화하다 = ~라고 생각하다	그의 얼굴을 보고 무슨 걱정이 있다고 **figure**
(생각을) 형상화하다 = ~라고 생각하다	건강이 최우선이라고 **figure**
(생각을) 형상화하다 = 여기다, 간주하다	그녀가 아나운서의 꿈을 가지고 있다고 **figure**
(판단을) 형상화하다 = 판단하다, 예상하다	지금이 주식 투자의 적기라고 **figure**
(노력을 해서 방법을) 형상화하다 = 알아내다 (out), 찾아내다	프로그램 사용 방법을 **figure** out
(애를 써서 이유를) 형상화하다 = 알아내다 (out), 찾아내다	여자친구가 왜 화났는지 **figure** out
(문제점의 원인을) 형상화하다 = 찾아내다 (out), 알아내다	기계가 왜 작동을 멈추었는지 **figure** out
(장소, 위치를) 형상화하다 = 찾아내다 (out), 알아내다	수리점이 어디에 있는지 **figure** out
(문제점의 해결을) 형상화하다 = 해결하다 (out), 풀다	컴퓨터의 인터넷이 안 되는 문제를 **figure** out
(문제의 답을 어렵게) 형상화하다 = 풀어내다 (out), 밝혀내다	난해한 문제를 수학적으로 **figure** out
(머리를 써서) 형상화하다 = 이해하다 (out)	어려운 책의 내용을 **figure** out
(알아낸 것을 수, 숫자로) 형상화하다 = 계산하다 (up), 알아내다	추첨에 당첨될 확률을 **figure** up
(알아낸 것을 수, 숫자로) 형상화하다 = 계산하다 (up), 알아내다	시공업체가 공사비 총액을 **figure** up
(알아낸 것을 수, 숫자로) 형상화하다 = 견적 내다 (up), 어림하다	인테리어 공사 비용을 **figure** up
(겉으로) 형상화하다 = 나타내다, 표현하다	자유의 여신상은 아메리칸드림을 **figure**
(중요 인물로) 형상화된 것 = 인물, 명사, 거물	그는 한국 근대사에서 중요한 **figure**이다
(이목을 끄는 인물로) 형상화된 것 = 인물, 유명 인사	그녀는 최근 가장 사랑받는 **figure** 중 한 사람이다
(인형으로) 형상화된 것 = (조각, 그림 등의) 인물상, 피규어, 피겨	영화 캐릭터 **figure**을 수집하다
(인형으로) 형상화된 것 = (조각, 그림 등의) 피규어, 피겨, 인물상	그는 좋아하는 연예인의 **figure**을 직접 만들었다
(외모로) 형상화된 것 = (여성의 매력적인) 몸매	그녀는 날씬한 **figure**을 유지하고 있다
(멀리 보이는 사람이) 형상화된 것 = 사람의 모습, 사람, 모습	산 정상에 올라선 **figure**이 보이다
(흐릿하게) 형상화된 것 = (흐릿한) 사람의 모습, 사람, 모습	어두워서 **figure**이 잘 보이지 않다
(눈에 보이게) 형상화된 것 = 모습, 모양	천사가 날개 달린 아기의 **figure**로 나타나다
(눈에 보이게) 형상화된 것 = 형상, 형태	유니콘의 **figure**을 조각하다
(이해를 돕도록 그림으로) 형상화된 것 = 도표 (그림표), 도해	10년간의 인구수 변화에 대한 **figure**을 만들다
(이해를 돕도록 그림으로) 형상화된 것 = 삽화 (끼워 넣은 그림)	책에는 이해를 돕는 **figure**들이 많이 있다
(이해를 돕도록 그림으로) 형상화된 것 = (설명을 돕는) 그림	"자세한 내용은 **figure**을 참조하세요"
(그림 형태로) 형상화된 것 = 도형	공책에 평면 **figure**을 그리다
(춤 형태로) 형상화된 것 = 피겨 (형상을 그리며 타는 스케이트)	그녀가 **figure** 스케이팅에서 1등을 차지하다
(값을 숫자로) 형상화된 것 = 계산 (figures), 산수	그녀는 **figure**s이 빠르고 정확하다
(세는 것을) 형상화된 것 = 수	그는 이번 시즌에 두 자리 **figure**의 득점을 하다
(수를) 형상화된 것 = (아라비아) 숫자 (수를 나타내는 글자)	**figure** 0부터 9까지 쓰다
(수를) 형상화된 것 = (자료의) 수치	4분기 실업률 **figure**을 살펴보다
(추상적인 것이 보이는 것으로) 형상화된 것 = 상징, 표상	비둘기는 평화의 **figure**이다

그의 얼굴을 보고 무슨 걱정이 있다고 **형상화하다**	그의 얼굴을 보고 무슨 걱정이 있다고 **생각하다**
건강이 최우선이라고 **형상화하다**	건강이 최우선이라고 **생각하다**
그녀가 아나운서의 꿈을 가지고 있다고 **형상화하다**	그녀가 아나운서의 꿈을 가지고 있다고 **여기다**
지금이 주식 투자의 적기라고 **형상화하다**	지금이 주식 투자의 적기라고 **판단하다**
프로그램 사용 방법을 **형상화하다**	프로그램 사용 방법을 **알아내다**
여자친구가 왜 화났는지 **형상화하다**	여자친구가 왜 화났는지 **알아내다**
기계가 왜 작동을 멈추었는지 **형상화하다**	기계가 왜 작동을 멈추었는지 **찾아내다**
수리점이 어디에 있는지 **형상화하다**	수리점이 어디에 있는지 **찾아내다**
컴퓨터의 인터넷이 안 되는 문제를 **형상화하다**	컴퓨터의 인터넷이 안 되는 문제를 **해결하다**
난해한 문제를 수학적으로 **형상화하다**	난해한 문제를 수학적으로 **풀어내다**
어려운 책의 내용을 **형상화하다**	어려운 책의 내용을 **이해하다**
추첨에 당첨될 확률을 **형상화하다**	추첨에 당첨될 확률을 **계산하다**
시공업체가 공사비 총액을 **형상화하다**	시공업체가 공사비 총액을 **계산하다**
인테리어 공사 비용을 **형상화하다**	인테리어 공사 비용을 **견적 내다**
자유의 여신상은 아메리칸드림을 **형상화하다**	자유의 여신상은 아메리칸드림을 **나타내다**
그는 한국 근대사에서 중요하게 **형상화된 것이다**	그는 한국 근대사에서 중요한 **인물**이다
그녀는 최근 가장 사랑받는 **형상화된 것** 중 한 사람이다	그녀는 최근 가장 사랑받는 **인물** 중 한 사람이다
영화 캐릭터 **형상화된 것을** 수집하다	영화 캐릭터 **인물상**을 수집하다
그는 좋아하는 연예인의 **형상화된 것을** 직접 만들었다	그는 좋아하는 연예인의 **피규어**를 직접 만들었다
그녀는 날씬하게 **형상화된 것을** 유지하고 있다	그녀는 날씬한 **몸매**를 유지하고 있다
산 정상에 올라선 **형상화된 것이** 보이다	산 정상에 올라선 **사람의 모습**이 보이다
어두워서 **형상화된 것이** 잘 보이지 않다	어두워서 **사람의 모습**이 잘 보이지 않다
천사가 날개 달린 아기의 **형상화된 것으로** 나타나다	천사가 날개 달린 아기의 **모습**으로 나타나다
유니콘의 **형상화된 것을** 조각하다	유니콘의 **형상**을 조각하다
10년간의 인구수 변화에 대한 **형상화된 것을** 만들다	10년간의 인구수 변화에 대한 **도표**를 만들다
책에는 이해를 돕는 **형상화된 것들이** 많이 있다	책에는 이해를 돕는 **삽화**들이 많이 있다
"자세한 내용은 **형상화된 것을** 참조하세요"	"자세한 내용은 **그림**을 참조하세요"
공책에 평면 **형상화된 것을** 그리다	공책에 평면 **도형**을 그리다
그녀가 **형상화된 것의** 스케이팅에서 1등을 차지하다	그녀가 **피겨** 스케이팅에서 1등을 차지하다
그녀는 **형상화된 것이** 빠르고 정확하다	그녀는 **계산**이 빠르고 정확하다
그는 이번 시즌에 두 자리 **형상화된 것의** 득점을 하다	그는 이번 시즌에 두 자릿**수** 득점을 하다
형상화된 것 0부터 9까지 쓰다	**숫자** 0부터 9까지 쓰다
4분기 실업률 **형상화된 것을** 살펴보다	4분기 실업률 **수치**를 살펴보다
비둘기는 평화가 **형상화된 것이다**	비둘기는 평화의 **상징**이다

turn  [@퉌~] [턴] @혀를 말고 발음

돌다 / 돌리다 / 도는 것

(축으로 하여) 돌다 = 회전하다 (around)	달이 지구를 **turn** around
(나이를 먹어 다른 나이로) 돌다 = 되다	아들은 17살을 **turn**
(음식이 다른 성질로) 돌다 = (어떤 상태로) 되다, 바뀌다, 변하다	음식이 시큼하게 **turn**
(어떤 색이 다른 색상으로) 돌다 = 되다, 바뀌다, 변하다	머리가 회색으로 **turn**
(어떤 색이 다른 색상으로) 돌다 = 되다, 바뀌다, 변하다	나뭇잎이 빨갛게 **turn**
(어떤 색이 다른 색상으로) 돌다 = 바뀌다, 되다	신호등이 녹색으로 **turn**
(비전문가에서 전문가로) 돌다 = 되다, 바뀌다	초보 요리사가 3년 만에 양식 요리의 전문가로 **turn**
(날씨가 다른 성질로) 돌다 = (날씨가) 바뀌다, 되다	날씨가 춥게 **turn**
(날이 다른 밝기로) 돌다 = (날이) 바뀌다, 되다	날이 어둡게 **turn**
(다른 성질로) 돌다 = 변하다 (into), 바뀌다	그 여자가 마녀로 **turn** into
(다른 외관으로) 돌다 = 변하다 (into), 바뀌다	애벌레가 나비로 **turn** into
(발길을) 돌리다 (away, around)	발길을 **turn** away
(몸을 반 바퀴나 한 바퀴 등 제자리나 주위를 따라) 돌리다 (around)	모델이 무대 맨 앞까지 워킹하더니 몸을 **turn** around
(얼굴, 시선 등을) 돌리다 (around)	그가 그녀 쪽으로 얼굴을 **turn**
(고개, 머리 등을) 돌리다 (around)	기침이 나서 고개를 **turn**
(핸들, 방향을) 돌리다 = (핸들, 방향을) 틀다	자동차 핸들을 오른쪽으로 **turn**
(TV, 라디오 등의 채널 버튼을) 돌리다	채널을 9번으로 **turn**
(스위치를 켜지게) 돌리다 = (전자 제품, 불 등을) 켜다 (on)	거실의 불을 **turn** on
(스위치를 꺼지게) 돌리다 = (전자 제품, 불 등을) 끄다 (off)	컴퓨터를 **turn** off
(수도꼭지, 가스 밸브를 공급되게) 돌리다 = 틀다 (on), 잠그다 (off)	수돗물을 **turn** on
(수도꼭지, 가스 밸브를 차단되게) 돌리다 = 잠그다 (off), 틀다 (on)	가스 밸브를 **turn** off
(볼륨 버튼을) 돌리다 = (볼륨을) 올리다 (up), 내리다 (down)	볼륨을 **turn** up
(열쇠, 문, 뚜껑, 마개 등을) 돌리다	열쇠를 시계 방향으로 **turn**
(옷을 뒤집어) 돌리다 = (옷을) 뒤집다	바지를 세탁하려고 **turn**
(책의 페이지를) 돌리다 = (페이지를) 넘기다	책 페이지를 **turn**
(오래된 것을 새것으로) 돌리다 = 바꾸다 (into)	오래된 가게를 편의점으로 **turn** into
(기존의 것을 다른 것으로) 돌리다 = 바꾸다 (into), 전환하다	가구 만드는 취미를 직업으로 **turn** into
(주의, 관심 등을) 돌리다	배우인 그가 감독의 길로 관심을 **turn**
(화제, 주제 등을) 돌리다 = 전환하다, 바꾸다	그에게 곤란한 이야기가 나오자 화제를 **turn**
(문제 해결을 어떤 대상에게) 돌리다 = 의지하다 (to), 의존하다	그는 스트레스가 쌓일 때 음악에 **turn** to
(다른 성질로) 돌리다 = (바꿔서) 만들다 (into), 바꾸다	우유를 치즈로 **turn** into
(다른 형태로) 돌리다 = 바꾸다 (into), (바꿔서) 만들다	긴바지를 반바지로 **turn** into
(순서가 바뀌어서) 도는 것 = 차례, 순번, 기회	가게 앞에서 15분을 기다리자 우리 **turn**이 오다
(나아갈 방향을 바꿔서) 도는 것 = 방향 전환, 변화	잘못된 **turn**으로 길을 헤매다

달이 지구 주위를 **돌다**	달이 지구를 **회전하다**
아들은 17살을 **돌다**	아들은 17살이 **되다**
음식이 시큼하게 **돌다**	음식이 시큼하게 **되다** (상하다)
머리가 회색으로 **돌다**	머리가 회색으로 **되다** (세다)
나뭇잎이 빨갛게 **돌다**	나뭇잎이 빨갛게 **되다** (물들다)
신호등이 녹색으로 **돌다**	신호등이 녹색으로 **바뀌다**
초보 요리사가 3년 만에 양식 요리의 전문가로 **돌다**	초보 요리사가 3년 만에 양식 요리의 전문가가 **되다**
날씨가 춥게 **돌다**	날씨가 춥게 **바뀌다**
날이 어둡게 **돌다**	날이 어둡게 **바뀌다**
그 여자가 마녀로 **돌다**	그 여자가 마녀로 **변하다**
애벌레가 나비로 **돌다**	애벌레가 나비로 **변하다**
발길을 **돌리다**	발길을 **돌리다**
모델이 무대 맨 앞까지 워킹하더니 몸을 **돌리다**	모델이 무대 맨 앞까지 워킹하더니 몸을 **돌리다**
그가 그녀 쪽으로 얼굴을 **돌리다**	그가 그녀 쪽으로 얼굴을 **돌리다**
기침이 나서 고개를 **돌리다**	기침이 나서 고개를 **돌리다**
자동차 핸들을 오른쪽으로 **돌리다**	자동차 핸들을 오른쪽으로 **틀다**
채널을 9번으로 **돌리다**	채널을 9번으로 **돌리다**
거실의 불을 (전원이) 연결되게 **돌리다**	거실의 불을 **켜다**
컴퓨터를 (전원이) 떨어지게 **돌리다**	컴퓨터를 **끄다**
수돗물을 (공급이) 연결되게 **돌리다**	수돗물을 **틀다**
가스 밸브를 (공급이) 떨어지게 **돌리다**	가스 밸브를 **잠그다**
볼륨을 위로 **돌리다**	볼륨을 **올리다**
열쇠를 시계 방향으로 **돌리다**	열쇠를 시계 방향으로 **돌리다**
바지를 세탁하려고 **돌리다**	바지를 세탁하려고 **뒤집다**
책 페이지를 **돌리다**	책 페이지를 **넘기다**
오래된 가게를 편의점으로 **돌리다**	오래된 가게를 편의점으로 **바꾸다**
가구 만드는 취미를 직업으로 **돌리다**	가구 만드는 취미를 직업으로 **바꾸다**
배우인 그가 감독의 길로 관심을 **돌리다**	배우인 그가 감독의 길로 관심을 **돌리다**
그에게 곤란한 이야기가 나오자 화제를 **돌리다**	그에게 곤란한 이야기가 나오자 화제를 **전환하다**
그는 스트레스가 쌓일 때 음악에 **돌리다**	그는 스트레스가 쌓일 때 음악에 **의지하다**
우유를 치즈로 **돌리다**	우유를 치즈로 **만들다** (가공하다)
긴바지를 반바지로 **돌리다**	긴바지를 반바지로 **바꾸다**
가게 앞에서 15분을 기다리자 우리 **도는 것이** 오다	가게 앞에서 15분을 기다리자 우리 **차례가** 오다
잘못된 **도는 것으로** 길을 헤매다	잘못된 **방향 전환으로** 길을 헤매다

play [플레이] [플레이]

놀다 / 놀리다 / 놀이 / 놀리는 것

(어린이들이 즐겁게) 놀다	어린이들이 놀이터에서 **play**
(아이, 동물이) 놀다 = 장난하다, 장난치다	새끼 고양이가 생선 인형을 가지고 **play**
(역할을 정해) 놀다 = (역할, 흉내) 놀이를 하다	아이들이 영웅과 악당을 정해 **play**
(어떤 대처로 연기하듯) 놀다 = ~인 척하다, 연기하다, 처신하다	공부하기 싫어서 아픔으로 **play**
(연극이 무대에서) 놀다 = 공연되다, 상연되다	'햄릿'이 아트 센터에서 **play**
(극 중 배역으로) 놀다 = 연기하다, 출연하다, (역할을 맡아) 하다	그는 이번 영화에서 장군으로 **play**
(곡, 악기가) 놀다 = 연주되다	피아노가 **play**
(곡, 악기가) 놀다 = 연주되다	콘서트홀에서 베토벤의 '월광 소나타'가 **play**
(재생기에서 노래, 음악이) 놀다 = 나오다, 흐르다, 재생되다	라디오에서 노래가 **play**
(영상, 영화가) 놀다 = 재생되다, 나오다, 상연되다, 플레이되다	대형 화면으로 영상이 **play**
(육체적 사랑으로) 놀다 = (성인 남녀가) 관계하다	사랑하는 연인과 **play**
(경기, 스포츠가) 놀다 = (경기가) 펼쳐지다, 경기가 진행되다	축구장에서 축구가 **play**
(소꿉놀이, 숨바꼭질 등을) 놀리다 = (놀이를) 하다	아이들이 소꿉놀이를 **play**
(극 중 배역을) 놀리다 = 연기하다, (배역을 맡아) 하다, 출연하다	그가 드라마에서 주인공 역을 **play**
(연극을 무대에서) 놀리다 = 공연하다, 상연하다	아트 센터에서 '돈키호테'를 **play**
(경기, 스포츠를) 놀리다 = (야구, 축구, 농구 등을) 하다	운동장에서 축구를 **play**
(경기, 스포츠를) 놀리다 = (야구, 축구, 농구 등을) 하다	야구를 **play**
(경기, 스포츠를) 놀리다 = (골프, 테니스, 당구 등을) 치다, 하다	동료들과 골프를 **play**
(게임을) 놀리다 = (게임을) 하다	컴퓨터 게임을 **play**
(체스를) 놀리다 = (체스, 장기, 바둑을) 두다, 하다	체스를 **play**
(카드를) 놀리다 = (카드를) 하다, (화투를) 치다	카드를 **play**
(악기를) 놀리다 = 연주하다, (피아노, 기타, 드럼을) 치다	피아노를 **play**
(악기를) 놀리다 = (현악기를) 켜다, (관악기를) 불다, 연주하다	바이올린을 **play**
(음악, 음원을) 놀리다 = (재생기로) 틀다, 재생하다, 들려주다	스마트폰으로 음악을 **play**
(속임수, 수법 등을) 놀리다 = 쓰다, (사기를) 치다	그가 투자자들에게 달콤한 속임수를 **play**
(농담, 장난을) 놀리다 = (농담을) 하다, (장난을) 치다	친구에게 농담을 **play**
(어떤 대처를 연기하듯) 놀리다 = ~인 척하다, 연기하다, 처신하다	곰이 나타나자 죽음을 **play**
(팀, 가정 등에서 맡은 역할을) 놀리다 = (역할을) 맡다, 하다	그가 우리 팀에서 골키퍼를 **play**
(직장, 업무 등에서 맡은 역할을) 놀리다 = (역할을) 하다, 맡다	그녀가 새로운 프로젝트에서 중요한 역할을 **play**
(효과로 맡은 역할을) 놀리다 = (역할을) 하다, 맡다	비타민은 우리 몸에 중요한 역할을 **play**
(일반적인) 놀이	아이들은 **play**를 통해 사회성을 배운다
(연기를 통한) 놀이 = 연극, 극	소규모로 하는 **play**에 유명 배우가 출연하다
(대사, 지문, 해설로 연출자, 배우 등을) 놀리는 것 = 희곡, 각본	실화를 바탕으로 **play**를 쓰다
(경기에서) 놀리는 것 = 동작, 기량, 솜씨, 경기 방식, 플레이	공격수가 화려한 **play**를 보여주다

110

어린이들이 놀이터에서 **놀다**	어린이들이 놀이터에서 **놀다**
새끼 고양이가 생선 인형을 가지고 **놀다**	새끼 고양이가 생선 인형을 가지고 **장난하다**
아이들이 영웅과 악당을 정해 **놀다** (역할 놀이를 하다)	아이들이 영웅과 악당을 정해 **놀이를 하다**
공부하기 싫어서 아픔으로 **놀다** (처신 놀이를 하다)	공부하기 싫어서 아픈 **척하다** (아픔을 연기하다)
'햄릿'이 아트 센터에서 **놀다** (연극 놀이를 하다)	'햄릿'이 아트 센터에서 **공연되다**
그는 이번 영화에서 장군으로 **놀다** (연기 놀이를 하다)	그는 이번 영화에서 장군을 **연기하다** (연기하게 되다)
피아노가 **놀다** (연주 놀이를 하다)	피아노가 **연주되다**
콘서트홀에서 베토벤의 '월광 소나타'가 **놀다**	콘서트홀에서 베토벤의 '월광 소나타'가 **연주되다**
라디오에서 노래가 **놀다**	라디오에서 노래가 **나오다**
대형 화면으로 영상이 **놀다**	대형 화면으로 영상이 **재생되다**
사랑하는 연인과 **놀다**	사랑하는 연인과 **관계하다**
축구장에서 축구가 **놀다**	축구장에서 축구가 **펼쳐지다**
아이들이 소꿉놀이를 **놀리다** (놀게 하다)	아이들이 소꿉놀이를 **하다**
그가 드라마에서 주인공 역을 **놀리다** (놀게 하다)	그가 드라마에서 주인공 역을 **연기하다**
아트 센터에서 '돈키호테'를 **놀리다** (놀게 하다)	아트 센터에서 '돈키호테'를 **공연하다**
운동장에서 축구를 **놀리다** (놀게 하다)	운동장에서 축구를 **하다**
야구를 **놀리다** (놀게 하다)	야구를 **하다**
동료들과 골프를 **놀리다** (놀게 하다)	동료들과 골프를 **치다**
컴퓨터 게임을 **놀리다** (놀게 하다)	컴퓨터 게임을 **하다**
체스를 **놀리다** (놀게 하다)	체스를 **두다**
카드를 **놀리다** (놀게 하다)	카드를 **하다**
피아노를 **놀리다** (놀게 하다)	피아노를 **연주하다**
바이올린을 **놀리다** (놀게 하다)	바이올린을 **켜다**
스마트폰으로 음악을 **놀리다** (놀게 하다)	스마트폰으로 음악을 **틀다** (재생시키다)
그가 투자자들에게 달콤한 속임수를 **놀리다** (놀게 하다)	그가 투자자들에게 달콤한 속임수를 **쓰다**
친구에게 농담을 **놀리다** (놀게 하다)	친구에게 농담을 **하다**
곰이 나타나자 죽음을 **놀리다** (놀게 하다)	곰이 나타나자 죽은 **척하다** (죽음을 연기하다)
그가 우리 팀에서 골키퍼를 **놀리다** (놀게 하다)	그가 우리 팀에서 골키퍼를 **맡다**
그녀가 새로운 프로젝트에서 중요한 역할을 **놀리다**	그녀가 새로운 프로젝트에서 중요한 역할을 **하다**
비타민은 우리 몸에 중요한 역할을 **놀리다** (놀게 하다)	비타민은 우리 몸에 중요한 역할을 **하다**
아이들은 **놀이**를 통해 사회성을 배운다	아이들은 **놀이**를 통해 사회성을 배운다
소규모로 하는 **놀이**에 유명 배우가 출연하다	소규모로 하는 **연극**에 유명 배우가 출연하다
실화를 바탕으로 **놀리는 것**을 쓰다 (놀게 하는 것)	실화를 바탕으로 **희곡**을 쓰다
공격수가 화려하게 **놀리는 것**을 보여주다	공격수가 화려한 **동작**을 보여주다

wash [우와쉬] [워쉬]

씻다 / 씻기다

(때, 더러움 등을) 씻다	얼굴을 wash
(얼굴, 손, 발 등을) 씻다	식사하기 전에 손을 wash
(몸을) 씻다 (영국)	몸을 wash
(머리카락을) 씻다 = (머리를) 감다	아침저녁으로 머리를 wash
(옷, 의류 등을) 씻다 = 빨다, 빨래하다	청바지를 wash
(옷, 의류 등을) 씻다 = 세탁하다, 빨다	티셔츠를 wash
(신발, 모자 등을) 씻다 = 빨다, 세탁하다	운동화를 wash
(그릇, 설거짓거리를) 씻다 = 세척하다	그릇을 wash
(식재료를) 씻다 = 세척하다	쌀과 야채를 wash
(물건을) 씻다 = 세척하다, (물로) 닦다	에어컨 필터를 wash
(자동차를) 씻다 = 세척하다, (물로) 닦다	자동차를 wash
(화장, 페인트 등을) 씻다 = 씻어내다 (off), (물로) 닦다, 지우다	화장을 wash off
(종교적인 죄를) 씻다 = 씻어내다 (away), 깨끗이 하다, 없애다	죄를 wash away
(홍수가 집 등을) 씻다 = 쓸어내다 (away), 떠내려 보내다	홍수가 집과 자동차를 wash away
(빗물, 파도 등이 땅, 바위, 암석 등을) 씻다 = 침식하다	빗물이 땅을 wash
(아기, 동물 등을) 씻기다 = 씻어 주다	아기를 wash
(옷감이 물에) 씻기다 = (물로) 세탁할 수 있다	이 니트는 물로 wash
(파도 등의 물에) 씻기다 = 밀려오다, 밀려가다, 침식되다	파도에 쓰레기들이 wash
(빗물 등의 물에) 씻기다 = 쓸려가다, 쓸려오다, 침식되다	폭우에 다리가 wash

rank [뤠앵(크)] [랭크]

줄 서다 / 줄 세우다 / 줄

(순위, 등수에) 줄 서다 = 오르다, 차지하다, 랭크되다	자동차 판매량 세계 3위에 rank
(순위, 등수에) 줄 서다 = 오르다, 차지하다, 랭크되다	신곡을 발표하자마자 1위에 rank
(순위, 등수에) 줄 서다 = 차지하다, 오르다	전교 1등에 rank
(순위, 지위, 신분에) 줄 세우다 = 정하다, 매기다, 위치를 정하다	음반 판매 순위를 rank
(등급, 순위에) 줄 세우다 = 매기다, 정하다, 평가하다	이 가죽의 품질을 1등급에 rank
(평가, 분류에) 줄 세우다 = 평가하다, 매기다, 분류하다	그녀의 연기력을 높게 rank
(군인이 가로로 늘어선) 줄 = 횡렬, 가로 줄	군인들이 rank로 정렬하다
(사람, 사물이 가로로 늘어선) 줄 = 열, (체스판의) 가로 줄	객석의 맨 앞 rank에 앉다
(계급, 지위가 분류되어 늘어선) 줄 = 계급, 지위	그가 대령 rank을 달다
(서열이 분류되어 늘어선) 줄 = (상류) 계층, (높은) 신분, (높은) 지위	상류 rank의 사람들이 호텔에서 모임을 가지다
(실력이 나뉘어 늘어선) 줄 = 반열 (ranks), 높은 지위	피아노 연주로 거장의 ranks에 오르다

얼굴을 **씻다**	얼굴을 **씻다**
식사하기 전에 손을 **씻다**	식사하기 전에 손을 **씻다**
몸을 **씻다**	몸을 **씻다**
아침저녁으로 머리를 **씻다**	아침저녁으로 머리를 **감다**
청바지를 **씻다**	청바지를 **빨다**
티셔츠를 **씻다**	티셔츠를 **세탁하다**
운동화를 **씻다**	운동화를 **빨다**
그릇을 **씻다**	그릇을 **세척하다** (설거지하다)
쌀과 야채를 **씻다**	쌀과 야채를 **세척하다**
에어컨 필터를 **씻다**	에어컨 필터를 **세척하다**
자동차를 **씻다**	자동차를 **세척하다** (세차하다)
화장을 **씻다**	화장을 **씻어내다**
죄를 **씻다**	죄를 **씻어내다**
홍수가 집과 자동차를 **씻다**	홍수가 집과 자동차를 **쓸어내다**
빗물이 땅을 **씻다**	빗물이 땅을 **침식하다** (깎아 들어가다)
아기를 **씻기다**	아기를 **씻어 주다**
이 니트는 물로 **씻기다**	이 니트는 물로 **세탁할 수 있다**
파도에 쓰레기들이 **씻기다**	파도에 쓰레기들이 **밀려오다**
폭우에 다리가 **씻기다**	폭우에 다리가 **쓸려가다**

자동차 판매량 세계 3위에 **줄 서다**	자동차 판매량 세계 3위에 **오르다**
신곡을 발표하자마자 1위에 **줄 서다**	신곡을 발표하자마자 1위에 **오르다**
전교 1등에 **줄 서다**	전교 1등을 **차지하다**
음반 판매 순위를 **줄 세우다**	음반 판매 순위를 **정하다**
이 가죽의 품질을 1등급에 **줄 세우다**	이 가죽의 품질을 1등급으로 **매기다**
그녀의 연기력을 높게 **줄 세우다**	그녀의 연기력을 높게 **평가하다**
군인들이 **줄**로 정렬하다	군인들이 **횡렬**로 정렬하다
객석의 맨 앞 **줄**에 앉다	객석의 맨 앞 **열**에 앉다
그가 대령 **줄**을 달다	그가 대령 **계급**을 달다
상류 **줄**의 사람들이 호텔에서 모임을 가지다	상류 **계층**의 사람들이 호텔에서 모임을 가지다
피아노 연주로 거장의 **줄**에 오르다	피아노 연주로 거장의 **반열**에 오르다

reach [뤼^이취] [리취]

손을 뻗다 / 손 뻗기

(잡으려고) 손을 뻗다 = 팔을 뻗다, 손을 뻗어 잡다	그가 공을 잡으려고 **reach**
(잡으려고) 손을 뻗다 = 손을 뻗어 잡다, 손을 뻗어 닿다	전화가 울리자 핸드폰에 **reach**
(잡으려고) 손을 뻗다 = 손을 뻗어 잡다, 손을 뻗어 닿다	책장 위에 있는 카메라에 **reach**
(닿으려고) 손을 뻗다 = 손을 뻗어 닿다, 손을 뻗어 잡다	나무에 달린 열매에 **reach**
(장소, 목적지에) 손을 뻗다 = 도착하다, 닿다, 이르다	한국을 출발해 독일에 **reach**
(장소, 목적지에) 손을 뻗다 = 이르다, 도착하다, 닿다	산 정상에 **reach**
(어떤 위치에) 손을 뻗다 = 닿다, 이르다	해가 중천에 **reach**
(어떤 위치에) 손을 뻗다 = 닿다, 이르다	배가 해안에 **reach**
(바닥, 천장에) 손을 뻗다 = 닿다, 이르다	긴 드레스가 바닥에 **reach**
(건네주려고) 손을 뻗다 = 팔을 뻗다	수저를 건네주려고 동생에게 **reach**
(안으로) 손을 뻗다 = 손을 뻗어 넣다 (into)	볼펜을 찾으려고 가방 안에 **reach** into
(밖으로) 손을 뻗다 = 손을 내밀다 (out)	도움이 필요한 사람에게 **reach** out
(공간 밖으로) 손을 뻗다 = 손을 내밀다 (out)	주차증을 뽑으려고 **reach** out
(소문, 말이 귀에) 손을 뻗다 = 들어가다, 닿다, 미치다	항간에 떠도는 소문이 그녀의 귀에 **reach**
(목표, 계획에) 손을 뻗다 = 달성하다, 이르다, 닿다	원하던 목표에 **reach**
(청력, 시력 등이 목표에) 손을 뻗다 = 이르다, 닿다, 미치다	거실의 TV 소리가 방에 **reach**
(화살, 총알 등이 목표에) 손을 뻗다 = 명중하다, 이르다, 닿다	화살이 과녁에 **reach**
(영향력이) 손을 뻗다 = (영향력이) 미치다, 이르다, 닿다	그 가수의 인기는 전 연령층에 **reach**
(계획, 구상이) 손을 뻗다 = (계획, 구상이) 통하다, 먹히다	그들의 개그 코너가 관객들을 웃기는데 **reach**
(마음에) 손을 뻗다 = (마음을) 움직이다, 영향을 주다	그녀의 따스함이 그의 마음에 **reach**
(마음에) 손을 뻗다 = (마음을) 움직이다, 영향을 주다	배우들의 열정적인 무대가 관객의 마음에 **reach**
(수준이) 손을 뻗다 = 도달하다, 오르다, 이르다, 달하다	그녀의 피아노 연주 실력이 수준급에 **reach**
(나이에) 손을 뻗다 = 이르다, 닿다	그는 올해 은퇴할 나이에 **reach**
(정도에) 손을 뻗다 = 이르다, 닿다	입소문을 타고 영화가 천만 관객에 **reach**
(새로운 사업, 장사 등에) 손을 뻗다 = 추진하다, 확장하다, 시작하다	그 기업은 건설 사업에 **reach**
(새로운 시대, 지점에) 손을 뻗다 = 이르다, 닿다	새로운 산업 혁명 시대에 **reach**
(결론에) 손을 뻗다 = 이르다, 도달하다	사업 구상이 실현 가능하다는 결론에 **reach**
(합의, 타협에) 손을 뻗다 = 도달하다, 이르다	오랜 토론 끝에 그들은 합의에 **reach**
(한계에) 손을 뻗다 = 다다르다, 이르다	애인과 성격 차이로 참을 수 없는 지경에 **reach**
(연락에) 손을 뻗다 = (전화 등으로) 연락하다	저녁을 같이 먹으려고 언니에게 **reach**
(범위에) 손을 뻗다 = 달하다, 이르다, 닿다	가게의 한 달 수입이 1억에 **reach**
(범위에) 손을 뻗다 = 달하다, 이르다, 닿다	오늘 최저 기온이 영하 17도에 **reach**
(잡으려고) 손 뻗기 = 팔 뻗기, 리치 (손을 뻗어 닿는 거리)	선반에 놓인 그릇에 **reach**을 하다
(영향력, 범위의) 손 뻗기 = (손을 뻗어 미치는) 영향력, 범위	그녀는 작곡가로서 가수들에게 **reach**가 있다

114

그가 공을 잡으려고 손을 **뻗다**	그가 공을 잡으려고 팔을 **뻗다**
전화가 울리자 핸드폰에 손을 **뻗다**	전화가 울리자 핸드폰에 손을 **뻗어 잡다**
책장 위에 있는 카메라에 손을 **뻗다**	책장 위에 있는 카메라에 손을 **뻗어 잡다**
나무에 달린 열매에 손을 **뻗다**	나무에 달린 열매에 손을 **뻗어 닿다**
한국을 출발해 독일에 손을 **뻗다**	한국을 출발해 독일에 **도착하다**
산 정상에 손을 **뻗다**	산 정상에 **이르다** (오르다)
해가 중천에 손을 **뻗다**	해가 중천에 **닿다** (뜨다)
배가 해안에 손을 **뻗다**	배가 해안에 **닿다**
긴 드레스가 바닥에 손을 **뻗다**	긴 드레스가 바닥에 **닿다**
수저를 건네주려고 동생에게 손을 **뻗다**	수저를 건네주려고 동생에게 팔을 **뻗다**
볼펜을 찾으려고 가방 안에 손을 **뻗다**	볼펜을 찾으려고 가방 안에 손을 **뻗어 넣다**
도움이 필요한 사람에게 손을 **뻗다**	도움이 필요한 사람에게 손을 **내밀다**
주차증을 뽑으려고 밖으로 손을 **뻗다**	주차증을 뽑으려고 (차창 밖으로) 손을 **내밀다**
항간에 떠도는 소문이 그녀의 귀에 손을 **뻗다**	항간에 떠도는 소문이 그녀의 귀에 **들어가다**
원하던 목표에 손을 **뻗다**	원하던 목표를 **달성하다**
거실의 TV 소리가 방에 손을 **뻗다**	거실의 TV 소리가 방에 **이르다** (들리다)
화살이 과녁에 손을 **뻗다**	화살이 과녁에 **명중하다**
그 가수의 인기는 전 연령층에 손을 **뻗다**	그 가수의 인기는 전 연령층에 **미치다**
그들의 개그 코너가 관객들을 웃기는데 손을 **뻗다**	그들의 개그 코너가 관객들을 웃기는데 **통하다**
그녀의 따스함이 그의 마음에 손을 **뻗다**	그녀의 따스함이 그의 마음을 **움직이다**
배우들의 열정적인 무대가 관객의 마음에 손을 **뻗다**	배우들의 열정적인 무대가 관객의 마음을 **움직이다**
그녀의 피아노 연주 실력이 수준급에 손을 **뻗다**	그녀의 피아노 연주 실력이 수준급에 **도달하다**
그는 올해 은퇴할 나이에 손을 **뻗다**	그는 올해 은퇴할 나이에 **이르다**
입소문을 타고 영화가 천만 관객에 손을 **뻗다**	입소문을 타고 영화가 천만 관객에 **이르다**
그 기업은 건설 사업에 손을 **뻗다**	그 기업은 건설 사업을 **추진하다**
새로운 산업 혁명 시대에 손을 **뻗다**	새로운 산업 혁명 시대에 **이르다**
사업 구상이 실현 가능하다는 결론에 손을 **뻗다**	사업 구상이 실현 가능하다는 결론에 **이르다**
오랜 토론 끝에 그들은 합의에 손을 **뻗다**	오랜 토론 끝에 그들은 합의에 **도달하다**
애인과 성격 차이로 참을 수 없는 지경에 손을 **뻗다**	애인과 성격 차이로 참을 수 없는 지경에 **다다르다**
저녁을 같이 먹으려고 언니에게 손을 **뻗다**	저녁을 같이 먹으려고 언니에게 **연락하다**
가게의 한 달 수입이 1억에 손을 **뻗다**	가게의 한 달 수입이 1억에 **달하다**
오늘 최저 기온이 영하 17도에 손을 **뻗다**	오늘 최저 기온이 영하 17도에 **달하다**
선반에 놓인 그릇에 손 **뻗기**를 하다	선반에 놓인 그릇에 팔 **뻗기**를 하다
그녀는 작곡가로서 가수들에게 손 **뻗기**가 있다	그녀는 작곡가로서 가수들에게 **영향력**이 있다

sink [씨잉(크)] [싱크]

가라앉다 / 가라앉히다 / 가라앉히는 것

(물속으로) 가라앉다	돌멩이가 물속에 **sink**
(물속으로) 가라앉다 = 침몰하다	높은 파고에 뒤집어진 배가 **sink**
(진흙, 눈 속으로) 가라앉다 = 빠지다	조개 캐러 가다가 뻘밭에 **sink**
(피로, 쇠약 등으로) 가라앉다 = 주저앉다, 쓰러지다, 드러눕다	어지러워서 바닥에 **sink**
(바닥, 땅이) 가라앉다 = 내려앉다, 침하하다	건물이 노화되어 바닥이 **sink**
(해, 달이 수평선 아래로) 가라앉다 = 지다	해가 **sink**
(어떤 일에 열중하여) 가라앉다 = 빠지다, 열중하다	낚시하는 재미에 **sink**
(혼수상태, 잠 등에) 가라앉다 = 빠지다 (into)	혼수상태에 **sink**
(마음이) 가라앉다 = 착잡하다, 약해지다, 기운이 없어지다	그는 시험에 낙방하고 마음이 **sink**
(마음에) 가라앉다 = (마음에) 새겨지다, 스며들다	선배의 조언이 마음에 **sink**
(양, 수량, 가치가) 가라앉다 = 감소하다, 줄어들다	그 지역의 인구가 700명 대로 **sink**
(가치가) 가라앉다 = 내려가다, 줄어들다, 감소하다	달러의 가치가 **sink**
(물속으로) 가라앉히다 = 침몰시키다	포격으로 적의 배를 **sink**
(파멸, 절망 등으로) 가라앉히다 = 파멸시키다	도박이 그를 **sink**
(드러나지 않게) 가라앉히다 = 감추다, 은폐하다	뇌물 받은 사실을 **sink**
(자본, 돈을) 가라앉히다 = 묵혀두다, 투자하다	대부분의 재산을 부동산에 **sink**
(물을 담아 설거지를) 가라앉히는 것 = (부엌의) 싱크대, 개수대	**sink**에 설거짓거리가 가득하다
(물을 담아 손을) 가라앉히는 것 = 세면대 (미국)	**sink**에서 세수를 하다

dig [듸익] [딕]

파다

(땅, 밭, 무덤 등을) 파다, 파내다 (up)	나무를 심기 위해 땅을 **dig**
(구멍, 터널 등을) 파다 = 파내다 (up)	벽에 구멍을 **dig** up
(우물, 도랑, 함정 등을) 파다	우물을 **dig**
(찾기 위해 집안, 가방 등을) 파다 = 뒤지다, 헤집다	반지를 찾기 위해 집안을 **dig**
(공부 대상 등을) 파다 = 파고들다 (into), 깊이 공부하다, 캐다	농업 분야를 **dig** into
(연구 대상 등을) 파다 = 파고들다 (into), 탐구하다, 연구하다	인류의 기원에 대해 **dig** into
(진실, 사실 등을) 파다 = 파헤치다 (into), 파고들다, 캐내다 (out)	사건의 진실을 **dig** into
(비리, 비밀, 추억 등을) 파다 = 캐내다 (out), 찾아내다	경쟁 회사와 내통하는 그의 뒤를 **dig** out
(감자, 당근, 양파 등을) 파다 = 캐다 (up), 캐내다 (out)	밭에서 감자를 **dig** up
(조개 등을) 파다 = 캐다 (up), 캐내다 (out)	갯벌에서 조개를 **dig** up
(석탄, 광석 등을) 파다 = 캐다 (for, out), 채굴하다	탄광에서 석탄을 **dig** for
(음식을) 파다 = (음식을) 먹다 (in)	식기 전에 파스타를 **dig** in

돌멩이가 물속에 **가라앉다**	돌멩이가 물속에 **가라앉다**
높은 파도에 뒤집어진 배가 **가라앉다**	높은 파도에 뒤집어진 배가 **침몰하다**
조개 캐러 가다가 뻘밭에 **가라앉다**	조개 캐러 가다가 뻘밭에 **빠지다**
어지러워서 바닥에 **가라앉다**	어지러워서 바닥에 **주저앉다**
건물이 노화되어 바닥이 **가라앉다**	건물이 노화되어 바닥이 **내려앉다**
해가 **가라앉다**	해가 **지다**
낚시하는 재미에 **가라앉다**	낚시하는 재미에 **빠지다**
혼수상태에 **가라앉다**	혼수상태에 **빠지다**
그는 시험에 낙방하고 마음이 **가라앉다**	그는 시험에 낙방하고 마음이 **착잡하다**
선배의 조언이 마음에 **가라앉다**	선배의 조언이 마음에 **새겨지다**
그 지역의 인구가 700명 대로 **가라앉다**	그 지역의 인구가 700명 대로 **감소하다**
달러의 가치가 **가라앉다**	달러의 가치가 **내려가다**
포격으로 적의 배를 **가라앉히다**	포격으로 적의 배를 **침몰시키다**
도박이 그를 **가라앉히다**	도박이 그를 **파멸시키다**
뇌물 받은 사실을 **가라앉히다**	뇌물 받은 사실을 **감추다**
대부분의 재산을 부동산에 **가라앉히다**	대부분의 재산을 부동산에 **묵혀두다**
가라앉히는 것에 설거짓거리가 가득하다	**싱크대**에 설거짓거리가 가득하다
가라앉히는 것에서 세수를 하다	**세면대**에서 세수를 하다

나무를 심기 위해 땅을 **파다**	나무를 심기 위해 땅을 **파다**
벽에 구멍을 **파다**	벽에 구멍을 **파내다**
우물을 **파다**	우물을 **파다**
반지를 찾기 위해 집안을 **파다**	반지를 찾기 위해 집안을 **뒤지다**
농업 분야를 **파다**	농업 분야를 **파고들다**
인류의 기원에 대해 **파다**	인류의 기원에 대해 **파고들다**
사건의 진실을 **파다**	사건의 진실을 **파헤치다**
경쟁 회사와 내통하는 그의 뒤를 **파다**	경쟁 회사와 내통하는 그의 뒤를 **캐내다**
밭에서 감자를 **파다**	밭에서 감자를 **캐다**
갯벌에서 조개를 **파다**	갯벌에서 조개를 **캐다**
탄광에서 석탄을 **파다**	탄광에서 석탄을 **캐다**
식기 전에 파스타를 **파다**	식기 전에 파스타를 **먹다** (파먹다)

enter [엔터] [엔터]

들어가다 / 들어가게 하다

(문을 통해서 가게, 건물, 방, 공원 등에) 들어가다	식당에 **enter**
(연극배우가 무대에) 들어가다 = 입장하다	주인공이 무대에 **enter**
(나라에) 들어가다 = 입국하다	프랑스에 **enter**
(학교에) 들어가다 = 입학하다	대학교에 **enter**
(단체, 조직에) 들어가다 = 가입하다, 입회하다	건설 협회에 **enter**
(새로운 위치에 막) 들어가다 = 진입하다	신곡이 가요 순위 10위에 **enter**
(고속도로, 터널 등에 막) 들어가다 = 진입하다, 접어들다	버스가 고속도로에 **enter**
(새로운 시기에 막) 들어가다 = 접어들다, 진입하다	초고령화 사회에 **enter**
(어떤 시기에 막) 들어가다 = 접어들다, 진입하다	경제가 장기 침체 국면으로 **enter**
(갈등, 전쟁 등에 막) 들어가다 = 접어들다	의견 차이로 갈등에 **enter**
(새로운 곳에 막) 들어가다 = 진출하다, 진입하다	신제품으로 세계 시장에 **enter**
(새로운 분야, 직업에 막) 들어가다 = 진출하다, 되다, 시작하다	연예계에 **enter**
(생각이 머리에 막) 들어가다 = 떠오르다	좋은 생각이 머리에 **enter**
(대회, 경기, 시험에) 들어가다 = 참가하다, 출전하다, 응시하다	핫도그 빨리 먹기 대회에 **enter**
(총알, 가시 등이) 들어가다 = 박히다, 파고들다, 뚫고 나가다	총알이 자동차에 **enter**
(몸에) 들어가다	페트병을 통해 미세 플라스틱이 몸에 **enter**
(인터넷 사이트에) 들어가다	방송국 홈페이지에 **enter**
(쓰는 곳에 글이) 들어가게 하다 = 쓰다, 써넣다, 적다, 기입하다	명부에 참가자 이름을 **enter**
(컴퓨터, 스마트폰에 정보, 내용을) 들어가게 하다 = 입력하다	아이디와 비밀번호를 **enter**
(검색창에 검색어, 주소창에 주소를) 들어가게 하다 = 입력하다	검색창에 해물탕 맛집을 **enter**

charge [촤알쥐] [차쥐]

짐을 지우다 / 짐을 지다 / 짐 지우는 것

(배터리에 전기의) 짐을 지우다 = 충전하다	스마트폰에 **charge**
(사람에게 대금의) 짐을 지우다 = 청구하다	고객에게 인테리어 공사비의 **charge**
(사람에게 세금의) 짐을 지우다 = 부과하다	세금의 **charge**
(사람에게 일, 업무의) 짐을 지우다 = 맡기다	그에게 회계 업무의 **charge**
(죄를 저질렀다는 의심의) 짐을 지우다 = 기소하다, 고발하다	그를 살인죄의 **charge**
(어떤 일에 대한 비난의) 짐을 지우다 = 비난하다, 책망하다	그 사람의 부정행위에 대해 **charge**
(어떤 대상을 맡는) 짐을 지다 = 돌격하다, 돌진하다, 뛰어들다	적을 향해 **charge**
(배터리에 전기의) 짐 지우는 것 = 충전	**charge**가 다 되면 충전기에 녹색불이 들어온다
(어떤 일에 대한 의심, 비난의) 짐 지우는 것 = 혐의, 비난	그가 뇌물 수수 **charge**를 부인하다
(일, 업무에 대해) 짐 지우는 것 = 담당, 책임, 임무, 의무	그녀에게 의류 사업부 **charge**을 주다

식당에 **들어가다**	식당에 **들어가다**
주인공이 무대에 **들어가다**	주인공이 무대에 **입장하다**
프랑스에 **들어가다**	프랑스에 **입국하다**
대학교에 **들어가다**	대학교에 **입학하다**
건설 협회에 **들어가다**	건설 협회에 **가입하다**
신곡이 가요 순위 10위에 **들어가다**	신곡이 가요 순위 10위에 **진입하다**
버스가 고속도로에 **들어가다**	버스가 고속도로에 **진입하다**
초고령화 사회에 **들어가다**	초고령화 사회에 **접어들다**
경제가 장기 침체 국면으로 **들어가다**	경제가 장기 침체 국면으로 **접어들다**
의견 차이로 갈등에 **들어가다**	의견 차이로 갈등에 **접어들다**
신제품으로 세계 시장에 **들어가다**	신제품으로 세계 시장에 **진출하다**
연예계에 **들어가다**	연예계에 **진출하다**
좋은 생각이 머리에 **들어가다**	좋은 생각이 머리에 **떠오르다**
핫도그 빨리 먹기 대회에 **들어가다**	핫도그 빨리 먹기 대회에 **참가하다**
총알이 자동차에 **들어가다**	총알이 자동차에 **박히다**
페트병을 통해 미세 플라스틱이 몸에 **들어가다**	페트병을 통해 미세 플라스틱이 몸에 **들어가다**
방송국 홈페이지에 **들어가다**	방송국 홈페이지에 **들어가다**
명부에 참가자 이름을 **들어가게 하다**	명부에 참가자 이름을 **쓰다**
아이디와 비밀번호를 **들어가게 하다**	아이디와 비밀번호를 **입력하다**
검색창에 해물탕 맛집을 **들어가게 하다**	검색창에 해물탕 맛집을 **입력하다**

스마트폰에 **짐을 지우다**	스마트폰을 **충전하다**
고객에게 인테리어 공사비의 **짐을 지우다**	고객에게 인테리어 공사비를 **청구하다**
세금의 **짐을 지우다**	세금을 **부과하다**
그에게 회계 업무의 **짐을 지우다**	그에게 회계 업무를 **맡기다**
그를 살인죄의 **짐을 지우다**	그를 살인죄로 **기소하다**
그 사람의 부정행위에 대해 **짐을 지우다**	그 사람의 부정행위에 대해 **비난하다**
적진을 향해 **짐을 지다**	적진을 향해 **돌격하다**
짐 지우는 것이 다 되면 충전기에 녹색불이 들어온다	**충전**이 다 되면 충전기에 녹색불이 들어온다
그가 뇌물 수수로 **짐 지우는** 것을 부인하다	그가 뇌물 수수 **혐의**를 부인하다
그녀에게 의류 사업부로 **짐 지우는 것을 주다**	그녀에게 의류 사업부 **담당**을 주다

stand [스뙈안(드)] [스탠드]

서다 / 서 있다 / 서게 하다 / 서게 하는 것

(제자리에) 서다	사진을 찍기 위해 그녀가 벚나무 옆에 **stand**
(제자리에) 서다 = 서 있다	그가 창가에 **stand**
(제자리에서 보초를) 서다 = 서고 있다	경비병이 보초를 **stand**
(앉아 있다가) 서다 = 일어서다 (up), 일어나다, 기립하다	식사를 마치고 자리에서 **stand** up
(움직이다가) 서다 = 멈추어 서다, 멈추다, 정지하다	길을 잘못 든 것 같아 **stand**
(버스, 자동차 등이) 서다 = 멈추다, 정지하다	승객을 싣기 위해 버스가 **stand**
(기계, 시계 등이) 서다 = 멈추다, 사용되지 않고 있다	일감이 없어서 공장 기계들이 **stand**
(인내심을 가지고) 서다 = 견디다 (보통 부정문), 참다	그의 거짓말에 {**stand** 할 수 없다}
(참을성을 가지고) 서다 = 참다 (보통 부정문), 견디다	그녀는 매운 음식에 {**stand** 할 수 없다}
(선거 후보자로) 서다 = 출마하다 (영국), 입후보하다	그는 국회 의원에 **stand**
(재판장에) 서다 = (재판을) 받다	그가 절도죄로 재판에 **stand**
(머리카락이 쭈뼛) 서다 = 쭈뼛하다	날카로운 비명소리에 머리카락이 **stand**
(집, 건물, 도시 등이) 서 있다 = 세워져 있다, 놓여 있다	전망이 좋은 아파트가 강변에 **stand**
(나무, 가로수 등이) 서 있다 = 세워져 있다, 놓여 있다	도로 양옆에 가로수가 **stand**
(건축물이 상징으로) 서 있다 = 세워져 있다, 놓여 있다	서울역은 역사의 상징으로 **stand**
(어디로 가기 위해 기차, 버스 등이) 서 있다 = 대기하다	부산으로 가는 기차가 **stand**
(물건이) 서 있다 = 놓여 있다, 세워져 있다	책상 위에 전기스탠드가 **stand**
(물건이) 서 있다 = 놓여 있다, 위치해 있다	나무 아래에 벤치가 **stand**
(특정한 곳에 위치하여) 서 있다 = 위치해 있다, ~에 있다	무대 뒤에 백댄서들이 **stand**
(찬성이나 반대 입장에) 서 있다 = 입장이다, (어떤 입장에) 있다	그의 의견에 대해 그녀는 반대쪽에 **stand**
(미리 예상되는 자리에) 서 있다 = ~할 것 같다, 가져갈 것 같다	막강 전력으로 우리 팀이 우승에 **stand**
(멈춘 상태, 상황에) 서 있다 = (사용되지 않고) 있다	집이 1년 동안 빈 채로 **stand**
(유효 기한이 아직) 서 있다 = (아직) 남아 있다, 유효하다	그 회사의 스카우트 제안은 여전히 **stand**
(유효 기한이 아직) 서 있다 = (아직) 유효하다, 변함없다	개정된 법이 시행 전이라 그 법령은 아직 **stand**
(키, 탑, 나무 등이 어떤 높이에) 서 있다 = (높이가) ~이다	그는 키가 1m 80cm에 **stand**
(정도, 수준, 값 등이 어떤 값에) 서 있다 = (정도가) ~이다	정기 예금 금리가 4%에 **stand**
(물건을 어디에) 서게 하다 = (위치시켜) 세우다, 위치시키다	형광등 아래에 사다리를 **stand**
(물건을 어디에) 서게 하다 = (위치시켜) 세우다, 위치시키다	이순신 장군의 동상을 광장에 **stand**
(물건을 어디에) 서게 하다 = 세워 놓다, 세우다, 위치시키다	옷장 옆에 책장을 **stand**
(음식, 술을 사람 앞에) 서게 하다 = 사다, 한턱내다	친구들에게 저녁을 **stand**
(신념, 주장 등을) 서게 하다 = 지키다, 고수하다, 고집하다, 세우다	반대에도 불구하고 자신의 신념을 **stand**
(물건을 받쳐서) 서게 하는 것 (세우는 것) = 스탠드, ~대	마이크 **stand**를 무대에 놓다
(상품을 받쳐서) 서게 하는 것 (세우는 것) = 판매대, 가판대, 매점	**stand**에 상품을 진열하다
(관중을 받쳐서) 서게 하는 것 = (경기장의) 관중석 (stands), 스탠드	애국가 제창이 끝나자 관중들이 **stand**s에 앉다

사진을 찍기 위해 그녀가 벚나무 옆에 **서다**	사진을 찍기 위해 그녀가 벚나무 옆에 **서다**
그가 창가에 **서다**	그가 창가에 **서 있다**
경비병이 보초를 **서다**	경비병이 보초를 **서고 있다**
식사를 마치고 자리에서 **서다**	식사를 마치고 자리에서 **일어서다**
길을 잘못 든 것 같아 **서다**	길을 잘못 든 것 같아 **멈추어 서다**
승객을 싣기 위해 버스가 **서다**	승객을 싣기 위해 버스가 **멈추다**
일감이 없어서 공장 기계들이 **서다**	일감이 없어서 공장 기계들이 **멈추다**
그의 거짓말에 {**서다** 할 수 없다} (설 수 없다)	그의 거짓말을 {**견디다** 할 수 없다} (견딜 수 없다)
그녀는 매운 음식에 {**서다** 할 수 없다} (설 수 없다)	그녀는 매운 음식을 {**참다** 할 수 없다} (참을 수 없다)
그는 국회 의원에 **서다**	그는 국회 의원에 **출마하다**
그가 절도죄로 재판에 **서다**	그가 절도죄로 재판을 **받다**
날카로운 비명소리에 머리카락이 **서다**	날카로운 비명소리에 머리카락이 **쭈뼛하다**
전망이 좋은 아파트가 강변에 **서 있다**	전망이 좋은 아파트가 강변에 **세워져 있다**
도로 양옆에 가로수가 **서 있다**	도로 양옆에 가로수가 **세워져 있다**
서울역은 역사의 상징으로 **서 있다**	서울역은 역사의 상징으로 **세워져 있다**
부산으로 가는 기차가 **서 있다**	부산으로 가는 기차가 **대기하다**
책상 위에 전기스탠드가 **서 있다**	책상 위에 전기스탠드가 **놓여 있다**
나무 아래에 벤치가 **서 있다**	나무 아래에 벤치가 **놓여 있다**
무대 뒤에 백댄서들이 **서 있다**	무대 뒤에 백댄서들이 **위치해 있다**
그의 의견에 대해 그녀는 반대쪽에 **서 있다**	그의 의견에 대해 그녀는 반대쪽 **입장이다**
막강 전력으로 우리 팀이 우승에 **서 있다**	막강 전력으로 우리 팀이 우승을 **할 것 같다**
집이 1년 동안 빈 채로 **서 있다**	집이 1년 동안 빈 채로 **있다**
그 회사의 스카우트 제안은 여전히 **서 있다**	그 회사의 스카우트 제안은 여전히 **남아 있다**
개정된 법이 시행 전이라 그 법령은 아직 **서 있다**	개정된 법이 시행 전이라 그 법령은 아직 **유효하다**
그는 키가 1m 80cm에 **서 있다**	그는 키가 1m 80cm**이다**
정기 예금 금리가 4%에 **서 있다**	정기 예금 금리가 4%**이다**
형광등 아래에 사다리를 **서게 하다**	형광등 아래에 사다리를 **세우다**
이순신 장군의 동상을 광장에 **서게 하다**	이순신 장군의 동상을 광장에 **세우다**
옷장 옆에 책장을 **서게 하다** (세우다)	옷장 옆에 책장을 **세워 놓다**
친구들에게 저녁을 **서게 하다** (세우다)	친구들에게 저녁을 **사다** (쏘다)
반대에도 불구하고 자신의 신념을 **서게 하다** (세우다)	반대에도 불구하고 자신의 신념을 **지키다**
마이크 **서게 하는 것**을 무대에 놓다	마이크 **스탠드**를 무대에 놓다
서게 하는 것에 상품을 진열하다	**판매대**에 상품을 진열하다
애국가 제창이 끝나자 관중들이 **서게 하는 것**에 앉다	애국가 제창이 끝나자 관중들이 **관중석**에 앉다

come [커엄] [컴]

오다

(행사, 파티 등에 참석하러) 오다 = 참석하다	동창생들이 결혼식에 **come**
(장소, 목적지에) 오다 = 도착하다	수업을 마치고 집에 **come**
(버스, 기차 등이) 오다 = 도착하다	지금 막 버스가 **come**
(계절이) 오다 = 다가오다, 도래하다	따스한 봄이 **come**
(어떤 시기가) 오다, 도래하다	연말이 **come**
(어떤 시간, ~할 시간이) 오다	기차에서 내릴 시간이 **come**
(차례, 순서가) 오다	내 차례가 **come**
(순위, 순서로) 오다 = 들어오다 (in)	그녀가 첫 번째로 **come** in
(순위, 순서로) 오다	건강이 삶의 우선순위로 **come**
(돌아) 오다 = 돌아오다 (come back)	그가 여행에서 **come** back
(생각, 아이디어가) 오다 = 떠오르다 (to)	옛날 생각이 **come**
(생각, 아이디어가) 오다 = 생각해 내다 (up with), 떠올리다	기발한 홍보 아이디어가 **come** up with
(어느 지역, 어느 나라로부터) 오다 (from)	그들은 일본에서 **come** from
(어느 지역, 어느 나라로부터) 오다 = 출신이다 (from), 일원이다	그녀는 인도에서 **come** from
(어느 지역, 어느 나라로부터) 오다 = 들어오다 (from), 수입되다	이 가방은 이탈리아에서 **come** from
(어디로부터) 오다 = 나오다 (from), 물려받다	그녀의 재능은 어머니에게서 **come** from
(어디로부터) 오다 = 유래하다 (from), 나오다	'아르바이트' 용어는 독일어에서 **come** from
(기회 등이) 오다 = 생기다	파리 유학의 기회가 **come**
(과제, 임무 등이) 오다 = 부과되다	새로운 과제가 **come**
(일, 재앙 등이) 오다 = 일어나다, 들이닥치다	예상치 못한 일이 **come**
(아이가 태어나 세상에) 오다 = 태어나다, 탄생하다	예쁜 아기가 **come**
(걸어서, 뛰어서, 차 등으로) 오다	15분 거리를 걸어서 **come**
(서둘러서, 노래 부르며 등의 어떤 동작을 하며) 오다	서둘러서 **come**
(구하려고, 도와주러) 오다	사람들이 그를 구하러 **come**
(효력 등이 시작되어) 오다 = 시작되다 (into), 시행되다	새로운 제도의 효력이 **come** into
(상품이 어떤 종류로) 오다 = 나오다 (in)	이 운동화는 흰색, 검은색, 군청색으로 **come**
(특정하게 구성되어) 오다 = 나오다 (with)	햄버거는 콜라, 감자튀김과 **come**
(참으로, 진실로) 오다 = 이루어지다 (come true), 실현되다	내 집 마련의 꿈이 **come** true
(어떤 장소에서 밖으로) 오다 = ~에서 나오다 (out of)	방에서 **come** out of
(어떤 상황에서 밖으로) 오다 = ~에서 나오다 (out of)	절망의 터널에서 **come** out of
(어떤 나이가) 오다 = ~가 되다, ~해 지다	아들이 학교에 갈 나이가 **come**
(~하는 쪽으로) 오다 = ~하게 되다 (to), ~해 지다	내가 그녀를 사랑하는 (쪽으로) **come** to
(~하는 쪽으로) 오다 = ~하게 되다 (to), ~해 지다	그가 진실을 깨닫는 (쪽으로) **come** to
(~하는 쪽으로) 오다 = ~하게 되다 (to), ~해 지다	사장이 결정을 내리는 (쪽으로) **come** to

동창생들이 결혼식에 **오다**	동창생들이 결혼식에 **참석하다**
수업을 마치고 집에 **오다**	수업을 마치고 집에 **도착하다**
지금 막 버스가 **오다**	지금 막 버스가 **도착하다**
따스한 봄이 **오다**	따스한 봄이 **다가오다**
연말이 **오다**	연말이 **오다**
기차에서 내릴 시간이 **오다**	기차에서 내릴 시간이 **오다**
내 차례가 **오다**	내 차례가 **오다**
그녀가 첫 번째로 **오다**	그녀가 첫 번째로 **들어오다**
건강이 삶의 우선순위로 **오다**	건강이 삶의 우선순위로 **오다**
그가 여행에서 뒤로 **오다**	그가 여행에서 **돌아오다**
옛날 생각이 **오다**	옛날 생각이 **떠오르다**
기발한 홍보 아이디어가 (머리) 위로 **오다**	기발한 홍보 아이디어를 **생각해 내다**
그들은 일본에서 **오다**	그들은 일본에서 **오다**
그녀는 인도에서 **오다**	그녀는 인도 **출신이다**
이 가방은 이탈리아에서 **오다**	이 가방은 이탈리아에서 **들어오다**
그녀의 재능은 어머니에게서 **오다**	그녀의 재능은 어머니에게서 **나오다**
'아르바이트' 용어는 독일어에서 **오다**	'아르바이트' 용어는 독일어에서 **유래하다**
파리 유학의 기회가 **오다**	파리 유학의 기회가 **생기다**
새로운 과제가 **오다**	새로운 과제가 **부과되다**
예상치 못한 일이 **오다**	예상치 못한 일이 **일어나다**
예쁜 아기가 **오다**	예쁜 아기가 **태어나다**
15분 거리를 걸어서 **오다**	15분 거리를 걸어서 **오다**
서둘러서 **오다**	서둘러서 **오다**
사람들이 그를 구하러 **오다**	사람들이 그를 구하러 **오다**
새로운 제도의 효력이 **오다**	새로운 제도의 효력이 **시작되다**
이 운동화는 흰색, 검은색, 군청색으로 **오다**	이 운동화는 흰색, 검은색, 군청색으로 **나오다**
햄버거는 콜라, 감자튀김과 **오다**	햄버거는 콜라, 감자튀김과 **나오다**
내 집 마련의 꿈이 참으로 **오다**	내 집 마련의 꿈이 **이루어지다**
방에서 밖으로 **오다**	방에서 **나오다**
절망의 터널에서 밖으로 **오다**	절망의 터널에서 **나오다**
아들이 학교에 갈 나이가 **오다**	아들이 학교에 갈 나이가 **되다**
내가 그녀를 사랑하는 쪽으로 **오다**	내가 그녀를 사랑하게 **되다**
그가 진실을 깨닫는 쪽으로 **오다**	그가 진실을 깨닫게 **되다**
사장이 결정을 내리는 쪽으로 **오다**	사장이 결정을 내리게 **되다**

apply  [어플라이]

대다 / 대어지다

(어떤 작용을 위해 힘을 갖다) 대다 = 주다, 가하다, 누르다, 쓰다	병뚜껑을 열려고 힘을 **apply**
(어떤 작용을 위해 손, 발 등을 갖다) 대다 = 누르다, 가하다, 쓰다	자동차에 브레이크를 **apply**
(압력, 제재, 폭력 등을 갖다) 대다 = 가하다, 주다, 누르다, 쓰다	경쟁 국가에 경제적 압력을 **apply**
(로션, 스킨, 크림 등을 피부에 갖다) 대다 = 바르다	얼굴에 로션을 **apply**
(연고, 반창고, 파스 등을 상처에 갖다) 대다 = 붙이다	삔 발목에 파스를 **apply**
(페인트를 물건 표면에 갖다) 대다 = 칠하다, 바르다	페인트를 대문에 **apply**
(돈을 쓸 곳 어디에 갖다) 대다 = 충당하다, 사용하다, 쓰다	가진 돈을 컴퓨터 사는데 **apply**
(이력서, 지원서를 회사, 일자리 등에) 대다 = 지원하다 (to, for)	대기업에 **apply** to
(응시 원서를 대학, 학과 등에) 대다 = 응시하다 (for, to), 지원하다	국어 국문학과에 **apply** for
(신청서를 여권, 시민권 발급 등을 위해) 대다 = 신청하다 (for)	여권에 **apply** for
(신청서를 지급, 발급, 허가 등을 위해) 대다 = 신청하다 (for)	특허에 **apply** for
(신청서를 대출금, 장학금 등을 위해) 대다 = 신청하다 (for)	대출금에 **apply** for
(어떤 대상에 마음, 자신 등을 갖다) 대다 = 쏟다, 기울이다, 전념하다	새로운 메뉴 개발에 마음을 **apply**
(공식, 원리 등을 실제에 갖다) 대다 = 적용하다, 응용하다, 사용하다	방금 배운 공식을 이 문제에 **apply**
(이론, 기술 등을 실제에 갖다) 대다 = 적용하다, 응용하다, 이용하다	이론을 실제에 **apply**
(기존의 것을 다른 곳에 갖다) 대다 = 응용하다, 적용하다, 활용하다	이 기술을 다른 분야에 **apply**
(규칙, 법칙 등의 효력이) 대어지다 = 적용되다	모든 사람에게 동일한 규칙이 **apply**
(어떤 조건에서 효력, 자격 등이) 대어지다 = 적용되다	이 할인 쿠폰은 5월 한 달간 **apply**
(어떤 조건에서 효력, 자격 등이) 대어지다 = 해당되다, 적용되다	무료입장은 만 8세 미만 아동에게 **apply**

paper [페이퍼]

종이 / 종이의

(글을 쓰거나 그림을 그리는) 종이	**paper**에 그림을 그리다
종이 = ~지 (색지, 한지, 먹지, 원고지, 전지 등)	색 **paper**로 병아리를 접다
(뉴스, 기사가 실린) 종이 = 신문 (newspaper)	일간 **paper**을 구독하다
(학술적인 연구 내용 실린) 종이 = 논문, 페이퍼	연구팀이 발표한 **paper**에 세계가 주목하다
(글자가 기록된) 종이 = 문서 (papers), 기록	기밀 **paper**s를 금고에 보관하다
(글자가 기록된) 종이 = 서류 (papers), 증서	입양 신청에 필요한 **paper**s를 작성하다
(글자가 기록된) 종이 = 서류 (papers), 증서	주택 매매에 필요한 **paper**s를 준비하다
(벽에 붙이는) 종이 = 벽지 (wallpaper), 도배지	벽에 **paper**를 바르다
종이의 (재료) = 종이로 만든 (종이컵, 종이비행기 등)	**paper** 접시에 떡을 담다
종이의 (형식) = 서류상의, 명목상의, 장부상의	**paper** 정식 부부가 되다
종이의 (특성) = 종이 같은, 얇은, 찢어지기 쉬운, 약한	감자칩을 만들기 위해 감자를 **paper** 두께로 썰다

병뚜껑을 열려고 힘을 **대다** (갖다 대다)	병뚜껑을 열려고 힘을 **주다**
자동차에 브레이크를 **대다**	자동차의 브레이크를 **누르다** (밟다)
경쟁 국가에 경제적 압력을 **대다**	경쟁 국가에 경제적 압력을 **가하다**
얼굴에 로션을 **대다**	얼굴에 로션을 **바르다**
삔 발목에 파스를 **대다**	삔 발목에 파스를 **붙이다**
페인트를 대문에 **대다**	페인트를 대문에 **칠하다**
가진 돈을 컴퓨터 사는데 **대다** (갖다 대다)	가진 돈을 컴퓨터 사는데 **충당하다** (갖다 쓰다)
(이력서를) 대기업에 **대다**	대기업에 **지원하다**
(원서를) 국어 국문학과에 **대다**	국어 국문학과에 **응시하다**
(신청서를) 여권에 **대다**	여권을 **신청하다**
(신청서를) 특허에 **대다**	특허를 **신청하다**
(신청서를) 대출금에 **대다**	대출금을 **신청하다**
새로운 메뉴 개발에 마음을 **대다**	새로운 메뉴 개발에 마음을 **쏟다**
방금 배운 공식을 이 문제에 **대다** (갖다 대다)	방금 배운 공식을 이 문제에 **적용하다**
이론을 실제에 **대다**	이론을 실제에 **적용하다**
이 기술을 다른 분야에 **대다**	이 기술을 다른 분야에 **응용하다**
모든 사람에게 동일한 규칙이 **대어지다**	모든 사람에게 동일한 규칙이 **적용되다**
이 할인 쿠폰은 5월 한 달간 **대어지다**	이 할인 쿠폰은 5월 한 달간 **적용되다** (유효하다)
무료입장은 만 8세 미만 아동에게 **대어지다**	무료입장은 만 8세 미만 아동에게 **해당되다**

종이에 그림을 그리다	**종이**에 그림을 그리다
색**종이**로 병아리를 접다	색**지**로 병아리를 접다
일간 **종이**를 구독하다	일간 **신문**을 구독하다
연구팀이 발표한 **종이**에 세계가 주목하다	연구팀이 발표한 **논문**에 세계가 주목하다
기밀 **종이**들을 금고에 보관하다	기밀**문서**를 금고에 보관하다
입양 신청에 필요한 **종이**들을 작성하다	입양 신청에 필요한 **서류**를 작성하다
주택 매매에 필요한 **종이**들을 준비하다	주택 매매에 필요한 **서류**를 준비하다
벽에 **종이**를 바르다	벽에 **벽지**를 바르다
종이의 접시에 떡을 담다	**종이(로 만든)** 접시에 떡을 담다
종이의 정식 부부가 되다	**서류상(의)** 정식 부부가 되다
감자칩을 만들기 위해 감자를 **종이의** 두께로 썰다	감자칩을 만들기 위해 감자를 **종이 (같은)** 두께로 썰다

give [기입] [기브]
주다

(물건, 선물 등을) 주다	아내에게 꽃을 **give**
(물건, 선물 등을) 주다	딸에게 입학 선물로 가방을 **give**
(가지고 있는 것을 건네) 주다	친구에게 책을 **give**
(가까이 있는 것을 건네) 주다	언니에게 리모컨을 **give**
(이름, 연락처, 주소 등을) 주다	그가 나에게 이름과 연락처를 **give**
(정보를) 주다	인터넷이 다양한 정보를 **give**
(할인을 해) 주다	물건값을 30% 할인해 **give**
(힌트를) 주다	결정적인 힌트를 **give**
(기회, 힘 등을) 주다	마지막 기회를 **give**
(관심, 주목을) 주다	사람들이 그 가수에게 많은 관심을 **give**
(시간, 자유를) 주다	휴식 시간을 30분 **give**
(차에 태워) 주다	동료를 역까지 태워 **give**
(두통, 골치, 숙취 등을) 주다	업무 스트레스가 두통을 **give**
(용돈, 쓸 돈을) 주다	아들에게 용돈을 **give**
(미소를) 주다 = 건네다, 보내다	그가 나에게 미소를 **give**
(용기, 격려, 축복 등을) 주다 = 선사하다	젊은이들에게 희망과 용기를 **give**
(놀라움, 기쁨 등을) 주다 = 선사하다	그가 우리에게 놀라움을 **give**
(물건 값으로 돈을) 주다 = 지불하다, (값을) 치르다	옷값으로 10만원을 **give**
(음식, 마실 것을) 주다 = 대접하다, 제공하다	손님에게 음식을 **give**
(허락, 허가 등을) 주다 = (허락, 허가) 하다	그녀가 자신의 노트북을 쓰라고 허락을 **give**
(업무, 임무, 지위 등을) 주다 = 맡기다, 부여하다	팀장에게 신제품 개발의 업무를 **give**
(처벌, 벌금, 판결을) 주다 = (처벌, 판결) 내리다	그에게 사기죄로 1년의 징역형을 **give**
(예를) 주다 = (예를) 들다, (예를) 보이다	이해하기 쉽게 예를 **give**
(답을) 주다 = (답) 대다, 말하다, (출제자가 답을) 알려주다	문제를 듣고 답을 **give**
(의견) 주다 = (의견) 내다, 제시하다	그녀가 판매 촉진에 대한 의견을 **give**
(병을) 주다 = (병을) 옮기다, 전염시키다, 퍼뜨리다	친구에게 감기를 **give**
(설명을) 주다 = (설명을) 하다	제품이 어떻게 작동하는지에 대한 설명을 **give**
(전화 통화를) 주다 = (전화를) 하다	그녀에게 전화를 **give**
(조언, 충고를) 주다 = (조언을) 하다	후배에게 취업에 대한 조언을 **give**
(키스, 입맞춤, 포옹을) 주다 = (키스를) 하다	애인에게 키스를 **give**
(발표, 강의, 강연을) 주다 = (발표를) 하다	수업 시간에 발표를 **give**
(연설, 기자 회견을) 주다 = (연설을) 하다	졸업생들 앞에서 연설을 **give**
(아이에게 출생을) 주다 = (아이를) 낳다 (give birth to), 출산하다	아이에게 **give** birth to
(완전히) 주다 = 포기하다 (up), 양보하다	취업을 위해 학업을 **give** up

아내에게 꽃을 **주다**	아내에게 꽃을 **주다**
딸에게 입학 선물로 가방을 **주다**	딸에게 입학 선물로 가방을 **주다**
친구에게 책을 **주다**	친구에게 책을 **주다**
언니에게 리모컨을 **주다**	언니에게 리모컨을 **주다**
그가 나에게 이름과 연락처를 **주다**	그가 나에게 이름과 연락처를 **주다**
인터넷이 다양한 정보를 **주다**	인터넷이 다양한 정보를 **주다**
물건값을 30% 할인해 **주다**	물건값을 30% 할인해 **주다**
결정적인 힌트를 **주다**	결정적인 힌트를 **주다**
마지막 기회를 **주다**	마지막 기회를 **주다**
사람들이 그 가수에게 많은 관심을 **주다**	사람들이 그 가수에게 많은 관심을 **주다**
휴식 시간을 30분 **주다**	휴식 시간을 30분 **주다**
동료를 역까지 태워 **주다**	동료를 역까지 태워 **주다**
업무 스트레스가 두통을 **주다**	업무 스트레스가 두통을 **주다**
아들에게 용돈을 **주다**	아들에게 용돈을 **주다**
그가 나에게 미소를 **주다**	그가 나에게 미소를 **건네다**
젊은이들에게 희망과 용기를 **주다**	젊은이들에게 희망과 용기를 **선사하다**
그가 우리에게 놀라움을 **주다**	그가 우리에게 놀라움을 **선사하다**
옷값으로 10만원을 **주다**	옷값으로 10만원을 **지불하다**
손님에게 음식을 **주다**	손님에게 음식을 **대접하다**
그녀가 자신의 노트북을 쓰라고 허락을 **주다**	그녀가 자신의 노트북을 쓰라고 허락을 **하다**
팀장에게 신제품 개발의 업무를 **주다**	팀장에게 신제품 개발의 업무를 **맡기다**
그에게 사기죄로 1년의 징역형을 **주다**	그에게 사기죄로 1년의 징역형을 **내리다**
이해하기 쉽게 예를 **주다**	이해하기 쉽게 예를 **들다**
문제를 듣고 답을 **주다**	문제를 듣고 답을 **대다**
그녀가 판매 촉진에 대한 의견을 **주다**	그녀가 판매 촉진에 대한 의견을 **내다**
친구에게 감기를 **주다**	친구에게 감기를 **옮기다**
제품이 어떻게 작동하는지에 대한 설명을 **주다**	제품이 어떻게 작동하는지에 대한 설명을 **하다**
그녀에게 전화를 **주다**	그녀에게 전화를 **하다**
후배에게 취업에 대한 조언을 **주다**	후배에게 취업에 대한 조언을 **하다**
애인에게 키스를 **주다**	애인에게 키스를 **하다**
수업 시간에 발표를 **주다**	수업 시간에 발표를 **하다**
졸업생들 앞에서 연설을 **주다**	졸업생들 앞에서 연설을 **하다**
아이에게 출생을 **주다**	아이를 **낳다**
취업을 위해 학업을 완전히 **주다**	취업을 위해 학업을 **포기하다**

cast [캐아슽] [캐스트]

던지다 / 던지는 것 / 던지는 사람들

(낚싯줄을 드리우게) 던지다	강에 낚싯줄을 **cast**
(그물을 펼쳐서) 던지다 = 치다	바다에 그물을 **cast**
(동전을 튕겨서 하늘 위로) 던지다	선공 팀을 정하기 위해 동전을 **cast**
(주사위를 굴려) 던지다	보드게임의 주사위를 **cast**
(표를) 던지다 = 행사하다, 투표하다, 뽑다	선거일에 소중한 한 표를 **cast**
(제비를) 던지다 = 뽑다	순서를 정하기 위해 제비를 **cast**
(미소를) 던지다 = 보내다	그녀가 남자친구에게 미소를 **cast**
(시선을) 던지다 = 보내다	그는 오랫동안 그림에 시선을 **cast**
(시각, 관점을) 던지다 = 제시하다	문제를 대하는 새로운 시각을 **cast**
(책임을) 던지다 = (책임을) 돌리다, 전가하다	상사가 부하에게 책임을 **cast**
(영화 등에 역할을) 던지다 = (배역을) 정하다, 맡기다, 뽑다	그를 영화의 주인공으로 **cast**
(연극 등에 역할을) 던지다 = (배역을) 캐스팅하다, 정하다, 맡기다	그녀를 줄리엣 역으로 **cast**
(빛을) 던지다 = (빛을) 발하다, 내뿜다	태양이 강한 빛을 **cast**
(동물, 곤충이 허물을) 던지다 = 벗다, 벗어던지다	뱀이 허물을 **cast**
(동물, 새가 뿔, 깃털을) 던지다 = 갈다, 벗어던지다	사슴이 뿔을 **cast**
(그림자를) 던지다 = (그림자가) 드리우다	맞은편 건물이 그림자를 **cast**
(의심을) 던지다 = (의심을) 품다, 가지다	그녀는 그의 이야기에 의심을 **cast**
(배의 닻을) 던지다 = (닻을) 내리다	항구에 정박하려고 닻을 **cast**
(마법, 요술을) 던지다 = 걸다, 부리다	그는 백조에게 사람이 되도록 마법을 **cast**
(저주, 비난을) 던지다 = 걸다, 퍼붓다	그녀는 친구가 애인과 헤어지라고 저주를 **cast**
(어떤 금속을 어떤 주조물에) 던지다 = (동상, 동전, 종 등을) 주조하다	청동을 동상에 **cast**
(힘껏) 던지다	그녀가 냇가에 조약돌을 **cast**
(힘껏) 던지다 = 내던지다	애인과 헤어지고 커플링을 강물에 **cast**
(말, 질문 등을) 던지다 = 건네다	그녀는 그에게 감사의 말을 **cast**
(물건, 옷 등을) 던지다 = 내던지다	침대에 코트를 **cast**
(물건, 옷 등을) 던지다 = 벗어던지다 (off), 벗어 버리다	집에 오자마자 옷을 **cast** off
(걱정, 근심 등을) 던지다 = 벗어던지다 (off), 벗어 버리다	건강에 대한 지나친 걱정을 **cast** off
(관습, 속박 등을) 던지다 = 벗어던지다 (off), 벗어 버리다	오랜 악습을 **cast** off
(회사에서 직원을) 던지다 = 해고하다 (off), 쫓아내다, 내쫓다	회사가 재정 위기로 많은 직원들을 **cast** off
(밖으로) 던지다 = 쫓아내다 (out), 내쫓다, 추방하다	규칙을 어긴 그를 기숙사에서 **cast** out
(쇳물을 거푸집에 부어) 던지는 것 = 주조, 주조물, 거푸집, 주형	동전은 **cast**로 만든다
(석고 붕대를 다친 몸에) 던지는 것 = 깁스 (독일어)	팔이 부러져서 **cast**를 하다
(극 중 인물의 역을) 던지는 사람들 = 배우들, 배역진, 캐스트	이 영화는 **cast**의 연기력이 모두 탄탄하다
(극 중 인물의 역을) 던지는 사람들 = 출연자들, 배역진, 캐스트	연극의 **cast**가 열정적인 무대를 선보이다

강에 낚싯줄을 **던지다**	강에 낚싯줄을 **던지다**
바다에 그물을 **던지다**	바다에 그물을 **치다**
선공 팀을 정하기 위해 동전을 **던지다**	선공 팀을 정하기 위해 동전을 **던지다**
보드게임의 주사위를 **던지다**	보드게임의 주사위를 **던지다**
선거일에 소중한 한 표를 **던지다**	선거일에 소중한 한 표를 **행사하다**
순서를 정하기 위해 제비를 **던지다**	순서를 정하기 위해 제비를 **뽑다**
그녀가 남자친구에게미소를 **던지다**	그녀가 남자친구에게 미소를 **보내다**
그는 오랫동안 그림에 시선을 **던지다**	그는 오랫동안 그림에 시선을 **보내다**
문제를 대하는 새로운 시각을 **던지다**	문제를 대하는 새로운 시각을 **제시하다**
상사가 부하에게 책임을 **던지다**	상사가 부하에게 책임을 **돌리다**
그를 영화의 주인공으로 **던지다**	그를 영화의 주인공으로 **정하다**
그녀를 줄리엣 역으로 **던지다**	그녀를 줄리엣 역으로 **캐스팅하다**
태양이 강한 빛을 **던지다**	태양이 강한 빛을 **발하다**
뱀이 허물을 **던지다**	뱀이 허물을 **벗다**
사슴이 뿔을 **던지다**	사슴이 뿔을 **갈다**
맞은편 건물이 그림자를 **던지다**	맞은편 건물이 그림자를 **드리우다**
그녀는 그의 이야기에 의심을 **던지다**	그녀는 그의 이야기에 의심을 **품다**
항구에 정박하려고 닻을 **던지다**	항구에 정박하려고 닻을 **내리다**
그는 백조에게 사람이 되도록 마법을 **던지다**	그는 백조에게 사람이 되도록 마법을 **걸다**
그녀는 친구가 애인과 헤어지라고 저주를 **던지다**	그녀는 친구가 애인과 헤어지라고 저주를 **걸다**
청동(쇳물)을 동상(거푸집)에 **던지다**	청동으로 동상을 **주조하다**
그녀가 냇가에 조약돌을 **던지다**	그녀가 냇가에 조약돌을 **던지다**
애인과 헤어지고 커플링을 강물에 **던지다**	애인과 헤어지고 커플링을 강물에 **내던지다**
그녀는 그에게 감사의 말을 **던지다**	그녀는 그에게 감사의 말을 **건네다**
침대에 코트를 **던지다**	침대에 코트를 **내던지다**
집에 오자마자 옷을 **던지다**	집에 오자마자 옷을 **벗어던지다**
건강에 대한 지나친 걱정을 **던지다**	건강에 대한 지나친 걱정을 **벗어던지다**
오랜 악습을 **던지다**	오랜 악습을 **벗어던지다**
회사가 재정 위기로 많은 직원들을 **던지다**	회사가 재정 위기로 많은 직원들을 **해고하다**
규칙을 어긴 그를 기숙사에서 **던지다**	규칙을 어긴 그를 기숙사에서 **쫓아내다**
동전은 (금속을 동전에) **던지는** 것으로 만든다	동전은 (금속 쇳물을 동전 거푸집에 붓는) **주조로** 만든다
팔이 부러져서 **던지는** 것을 하다	팔이 부러져서 **깁스**를 하다
이 영화는 **던지는 사람들**의 연기력이 모두 탄탄하다	이 영화는 **배우들**의 연기력이 모두 탄탄하다
연극의 **던지는 사람들**이 열정적인 무대를 선보이다	연극의 **출연자들**이 열정적인 무대를 선보이다

way [우웨이] [웨이]
길

(땅 위의) 길	**way**를 걷다
(땅 위의) 길 = 도로, 거리, 통로	**way**에 차들이 많다
(장소에 이르는) 길	집으로 가는 **way**에 편의점을 들르다
(장소에 이르는) 길	여기가 학교로 가는 가장 빠른 **way**이다
(진로의) 길 = 진로	고등학교 3학년 때 자신의 **way**를 신중하게 선택하다
(방향의) 길 = 쪽, 방향	"이 **way**로 가면 도서관이 나옵니다"
(인생의 나아갈) 길 = 방향	그는 자식을 잃고 살아갈 **way**를 잃다
(인생의 걸어갈) 길	그들은 졸업 후 각자의 **way**를 걷다
(인생의 걸어온) 길	그녀는 평생 가수의 **way**를 걸어오다
(목적에 이르는) 길	인종차별을 해결하기 위해 갈 **way**가 멀다
(목적에 이르는) 길 = 방법	그 식당 주인은 국물 맛을 내는 **way**를 알아내다
(목적에 이르는) 길 = 방법	인구 감소의 문제를 해결하는 **way**를 찾기가 쉽지 않다
(나만의) 길 = 방식, 양식, 스타일	나만의 **way**대로 그림을 그리다
(방식의) 길 = 방식, 양식, 스타일	그녀는 미국 생활 **way**에 익숙하다
(방식의) 길 = 방식, 양식, 스타일	고기를 숯불에 훈연하는 것은 항상 해왔던 **way**이다
(방면의) 길 = 방면, 모	양국의 협력을 여러 **way**로 강화하다
(방면의) 길 = (어느, 여러) 모 (각, 모서리)	어느 **way**로 보나 상대 팀보다 우리 팀이 우세하다
(측면의) 길 = (어떠한) 면	이 제품은 디자인과 품질의 모든 **way**에서 완벽하다
(관점의) 길 = (어떠한) 점	아들이 어떤 **way**에서는 나보다 어른스럽다
(성공의) 길	그는 승승장구하여 성공의 **way**를 걷다
(기회의) 길 = 기회	그 학생이 계속 공부할 수 있는 **way**를 열어주다

study [스뛰리] [스터디]
파고들다 / 파고들기 / 파고드는 곳

(학문, 기술 등을) 파고들다 = 공부하다, 배우다	좋은 대학에 가기 위해 열심히 **study**
(학업, 지식 등을) 파고들다 = 공부하다, 배우다	그는 대학에서 사회학을 **study**
(연구 대상을) 파고들다 = 연구하다	기후 변화가 야생 동물에 미치는 영향을 **study**
(조사 대상을) 파고들다 = 조사하다	스마트폰 사용이 시력에 미치는 영향을 **study**
(검토 사항을) 파고들다 = 검토하다	서명하기 전에 계약서 내용을 꼼꼼히 **study**
(확인 사항을) 파고들다 = 살펴보다	가구를 조립하기 전에 설명서를 **study**
파고들기 = 공부, 학습, 학업, 학문	그 학생은 역사 **study**를 좋아한다
파고들기 = 연구, 검토, 조사	그녀는 생명공학 **study**에 평생을 바쳤다
파고드는 곳 = 서재, 공부방 (study room), 연구실	아들이 **study**에서 책을 읽다

길을 걷다	길을 걷다
길에 차들이 많다	**도로**에 차들이 많다
집으로 가는 **길**에 편의점을 들르다	집으로 가는 **길**에 편의점을 들르다
여기가 학교로 가는 가장 빠른 **길**이다	여기가 학교로 가는 가장 빠른 **길**이다
고등학교 3학년 때 자신의 **길**을 신중하게 선택하다	고등학교 3학년 때 자신의 **진로**를 신중하게 선택하다
"이 **길**로 가면 도서관이 나옵니다"	"이**쪽**으로 가면 도서관이 나옵니다"
그는 자식을 잃고 살아갈 **길**을 잃다	그는 자식을 잃고 살아갈 **방향**을 잃다
그들은 졸업 후 각자의 **길**을 걷다	그들은 졸업 후 각자의 **길**을 걷다
그녀는 평생 가수의 **길**을 걸어오다	그녀는 평생 가수의 **길**을 걸어오다
인종차별을 해결하기 위해 갈 **길**이 멀다	인종차별을 해결하기 위해 갈 **길**이 멀다
그 식당 주인은 국물 맛을 내는 **길**을 알아내다	그 식당 주인은 국물 맛을 내는 **방법**을 알아내다
인구 감소의 문제를 해결하는 **길**을 찾기가 쉽지 않다	인구 감소의 문제를 해결하는 **방법**을 찾기가 쉽지 않다
나만의 **길**대로 그림을 그리다	나만의 **방식**대로 그림을 그리다
그녀는 미국 생활 **길**에 익숙하다	그녀는 미국 생활 **방식**에 익숙하다
고기를 숯불에 훈연하는 것은 항상 해왔던 **길**이다	고기를 숯불에 훈연하는 것은 항상 해왔던 **방식**이다
양국의 협력을 여러 **길**로 강화하다	양국의 협력을 여러 **방면**으로 강화하다
어느 **길**로 보나 상대 팀보다 우리 팀이 우세하다	어느 **모**로 보나 상대 팀보다 우리 팀이 우세하다
이 제품은 디자인과 품질의 모든 **길**에서 완벽하다	이 제품은 디자인과 품질의 모든 **면**에서 완벽하다
아들이 어떤 **길**에서는 나보다 어른스럽다	아들이 어떤 **점**에서는 나보다 어른스럽다
그는 승승장구하여 성공의 **길**을 걷다	그는 승승장구하여 성공의 **길**을 걷다
그 학생이 계속 공부할 수 있는 **길**을 열어주다	그 학생이 계속 공부할 수 있는 **기회**를 열어주다

좋은 대학에 가기 위해 열심히 **파고들다**	좋은 대학에 가기 위해 열심히 **공부하다**
그는 대학에서 사회학을 **파고들다**	그는 대학에서 사회학을 **공부하다**
기후 변화가 야생 동물에 미치는 영향을 **파고들다**	기후 변화가 야생 동물에 미치는 영향을 **연구하다**
스마트폰 사용이 시력에 미치는 영향을 **파고들다**	스마트폰 사용이 시력에 미치는 영향을 **조사하다**
서명하기 전에 계약서 내용을 꼼꼼히 **파고들다**	서명하기 전에 계약서 내용을 꼼꼼히 **검토하다**
가구를 조립하기 전에 설명서를 **파고들다**	가구를 조립하기 전에 설명서를 **살펴보다**
그 학생은 역사 **파고들기**를 좋아한다	그 학생은 역사 **공부**를 좋아한다
그녀는 생명공학 **파고들기**에 평생을 바쳤다	그녀는 생명공학 **연구**에 평생을 바쳤다
아들이 **파고드는** 곳에서 책을 읽다	아들이 **서재**에서 책을 읽다

build [비을(드)] [빌드]

쌓아올리다 / 쌓여 올라가다

(건물, 빌딩 등을 차곡차곡) 쌓아올리다 = 건설하다, 세우다, 짓다	박물관을 **build**
(건축물 등을 차곡차곡) 쌓아올리다 = 건축하다, 세우다, 짓다	대규모 공연장을 **build**
(경기장, 놀이터 등을 차곡차곡) 쌓아올리다 = 짓다, 만들다	야구 경기장을 **build**
(길, 도로, 철도를 차곡차곡) 쌓아올리다 = 내다, 놓다, 만들다	고속 도로를 **build**
(다리를 차곡차곡) 쌓아올리다 = 놓다, 만들다, 건설하다	강에 다리를 **build**
(집, 아파트를 차곡차곡) 쌓아올리다 = 짓다, 건설하다	아파트를 **build**
(둥지를 차곡차곡) 쌓아올리다 = 틀다, 짓다	제비가 둥지를 **build**
(자동차 등을) 쌓아올리다 = 만들다, 조립하다, 제조하다	수많은 부품으로 자동차를 **build**
(배를) 쌓아올리다 = 건조하다, 만들다	주문받은 화물선을 **build**
(나라를) 쌓아올리다 = 세우다, 건설하다	나라를 **build**
(기업, 장사 등을) 쌓아올리다 = 일구다, 일으켜 세우다	연 매출 1000억 기업을 **build**
(조립 가구, 조립 제품 등을) 쌓아올리다 = 조립하다	택배로 받은 책장을 **build**
(성, 요새, 벽 등을) 쌓아올리다 = 구축하다, 쌓다	높고 단단한 요새를 **build**
(대화, 마음, 불신의 벽 등을) 쌓아올리다 = 쌓다	사춘기 자녀와 대화의 벽을 **build**
(근육, 몸을 차곡차곡) 쌓아올리다 = 키우다 (up), 단련하다	웨이트 트레이닝으로 근육을 **build**
(건강을 차곡차곡) 쌓아올리다 = 끌어올리다, 증진하다	몸에 좋은 식단으로 건강을 **build**
(힘, 체력을 차곡차곡) 쌓아올리다 = 키우다 (up)	누구든 제압할 수 있는 힘을 **build**
(어휘력 등을 차곡차곡) 쌓아올리다 = 키우다, 습득하다	독서를 하며 어휘력을 **build**
(자신감을 차곡차곡) 쌓아올리다 = 키우다 (up), 올리다	태권도를 통해 자신감을 **build**
(용기를) 쌓아올리다 = 내다 (up)	그녀에게 고백하기 위해 용기를 **build**
(이론, 체계 등을) 쌓아올리다 = 세우다, 구축하다	아인슈타인이 상대성 이론을 **build**
(재산, 돈 등을) 쌓아올리다 = 쌓다, 형성하다	식품 제조업으로 재산을 **build**
(가정, 가계 등을) 쌓아올리다 = 이루다, 꾸리다	자녀를 낳고 행복한 가정을 **build**
(신뢰, 믿음 등을) 쌓아올리다 = 쌓다, 형성하다	고객과의 신뢰를 **build**
(명성, 명예, 평판 등을) 쌓아올리다 = 쌓다	건축가로 명성을 **build**
(경력, 경험을) 쌓아올리다 = 쌓다	경력을 **build**
(기술, 실력을) 쌓아올리다 = 익히다	직업에 필요한 기술을 **build**
(인간관계, 인맥을) 쌓아올리다 = 쌓다, 형성하다	깊은 인간관계를 **build**
(지지, 찬성 등을) 쌓아올리다 = 얻다	그동안의 업적으로 높은 지지를 **build**
(인격 등을) 쌓아올리다 = 형성하다	사람들이 저마다의 인격을 **build**
(무언가를 기초로 미래, 꿈 등을) 쌓아올리다 = 설계하다, 품다	목표를 두고 미래를 **build**
(불을) 쌓아올리다 = (불을) 피우다	불을 **build**
(감정 등이 차곡차곡) 쌓여 올라가다 = 쌓이다 (up)	말다툼으로 감정이 **build** up
(긴장감 등이) 쌓여 올라가다 = 고조되다 (up)	영화를 보는 내내 긴장감이 **build** up

박물관을 **쌓아올리다**	박물관을 **건설하다**
대규모 공연장을 **쌓아올리다**	대규모 공연장을 **건축하다**
야구 경기장을 **쌓아올리다**	야구 경기장을 **짓다**
고속 도로를 **쌓아올리다**	고속 도로를 **내다**
강에 다리를 **쌓아올리다**	강에 다리를 **놓다**
아파트를 **쌓아올리다**	아파트를 **짓다**
제비가 둥지를 **쌓아올리다**	제비가 둥지를 **틀다**
수많은 부품으로 자동차를 **쌓아올리다**	수많은 부품으로 자동차를 **만들다**
주문받은 화물선을 **쌓아올리다**	주문받은 화물선을 **건조하다**
나라를 **쌓아올리다**	나라를 **세우다**
연 매출 1000억 기업을 **쌓아올리다**	연 매출 1000억 기업을 **일구다**
택배로 받은 책장을 **쌓아올리다**	택배로 받은 책장을 **조립하다**
높고 단단한 요새를 **쌓아올리다**	높고 단단한 요새를 **구축하다**
사춘기 자녀와 대화의 벽을 **쌓아올리다**	사춘기 자녀와 대화의 벽을 **쌓다**
웨이트 트레이닝으로 근육을 **쌓아올리다**	웨이트 트레이닝으로 근육을 **키우다**
몸에 좋은 식단으로 건강을 **쌓아올리다**	몸에 좋은 식단으로 건강을 **끌어올리다**
누구든 제압할 수 있는 힘을 **쌓아올리다**	누구든 제압할 수 있는 힘을 **키우다**
독서를 하며 어휘력을 **쌓아올리다**	독서를 하며 어휘력을 **키우다**
태권도를 통해 자신감을 **쌓아올리다**	태권도를 통해 자신감을 **키우다**
그녀에게 고백하기 위해 용기를 **쌓아올리다**	그녀에게 고백하기 위해 용기를 **내다**
아인슈타인이 상대성 이론을 **쌓아올리다**	아인슈타인이 상대성 이론을 **세우다**
식품 제조업으로 재산을 **쌓아올리다**	식품 제조업으로 재산을 **쌓다**
자녀를 낳고 행복한 가정을 **쌓아올리다**	자녀를 낳고 행복한 가정을 **이루다**
고객과의 신뢰를 **쌓아올리다**	고객과의 신뢰를 **쌓다**
건축가로 명성을 **쌓아올리다**	건축가로 명성을 **쌓다**
경력을 **쌓아올리다**	경력을 **쌓다**
직업에 필요한 기술을 **쌓아올리다**	직업에 필요한 기술을 **익히다**
깊은 인간관계를 **쌓아올리다**	깊은 인간관계를 **쌓다**
그동안의 업적으로 높은 지지를 **쌓아올리다**	그동안의 업적으로 높은 지지를 **얻다**
사람들이 저마다의 인격을 **쌓아올리다**	사람들이 저마다의 인격을 **형성하다**
목표를 두고 미래를 **쌓아올리다**	목표를 두고 미래를 **설계하다**
불을 **쌓아올리다**	불을 **피우다**
말다툼으로 감정이 **쌓여 올라가다**	말다툼으로 감정이 **쌓이다**
영화를 보는 내내 긴장감이 **쌓여 올라가다**	영화를 보는 내내 긴장감이 **고조되다**

twist [투위슽] [트위스트]

비틀다 / 비틀리다 / 비틀기

(손으로 잡고) 비틀다	달아나려는 도둑의 팔을 twist
(실, 끈, 줄 등을) 비틀다 = 꼬다, 꼬아서 만들다	세 가지 색의 실을 함께 twist
(밧줄, 새끼 등을) 비틀다 = 꼬다, 꼬아서 만들다	등산용 밧줄을 twist
(몸을) 비틀다 = 꼬다	매운 음식을 먹고 몸을 twist
(얼굴을) 비틀다 = 일그러뜨리다, 찡그리다, 찌푸리다	그는 아파서 얼굴을 twist
(고개, 얼굴, 몸을) 비틀다 = 돌리다	누군가 부르는 소리에 고개를 twist
(어떤 모양이 되도록) 비틀다 = 구부리다, 휘다	철사를 별 모양으로 twist
(사실, 진실, 말을) 비틀다 = 왜곡하다, 곡해하다	역사적 사실을 twist
(감기도록) 비틀다 = (덩굴, 뱀이) 감다, 감고 올라가다	담쟁이덩굴이 기둥을 twist
(감기도록) 비틀다 = (목도리, 철사 등을) 두르다 (around), 감다	스카프를 목에 twist around
(떼어내려고) 비틀다 = 비틀어 떼어내다 (off), 비틀어 끊다	게의 다리를 twist off
(천, 뚜껑, 손잡이 등을) 비틀다 = (물기를) 짜다, (뚜껑 등을) 돌리다	젖은 수건을 twist
(실, 줄, 끈 등이) 비틀리다 = 꼬이다, 얽히다	가방끈이 twist
(성격, 마음 등이) 비틀리다 = 꼬이다, 비뚤어지다	성격이 twist
(손목, 발목, 신체 등이) 비틀리다 = 삐다, 접질리다	농구를 하다가 손목이 twist
(물건이) 비틀리다 = 뒤틀리다, 휘다	오래된 가구의 문짝이 twist
(이야기의 흐름, 사실 등을) 비틀기 = 반전, 꼬기, 왜곡, 곡해	이 영화에는 놀라운 twist이 있다
(춤으로 몸을) 비틀기 = 트위스트 (춤)	복고풍 노래에 맞춰 댄서들이 twist을 추다

power [파우월] [파워]

힘 / 힘의 / 힘을 주다

(글, 언론 등의) 힘	글의 power은 강하다
(지배하는) 힘 = 권력, 지배력	power을 가진 자에게 사람들이 충성을 맹세하다
(나라를 다스리는) 힘 = 정권, 권력	유권자의 지지를 얻어 power을 잡다
(기세를 뻗치는) 힘 = 세력, 권력	power 다툼에서 밀려나다
(특정한 영역에서 갖는) 힘 = 능력	세상을 바로 보는 power을 기르다
(특정한 영역에서 갖는) 힘 = 권한, 능력	범죄를 봐주는 것은 그의 power 밖의 일이다
(통제, 제어의) 힘 = ~력 (구매력, 소비력, 경제력 등)	소비자의 구매 power이 감소하다
(통제, 제어의) 힘 = ~력 (국력, 군사력 등)	우리나라는 최강의 군사 power을 가지고 있다
(기계를 움직이게 하는) 힘 = 전력 (electric power), 동력, 파워	컴퓨터에 안정적인 power을 공급하다
(기계에게 주는) 힘의 = 전력의, 동력의	power 소모가 많은 에어컨을 교체하다
(제품, 어떤 일에) 힘을 주다 = 전력을 공급하다 (up), 촉진하다	냉장고에 power
(기계가 움직이도록) 힘을 주다 = 동력을 공급하다, 전력을 공급하다	자동차에 power

달아나려는 도둑의 팔을 **비틀다**	달아나려는 도둑의 팔을 **비틀다**
세 가지 색의 실을 함께 **비틀다**	세 가지 색의 실을 함께 **꼬다**
등산용 밧줄을 **비틀다**	등산용 밧줄을 **꼬다**
매운 음식을 먹고 몸을 **비틀다**	매운 음식을 먹고 몸을 **꼬다**
그는 아파서 얼굴을 **비틀다**	그는 아파서 얼굴을 **일그러뜨리다**
누군가 부르는 소리에 고개를 **비틀다**	누군가 부르는 소리에 고개를 **돌리다**
철사를 별 모양으로 **비틀다**	철사를 별 모양으로 **구부리다**
역사적 사실을 **비틀다**	역사적 사실을 **왜곡하다**
담쟁이덩굴이 기둥을 **비틀다**	담쟁이덩굴이 기둥을 **감다**
스카프를 목 주위에 **비틀다**	스카프를 목에 **두르다**
게의 다리를 떨어지게 **비틀다**	게의 다리를 **비틀어 떼어내다**
젖은 수건을 **비틀다**	젖은 수건을 **짜다**
가방끈이 **비틀리다**	가방끈이 **꼬이다**
성격이 **비틀리다**	성격이 **꼬이다**
농구를 하다가 손목이 **비틀리다**	농구를 하다가 손목이 **삐다**
오래된 가구의 문짝이 **비틀리다**	오래된 가구의 문짝이 **뒤틀리다**
이 영화에는 놀라운 **비틀기**가 있다	이 영화에는 놀라운 **반전**이 있다
복고풍 노래에 맞춰 댄서들이 **비틀기**를 추다	복고풍 노래에 맞춰 댄서들이 **트위스트**를 추다

글의 **힘**은 강하다	글의 **힘**은 강하다
힘을 가진 자에게 사람들이 충성을 맹세하다	**권력**을 가진 자에게 사람들이 충성을 맹세하다
유권자의 지지를 얻어 **힘**을 잡다	유권자의 지지를 얻어 **정권**을 잡다
힘 다툼에서 밀려나다	**세력** 다툼에서 밀려나다
세상을 바로 보는 **힘**을 기르다	세상을 바로 보는 **능력**을 기르다
범죄를 봐주는 것은 그의 **힘** 밖의 일이다	범죄를 봐주는 것은 그의 **권한** 밖의 일이다
소비자의 구매 **힘**이 감소하다	소비자의 구매**력**이 감소하다
우리나라는 최강의 군사 **힘**을 가지고 있다	우리나라는 최강의 군사**력**을 가지고 있다
컴퓨터에 안정적인 **힘**을 공급하다	컴퓨터에 안정적인 **전력**을 공급하다
힘의 소모가 많은 에어컨을 교체하다	**전력(의)** 소모가 많은 에어컨을 교체하다
냉장고에 **힘**을 주다	냉장고에 **전력을 공급하다** (전원을 넣다)
자동차에 **힘**을 주다	자동차에 **동력을 공급하다** (주유하다, 충전하다)

with ①  [우윋] [위드]

~와 함께하여 / ~와 함께한

~와 함께하여 (사람과 동반) = ~와 함께, ~와	아들 **with** 운동을 하다
~와 함께하여 (사람과 동반) = ~와, ~와 함께	남편 **with** 저녁식사를 하다
~와 함께하여 (사람과 동반) = ~와, ~와 함께	언니 **with** 여행을 가다
~와 함께하여 (사람과 동반) = ~와, ~와 함께	아내 **with** 이야기하다
~와 함께하여 (사람과 동반) = ~와, ~와 서로	오빠 **with** 싸우다
~와 함께하여 (사람과 동반) = ~와, ~와 서로	그 **with** 사랑에 빠지다
~와 함께하여 (사람과 동반) = ~와, ~와 서로	그녀 **with** 헤어지다
~와 함께하여 (관계와 동반) = ~와 더불어, ~와 함께	이웃 **with** 사이좋게 지내다
~와 함께하여 (관계와 동반) = ~와, ~와 함께	거래처 **with** 협상을 하다
~와 함께하여 (관계와 동반) = ~와, ~와 함께	많은 업체들 **with** 경쟁하다
~와 함께하여 (도구와 동반) = ~으로, ~을 써서, ~을 이용하여	칼 **with** 당근을 썰다
~와 함께하여 (도구와 동반) = ~으로, ~을 써서, ~을 이용하여	드릴 **with** 구멍을 뚫다
~와 함께하여 (도구와 동반) = ~으로, ~을 써서, ~을 이용하여	물티슈 **with** 마우스를 닦다
~와 함께하여 (수단과 동반) = ~으로, ~을 써서, ~을 이용하여	용돈 **with** 운동화를 사다
~와 함께하여 (수단과 동반) = ~으로, ~을 써서, ~을 이용하여	스마트폰 **with** 정보의 접근이 빨라지다
~와 함께하여 (수단과 동반) = ~으로, ~을 써서, ~을 이용하여	카드 **with** 계산하다
~와 함께하여 (물건과 동반) = ~을 가지고, ~으로, ~을 이용하여	인형 **with** 놀다
~와 함께하여 (자연 현상과 동반) = ~으로	온 세상이 눈 **with** 덮여있다
~와 함께하여 (이유, 원인과 동반) = ~때문에	소음 **with** 짜증이 나다
~와 함께하여 (이유, 원인과 동반) = ~때문에	독감 **with** 결석을 하다
~와 함께하여 (이유, 원인과 동반) = ~에게, ~때문에	그 사람 **with** 화가 나다
~와 함께하여 (이유, 원인과 동반) = ~탓에, ~때문에	나이 **with** 눈이 침침하다
~와 함께하여 (이유, 원인과 동반) = ~해서, ~때문에	무서움 **with** 벌벌 떨다
~와 함께하여 (찬성과 동반) = ~에	그의 의견 **with** 동의하다
~와 함께하여 (찬성과 동반) = ~에게	그 **with** 투표하다
~와 함께하여 (동작과 동반) = ~하며	그녀가 한숨 **with** 말했다
~와 함께하여 (동작과 동반) = ~하고	눈을 감기 **with** 노래를 감상하다
~와 함께하여 (동작과 동반) = ~한 채로	음악을 틀기 **with** 잠이 들다
~와 함께하여 (동작과 동반) = ~한 채	팔짱을 끼기 **with** 야구를 관람하다
~와 함께하여 (마음과 동반) = ~을 담아서	사랑 **with** 선물을 보내다
~와 함께하여 (마음과 동반) = ~을 다해	진심 **with** 노래하다
~와 함께하여 (상태와 동반) = ~한 채로	트렁크가 열림 **with** 차가 달리다
~와 함께하여 (상태와 동반) = ~해서	그녀는 부끄러움 **with** 얼굴이 빨개졌다
~와 함께하여 (자세, 태도와 동반) = ~있게	그는 위엄 **with** 말했다

아들과 **함께하여** 운동을 하다	아들과 **함께** 운동을 하다
남편과 **함께하여** 저녁식사를 하다	남편과 저녁식사를 하다
언니와 **함께하여** 여행을 가다	언니와여행을 가다
아내와 **함께하여** 이야기하다	아내와 이야기하다
오빠와 **함께하여** 싸우다	오빠와 싸우다
그와 **함께하여** 사랑에 빠지다	그와 사랑에 빠지다
그녀와 **함께하여** 헤어지다	그녀와 헤어지다
이웃과 **함께하여** 사이좋게 지내다	이웃과 **더불어** 사이좋게 지내다
거래처와 **함께하여** 협상을 하다	거래처**와** 협상을 하다
많은 업체들과 **함께하여** 경쟁하다	많은 업체들과 경쟁하다
칼과 **함께하여** 당근을 썰다	칼**로** 당근을 썰다
드릴과 **함께하여** 구멍을 뚫다	드릴**로** 구멍을 뚫다
물티슈와 **함께하여** 마우스를 닦다	물티슈**로** 마우스를 닦다
용돈과 **함께하여** 운동화를 사다	용돈**으로** 운동화를 사다
스마트폰과 **함께하여** 정보의 접근이 빨라지다	스마트폰**으로** 정보의 접근이 빨라지다
카드와 **함께하여** 계산하다	카드**로** 계산하다
인형과 **함께하여** 놀다	인형을 **가지고** 놀다
온 세상이 눈과 **함께하여** 덮여있다	온 세상이 눈**으로** 덮여있다
소음과 **함께하여** 짜증이 나다	소음 **때문에** 짜증이 나다
독감과 **함께하여** 결석을 하다	독감 **때문에** 결석을 하다
그 사람과 **함께하여** 화가 나다	그 사람**에게** 화가 나다
나이와 **함께하여** 눈이 침침하다	나이 **탓에** 눈이 침침하다
무서움과 **함께하여** 벌벌 떨다	무서**워서** 벌벌 떨다
그의 의견과 **함께하여** 동의하다	그의 의견**에** 동의하다
그와 **함께하여** 투표하다	그**에게** 투표하다
그녀가 한숨과 **함께하여** 말했다	그녀가 한숨을 **쉬며** 말했다
눈을 감기와 **함께하여** 노래를 감상하다	눈을 **감고** 노래를 감상하다
음악을 틀기와 **함께하여** 잠이 들다	음악을 튼 **채로** 잠이 들다
팔짱을 끼기와 **함께하여** 야구를 관람하다	팔짱을 낀 **채** 야구를 관람하다
사랑과 **함께하여** 선물을 보내다	사랑을 **담아서** 선물을 보내다
진심과 **함께하여** 노래하다	진심을 **다해** 노래하다
트렁크가 열림과 **함께하여** 차가 달리다	트렁크가 열린 **채로** 차가 달리다
그녀는 부끄러움과 **함께하여** 얼굴이 빨개졌다	그녀는 부끄러**워서** 얼굴이 빨개졌다
그는 위엄과 **함께하여** 말했다	그는 위엄 **있게** 말했다

with ② [우윗] [위드]

~와 함께하여 / ~와 함께한

~와 함께하여 (결과와 동반) = ~에 대해	추첨 결과 **with** 만족하다
~와 함께하여 (결과와 동반) = ~에 대해	수학 점수 **with** 만족하다
~와 함께하여 (비교 대상과 동반) = ~와	이 스마트폰을 저 제품 **with** 비교하다
~와 함께하여 (조심 상태와 동반) = ~하여	조심 **with** 걷다
~와 함께하여 (조심 대상과 동반) = ~을	"유리잔 **with** 주의해"
~와 함께하여 (조심 대상과 동반) = ~을	"그것 **with** 조심해"
~와 함께하여 (재료와 동반) = ~을 넣어서	콜라에 얼음 **with** 마시다
~와 함께하여 (재료와 동반) = ~에, ~을 넣어서	흰색 **with** 파란색을 섞다
~와 함께하여 (재료와 동반) = ~로, ~을 넣어서	물 **with** 컵을 채우다
~와 함께하여 (재료와 동반) = ~으로, ~을 넣어서	그녀는 꽃 **with** 방을 꾸몄다
~와 함께하여 (재료와 동반) = ~랑, ~을 넣어서	햄버거는 감자튀김 **with** 먹으면 맛있다
~와 함께한 (재료와 동반) = ~을 넣은, ~을 탄, ~을 넣어서	설탕 **with** 커피를 마시다
~와 함께한 (재료와 동반) = ~을 바른, ~을 넣어서	딸기잼 **with** 토스트를 먹다
~와 함께한 (겉모습과 동반) = ~인, ~을 한	단발머리 **with** 그녀는 같은 반 친구이다
~와 함께한 (겉모습과 동반) = ~가 있는	보조개 **with** 아이가 해맑게 웃다
~와 함께한 (물건 착용과 동반) = ~을 맨, ~을 한	파란 넥타이 **with** 그는 이곳의 점장이다
~와 함께한 (물건 착용과 동반) = ~을 쓴, ~을 한	"안경 **with** 분이 여기 사장님이야"
~와 함께한 (물건 소지와 동반) = ~을 든, ~을 한	명품 가방 **with** 그녀는 갑부이다
~와 함께한 (물건 소지와 동반) = ~을 가지고 있는, ~을 든, ~을 한	칼 **with** 도둑을 제압하다
~와 함께한 (구성과 동반) = ~이 있는	주차장 **with** 단독주택을 구입하다
~와 함께한 (구성과 동반) = ~이 딸린, ~이 있는	정원 **with** 집을 사고 싶다
~와 함께한 (구성과 동반) = ~인, ~이 있는	방이 세 개 **with** 집을 가지고 있다
~와 함께한 (구성과 동반) = ~한, ~가 있는	처리 속도가 빠름 **with** 노트북을 구입하다
~와 함께한 (구성과 동반) = ~의, ~가 있는	큰 화면 **with** 모니터를 선물로 받다
~와 함께한 (구성과 동반) = ~가 있는	손잡이 **with** 컵에 차를 마시다
~와 함께한 (구성과 동반) = ~가 달린, ~가 있는	주머니 **with** 앞치마를 만들다
~와 함께한 (구성과 동반) = ~가 된, ~가 있는	연예인 얼굴이 프린트 **with** 티셔츠를 구입하다
~와 함께한 (구성과 동반) = ~가 부착된, ~가 있는	정품 인증 스티커 **with** 제품을 선택하다
~와 함께한 (구성과 동반) = ~가 박힌, ~가 있는	빨간색 로고 **with** 그 카메라는 고가이다
~와 함께한 (구성과 동반) = ~가 달린, ~가 있는	지퍼가 **with** 구두가 신고 벗기 편하다
~와 함께한 (구성과 동반) = ~가 달려 있는, ~가 있는	모자 **with** 점퍼를 입어보다
~와 함께한 (구성과 동반) = ~을 곁들인, ~가 있는	후식 **with** 식사를 하다
~와 함께한 (문제와 동반) = ~에게	"너 **with** 무슨 일 있니?"
~와 함께한 (문제와 동반) = ~에	자동차 **with** 문제가 있다

추첨 결과와 함께하여 만족하다	추첨 결과에 대해 만족하다
수학 점수와 함께하여 만족하다	수학 점수에 대해 만족하다
이 스마트폰을 저 제품과 함께하여 비교하다	이 스마트폰을 저 제품과 비교하다
조심과 함께하여 걷다	조심하여 걷다
"유리잔과 함께하여 주의해"	"유리잔을 주의해"
"그것과 함께하여 조심해"	"그것을 조심해"
콜라에 얼음과 함께하여 마시다	콜라에 얼음을 넣어서 마시다
흰색과 함께하여 파란색을 섞다	흰색에 파란색을 섞다
물과 함께하여 컵을 채우다	물로 컵을 채우다
그녀는 꽃과 함께하여 방을 꾸몄다	그녀는 꽃으로 방을 꾸몄다
햄버거는 감자튀김과 함께하여 먹으면 맛있다	햄버거는 감자튀김이랑 먹으면 맛있다
설탕과 함께한 커피를 마시다	설탕 넣은 커피를 마시다
딸기잼과 함께한 토스트를 먹다	딸기잼 바른 토스트를 먹다
단발머리와 함께한 그녀는 같은 반 친구이다	단발머리인 그녀는 같은 반 친구이다
보조개와 함께한 아이가 해맑게 웃다	보조개가 있는 아이가 해맑게 웃다
파란 넥타이와 함께한 그는 이곳의 점장이다	파란 넥타이를 맨 그는 이곳의 점장이다
"안경과 함께한 분이 여기 사장님이야"	"안경 쓴 분이 여기 사장님이야"
명품 가방과 함께한 그녀는 갑부이다	명품 가방을 든 그녀는 갑부이다
칼과 함께한 도둑을 제압하다	칼을 가지고 있는 도둑을 제압하다
주차장과 함께한 단독주택을 구입하다	주차장이 있는 단독주택을 구입하다
정원과 함께한 집을 사고 싶다	정원이 딸린 집을 사고 싶다
방이 세 개와 함께한 집을 가지고 있다	방이 세 개인 집을 가지고 있다
처리 속도가 빠름과 함께한 노트북을 구입하다	처리 속도가 빠른 노트북을 구입하다
큰 화면과 함께한 모니터를 선물로 받다	큰 화면의 모니터를 선물로 받다
손잡이와 함께한 컵에 차를 마시다	손잡이가 있는 컵에 차를 마시다
주머니와 함께한 앞치마를 만들다	주머니가 달린 앞치마를 만들다
연예인 얼굴이 프린트와 함께한 티셔츠를 구입하다	연예인 얼굴이 프린트된 티셔츠를 구입하다
정품 인증 스티커와 함께한 제품을 선택하다	정품 인증 스티커가 부착된 제품을 선택하다
빨간색 로고와 함께한 그 카메라는 고가이다	빨간색 로고가 박힌 그 카메라는 고가이다
지퍼와 함께한 구두가 신고 벗기 편하다	지퍼가 달린 구두가 신고 벗기 편하다
모자와 함께한 점퍼를 입어보다	모자가 달려 있는 점퍼를 입어보다
후식과 함께한 식사를 하다	후식을 곁들인 식사를 하다
"너{와 함께한} 무슨 일 있니?"	"너 무슨 일 있니?" {생략}
자동차와 함께한 문제가 있다	자동차에 문제가 있다

set [쎄엩] [세트] [셋]

앉혀놓다 / 앉혀지다 / 앉혀놓은 / 앉혀놓은 것

(목표를) 앉혀놓다 = (목표를) 세우다, 정하다	목표를 set
(기기의 기능 등을) 앉혀놓다 = (기능 등을) 설정하다, 놓다	핸드폰을 진동 모드로 set
(기기의 온도 등을) 앉혀놓다 = (온도 등을) 설정하다, 맞추다	에어컨을 26도로 set
(타이머, 알람, 시계 등을) 앉혀놓다 = 맞추다, 조절하다, 설정하다	타이머를 5분으로 set
(날짜, 시간, 장소를) 앉혀놓다 = 정하다, 잡다	약속 날짜와 시간을 set
(가격, 값을) 앉혀놓다 = 정하다, 매기다	시계의 가격을 15만원으로 set
(규칙, 방침 등을) 앉혀놓다 = 정하다, 두다	자녀의 귀가 시간을 밤 10시까지로 set
(제한 등을) 앉혀놓다 = 두다, 정하다	도로에 속도 제한을 set
(무대 배경을) 앉혀놓다 = (무대를) 세우다 (up), (무대를) 장치하다	연극 무대를 set up
(촬영지 배경을) 앉혀놓다 = (촬영지로) 정해놓다 (up), 세우다	감독이 제주도 시내를 촬영 장소로 set up
(소설의 배경을) 앉혀놓다 = (소설의 배경을) 설정하다, 정해놓다	작가가 소설의 시대를 70년대로 set
(식탁에 수저, 잔 등의 식사 도구를) 앉혀놓다 = 차려놓다, 차리다	식탁에 접시와 포크, 냅킨을 set
(기록상에) 앉혀놓다 = (판매 기록, 신기록 등을) 세우다	신차가 최고의 판매 기록을 set
(자리잡아) 앉혀놓다 = (물건 등을) 놓다, 두다	화장대에 향수를 set
(자리잡아) 앉혀놓다 = (물건 등을) 놓다, 두다	컵을 탁자에 set
(자리잡아) 앉혀놓다 = (짐승의 덫, 모함의 덫 등을) 놓다	늑대를 잡으려고 덫을 set
(보석 등을) 앉혀놓다 = (보석 등을) 박아놓다, 박다, 고정시키다	반지에 다이아몬드를 set
(선례로) 앉혀놓다 = (선례를) 남기다	좋은 선례로 set
(발길, 진로 등을) 앉혀놓다 = 돌리다, 들이다, 향하게 하다	집으로 발길을 set
(일, 업무 등에 사람을) 앉혀놓다 = 배정하다, 배치하다, 맡기다	그를 경영 기획팀에 set
(폭탄, 덫 등을) 앉혀놓다 = (폭탄, 덫 등을) 설치하다	건물에 폭탄을 set
(일을) 앉혀놓다 = (일을) 시작하다, 착수하다	그는 새로운 사업을 set
(가까이 갖다) 앉혀놓다 = (입술 등을) 대다, (가사에 곡을) 붙이다	컵을 입술에 set
(가까이 갖다) 앉혀놓다 = (불을) 붙이다, (도장을) 찍다	장작에 불을 set
(무른 것이 자리잡아) 앉혀지다 = (무른 것이) 굳다, 응고하다	시멘트가 금세 set
(머리가 자리잡아) 앉혀지다 = (머리 모양이) 잡히다, 고정되다	머리가 잘 set
(떠 있던 해가) 앉혀지다 = (해, 달 등이) 지다	오후 6시에 해가 set
(바람, 흐름 등이) 앉혀지다 = (~으로) 향하다, (~으로) 흐르다	바람이 남쪽으로 set
(모범으로) 앉혀지다 = (모범이) 되다, (모범을) 보이다	반장이 친구들에게 모범이 set
(열매가) 앉혀지다 = (열매를) 맺다	감나무에 감이 주렁주렁 set
(목표, 계획, 규칙 등을) 앉혀놓은 = 정해진, 고정된, 규정된	set 규칙을 잘 지키다
(하나로 묶어서) 앉혀놓은 것 = 한 벌, 한 조, 전집, (배구 등의) 세트	공구 set을 구입하다
(연극 무대로) 앉혀놓은 것 = (연극의) 공연장, 무대 장치, 세트	set에서 배우들이 열연하다
(촬영 장소로) 앉혀놓은 것 = (영화의) 촬영장, 촬영 장치, 세트	설악산을 set으로 영화를 찍다

목표를 **앉혀놓다**	목표를 **세우다**
핸드폰을 진동 모드로 **앉혀놓다**	핸드폰을 진동 모드로 **설정하다**
에어컨을 26도로 **앉혀놓다**	에어컨을 26도로 **설정하다**
타이머를 5분으로 **앉혀놓다**	타이머를 5분으로 **맞추다**
약속 날짜와 시간을 **앉혀놓다**	약속 날짜와 시간을 **정하다**
시계의 가격을 15만원으로 **앉혀놓다**	시계의 가격을 15만원으로 **정하다**
자녀의 귀가 시간을 밤 10시까지로 **앉혀놓다**	자녀의 귀가 시간을 밤 10시까지로 **정하다**
도로에 속도 제한을 **앉혀놓다**	도로에 속도 제한을 **두다**
연극 무대를 **앉혀놓다**	연극 무대를 **세우다**
감독이 제주도 시내를 촬영 장소로 **앉혀놓다**	감독이 제주도 시내를 촬영 장소로 **정해놓다**
작가가 소설의 시대를 70년대로 **앉혀놓다**	작가가 소설의 시대를 70년대로 **설정하다**
식탁에 접시와 포크, 넵킨을 **앉혀놓다**	식탁에 접시와 포크, 넵킨을 **차려놓다** (세팅하다)
신차가 최고의 판매 기록을 **앉혀놓다**	신차가 최고의 판매 기록을 **세우다**
화장대에 향수를 **앉혀놓다**	화장대에 향수를 **놓다**
컵을 탁자에 **앉혀놓다**	컵을 탁자에 **놓다**
늑대를 잡으려고 덫을 **앉혀놓다**	늑대를 잡으려고 덫을 **놓다**
반지에 다이아몬드를 **앉혀놓다**	반지에 다이아몬드를 **박아놓다**
좋은 선례로 **앉혀놓다**	좋은 선례로 **남기다**
집으로 발길을 **앉혀놓다**	집으로 발길을 **돌리다**
그를 경영 기획팀에 **앉혀놓다**	그를 경영 기획팀에 **배정하다**
건물에 폭탄을 **앉혀놓다**	건물에 폭탄을 **설치하다**
그는 새로운 사업을 **앉혀놓다**	그는 새로운 사업을 **시작하다**
컵을 입술에 **앉혀놓다**	컵을 입술에 **대다**
장작에 불을 **앉혀놓다**	장작에 불을 **붙이다**
시멘트가 금세 **앉혀지다**	시멘트가 금세 **굳다**
머리가 잘 **앉혀지다**	머리가 잘 **잡히다**
오후 6시에 해가 **앉혀지다**	오후 6시에 해가 **지다**
바람이 남쪽으로 **앉혀지다**	바람이 남쪽으로 **향하다**
반장이 친구들에게 모범이 **앉혀지다**	반장이 친구들에게 모범이 **되다**
감나무에 감이 주렁주렁 **앉혀지다**	감나무에 감이 주렁주렁 **맺다**
앉혀놓은 규칙을 잘 지키다	**정해진** 규칙을 잘 지키다
공구 **앉혀놓은 것**을 구입하다	공구 **한 벌**을 구입하다
앉혀놓은 것에서 배우들이 열연하다	**공연장**에서 배우들이 열연하다
설악산을 **앉혀놓은 것**으로 영화를 찍다	설악산을 **촬영장**으로 영화를 찍다

settle [쎄럴] [쎌틀] [세틀]

자리잡다 / 자리잡게 하다

(편한 곳에) 자리잡다 = 자리를 잡다	추워서 난로 가까운 곳에 **settle**
(편한 곳에) 자리잡다 = 자리잡아 앉다	여유가 시원한 그늘 밑에 **settle**
(어떤 일을 하기 좋은 자리에) 자리잡다 = (자리잡아) 앉다	드라마를 보려고 TV 앞 소파에 **settle**
(새, 곤충이 날아다니가다) 자리잡다 = (자리잡아) 앉다	참새가 나뭇가지에 **settle**
(어떤 거주지에) 자리잡다 = 정착하다, 이주하다	고향을 떠나 서울에 **settle**
(새로운 곳에) 자리잡다 = 정착하다, 이주하다	가족과 함께 영국에 **settle**
(창업, 가게가) 자리잡다 = (일, 수입 등이) 자리잡히다, 안정되다	치킨집을 창업하여 가게가 **settle**
(취업, 직장에) 자리잡다 = (업무, 동료 등에) 적응되다	입사 4주 차가 되자 회사 업무에 **settle**
(새로운 생활, 결혼 생활 등이) 자리잡다 = 안정되다, 자리잡히다	집도 사고 아이들도 잘 자라서 생활이 **settle**
(도시 생활, 시골 생활 등에) 자리잡다 = 적응되다, 안정되다	귀농하여 시골 생활에 **settle**
(편안한 생활에) 자리잡다 = 안주하다 (자리잡고 편안하게 살다)	미래를 위해 현재에 {**settle** 않다}
(분노, 흥분이 안정되게) 자리잡다 = 가라앉다, 안정되다	그의 진정 어린 사과로 분노가 **settle**
(소동, 사태가 잠잠하게) 자리잡다 = 잠잠해지다 (down), 진정되다	옆집 부부의 싸우는 소리가 **settle**
(궂은 날씨가 좋게) 자리잡다 = 잠잠해지다, 좋아지다	하루 종일 내리던 비가 어느새 **settle**
(불안감, 우울감 등이) 자리잡다 = 엄습하다, 지배하다	직장을 잃고 미래에 대한 불안감이 **settle**
(먼지, 눈 등이 내려와서) 자리잡다 = 내려앉다 (down)	냉장고 위에 먼지가 **settle**
(흙, 찌꺼기 등이 물 아래로) 자리잡다 = (가라앉아서) 맑아지다	흙탕물이 **settle**
(어떤 장소에) 자리잡게 하다 = 정착시키다, 이주시키다	그는 오갈 데 없는 백성들을 이 고을에 **settle**
(앉을 곳에) 자리잡게 하다 = (앉을) 자리를 안내하다	식당 종업원이 창가 테이블로 **settle**
(어떤 위치에) 자리잡게 하다 = (자리잡아) 놓다	무릎 위에 담요를 **settle**
(날짜, 시간, 가격 등을) 자리잡게 하다 = 정하다, 결정하다	모임 시간을 토요일 오후 5시로 **settle**
(진로, 조건 등을) 자리잡게 하다 = 정하다, 결정하다	해외 유학으로 진로를 **settle**
(계획, 다짐 등을) 자리잡게 하다 = 결심하다	다이어트 계획을 **settle**
(문제, 고민 등을) 자리잡게 하다 = 해결하다, 처리하다	고가도로를 지어 교통 흐름을 **settle**
(시비 등을) 자리잡게 하다 = 합의를 보다, 타협하다	법정에 서기 전에 서로 원만히 **settle**
(대립, 분쟁 등을) 자리잡게 하다 = 합의하다, 타협하다	회사 측과 노동자 측이 임금 인상안을 **settle**
(논쟁 등을) 자리잡게 하다 = 결론을 내리다, 끝내다	마침내 해묵은 논쟁을 **settle**
(울음, 슬픔 등을) 자리잡게 하다 = 달래다, 진정시키다	칭얼대던 아기를 **settle**
(흥분, 분노 등을) 자리잡게 하다 = 진정시키다, 달래다	화가 난 사람을 **settle**
(머리, 마음을) 자리잡게 하다 = 비우다, 가라앉히다, 정리하다	복잡한 머릿속을 **settle**
(위, 신경 등을) 자리잡게 하다 = 달래다, 가라앉히다	과음으로 쓰린 속을 해장국으로 **settle**
(머리카락, 외모 등을) 자리잡게 하다 = 정돈하다, 진정시키다	바람에 흐트러진 머리를 **settle**
(돈을 내고 돈 문제를) 자리잡게 하다 = 해결하다, 청산하다, 치르다	아르바이트로 학비를 **settle**
(돈을 지불할 곳에) 자리잡게 하다 = 정산하다, 결제하다, 지불하다	주차 요금을 **settle**

추워서 난로 가까운 곳에 **자리잡다**	추워서 난로 가까운 곳에 **자리를 잡다**
여우가 시원한 그늘 밑에 **자리잡다**	여우가 시원한 그늘 밑에 **자리잡아 앉다**
드라마를 보려고 TV 앞 소파에 **자리잡다**	드라마를 보려고 TV 앞 소파에 **앉다**
참새가 나뭇가지에 **자리잡다**	참새가 나뭇가지에 **앉다**
고향을 떠나 서울에 **자리잡다**	고향을 떠나 서울에 **정착하다**
가족과 함께 영국에 **자리잡다**	가족과 함께 영국에 **정착하다**
치킨집을 창업하여 가게가 **자리잡다**	치킨집을 창업하여 가게가 **자리잡히다**
입사 4주 차가 되자 회사 업무에 **자리잡다**	입사 4주 차가 되자 회사 업무에 **적응되다**
집도 사고 아이들도 잘 자라서 생활이 **자리잡다**	집도 사고 아이들도 잘 자라서 생활이 **안정되다**
귀농하여 시골 생활에 **자리잡다**	귀농하여 시골 생활에 **적응되다**
미래를 위해 현재에 {**자리잡다** 않다} (자리잡지 않다)	미래를 위해 현재에 {**안주하다** 않다} (안주하지 않다)
그의 진정 어린 사과로 분노가 **자리잡다**	그의 진정 어린 사과로 분노가 **가라앉다**
옆집 부부의 싸우는 소리가 **자리잡다**	옆집 부부의 싸우는 소리가 **잠잠해지다**
하루 종일 내리던 비가 어느새 **자리잡다**	하루 종일 내리던 비가 어느새 **잠잠해지다**
직장을 잃고 미래에 대한 불안감이 **자리잡다**	직장을 잃고 미래에 대한 불안감이 **엄습하다**
냉장고 위에 먼지가 **자리잡다**	냉장고 위에 먼지가 **내려앉다**
흙탕물이 **자리잡다**	흙탕물이 **맑아지다**
그는 오갈 데 없는 백성들을 이 고을에 **자리잡게 하다**	그는 오갈 데 없는 백성들을 이 고을에 **정착시키다**
식당 종업원이 창가 테이블로 **자리잡게 하다**	식당 종업원이 창가 테이블로 **자리를 안내하다**
무릎 위에 담요를 **자리잡게 하다**	무릎 위에 담요를 **놓다**
모임 시간을 토요일 오후 5시로 **자리잡게 하다**	모임 시간을 토요일 오후 5시로 **정하다**
해외 유학으로 진로를 **자리잡게 하다**	해외 유학으로 진로를 **정하다**
다이어트 계획을 **자리잡게 하다**	다이어트 계획을 **결심하다**
고가도로를 지어 교통 흐름을 **자리잡게 하다**	고가도로를 지어 교통 흐름을 **해결하다**
법정에 서기 전에 서로 원만히 **자리잡게 하다**	법정에 서기 전에 서로 원만히 **합의를 보다**
회사 측과 노동자 측이 임금 인상안을 **자리잡게 하다**	회사 측과 노동자 측이 임금 인상안을 **합의하다**
마침내 해묵은 논쟁을 **자리잡게 하다**	마침내 해묵은 논쟁에 **결론을 내리다**
칭얼대던 아기를 **자리잡게 하다**	칭얼대던 아기를 **달래다**
화가 난 사람을 **자리잡게 하다**	화가 난 사람을 **진정시키다**
복잡한 머릿속을 **자리잡게 하다**	복잡한 머릿속을 **비우다**
과음으로 쓰린 속을 해장국으로 **자리잡게 하다**	과음으로 쓰린 속을 해장국으로 **달래다**
바람에 흐트러진 머리를 **자리잡게 하다**	바람에 흐트러진 머리를 **정돈하다**
아르바이트로 학비를 **자리잡게 하다**	아르바이트로 학비를 **해결하다**
주차 요금을 **자리잡게 하다**	주차 요금을 **정산하다**

fall  [뿨얼] [폴]

떨어지다 / 떨어지는 것

(높은 곳에서) 떨어지다 (from, off)	꽃병이 테이블에서 **fall** from
(높은 곳에서) 떨어지다 (off, from)	천장에서 전등이 **fall** off
(높은 곳에서) 떨어지다 = 추락하다 (off, from)	작업자가 사다리에서 **fall** off
(어딘가 속으로) 떨어지다 = 낙하하다 (into), 추락하다	로켓이 바다로 **fall** into
(비가) 떨어지다 = 내리다	비가 **fall**
(눈이) 떨어지다 = 내리다	하얀 눈이 **fall**
(우박이) 떨어지다 = 내리다	골프공 만한 우박이 **fall**
(꽃잎, 잎사귀 등이) 떨어지다 = 지다	벚꽃 잎이 **fall**
(가격이) 떨어지다 = 내려가다, 하락하다	과일 가격이 **fall**
(금리, 환율 등이) 떨어지다 = 내려가다, 하락하다, 감소하다, 줄다	금리가 1% **fall**
(주가 등이) 떨어지다 = 하락하다, 감소하다, 줄다	주가가 **fall**
(수치, 수량 등이) 떨어지다 = 감소하다, 하락하다, 줄다	4분기 실업률이 **fall**
(수치, 수량 등이) 떨어지다 = 감소하다, 하락하다, 줄다	전원주택에 대한 수요가 **fall**
(물속에) 떨어지다 = 빠지다 (into)	사람이 강물에 **fall** into
(함정, 구덩이 속에) 떨어지다 = 빠지다 (into)	함정에 **fall** into
(공포감 속에) 떨어지다 = 빠지다 (into)	공포감에 **fall** into
(사랑에) 떨어지다 = 빠지다 (in)	그녀와 사랑에 **fall** in
(사람에) 떨어지다 = 반하다 (for), 빠지다	나는 잘생긴 그에게 **fall** for
(거짓말, 계략, 유혹에) 떨어지다 = (속아) 넘어가다 (for), 속다	교묘한 거짓말에 **fall** for
(잠, 무의식 등에) 떨어지다 = 들다, 빠지다	너무 피곤했는지 동생은 소파에서 잠에 **fall**
(갑자기 병에) 떨어지다 = 걸리다	그는 수영장에서 눈병에 **fall**
(바닥 아래로) 떨어지다 = 넘어지다 (down)	길을 걷다 **fall** down
(바닥 아래로) 떨어지다 = 쓰러지다 (down)	그녀가 빈혈로 **fall** down
(바닥 어딘가에) 떨어지다 = (길바닥, 빙판길 등에) 넘어지다 (on)	길바닥에 **fall** on
(걸려서 바닥으로) 떨어지다 = (걸려서) 넘어지다 (over)	돌부리에 **fall** over
(침대 밖으로) 떨어지다 (out)	침대에서 **fall** out
(나무가 바닥으로) 떨어지다 = 쓰러지다 (down), 넘어가다	강풍으로 나무가 **fall** down
(건물이 바닥으로) 떨어지다 = 무너지다 (down), 붕괴하다	지진으로 건물이 **fall** down
(온도, 기압이) 떨어지다 = 내려가다 (down)	온도가 영하로 **fall** down
(범위, 분야에) 떨어지다 = 들다 (within, under), 들어가다, 속하다	논문의 주제는 사회 심리학 범위에 **fall** within
(도시, 문명 등이) 떨어지다 = 넘어가다, 함락되다, 몰락하다	도시가 적에게 **fall**
(일, 업무, 임무 등이) 떨어지다 = 주어지다 (on), 부과되다	그에게 기획안 발표하는 일이 **fall** on
(낙엽, 도시가) 떨어지는 것 = 가을 (미국), (도시, 제국 등의) 멸망	**fall**이 되자 산이 붉게 물들다
(물이) 떨어지는 것 = 폭포 (falls, waterfall)	**fall**s 소리가 시원하다

꽃병이 테이블에서 **떨어지다**	꽃병이 테이블에서 **떨어지다**
천장에서 전등이 **떨어지다**	천장에서 전등이 **떨어지다**
작업자가 사다리에서 **떨어지다**	작업자가 사다리에서 **추락하다**
로켓이 바다로 **떨어지다**	로켓이 바다로 **낙하하다**
비가 **떨어지다**	비가 **내리다**
하얀 눈이 **떨어지다**	하얀 눈이 **내리다**
골프공 만한 우박이 **떨어지다**	골프공 만한 우박이 **내리다**
벚꽃 잎이 **떨어지다**	벚꽃 잎이 **지다**
과일 가격이 **떨어지다**	과일 가격이 **내려가다**
금리가 1% **떨어지다**	금리가 1% **내려가다**
주가가 **떨어지다**	주가가 **하락하다**
4분기 실업률이 **떨어지다**	4분기 실업률이 **감소하다**
전원주택에 대한 수요가 **떨어지다**	전원주택에 대한 수요가 **감소하다**
사람이 강물에 **떨어지다**	사람이 강물에 **빠지다**
함정에 **떨어지다**	함정에 **빠지다**
공포감에 **떨어지다**	공포감에 **빠지다**
그녀와 사랑에 **떨어지다**	그녀와 사랑에 **빠지다**
나는 잘생긴 그에게 **떨어지다**	나는 잘생긴 그에게 **반하다**
교묘한 거짓말에 **떨어지다**	교묘한 거짓말에 **넘어가다**
너무 피곤했는지 동생은 소파에서 잠에 **떨어지다**	너무 피곤했는지 동생은 소파에서 잠이 **들다**
그는 수영장에서 눈병에 **떨어지다**	그는 수영장에서 눈병이 **걸리다**
길을 걷다 **떨어지다**	길을 걷다 **넘어지다**
그녀가 빈혈로 **떨어지다**	그녀가 빈혈로 **쓰러지다**
길바닥에 **떨어지다**	길바닥에 **넘어지다**
돌부리에 걸려 **떨어지다**	돌부리에 걸려 **넘어지다**
침대에서 **떨어지다**	침대에서 **떨어지다**
강풍으로 나무가 **떨어지다**	강풍으로 나무가 **쓰러지다**
지진으로 건물이 **떨어지다**	지진으로 건물이 **무너지다**
온도가 영하로 **떨어지다**	온도가 영하로 **내려가다**
논문의 주제는 사회 심리학 범위에 **떨어지다**	논문의 주제는 사회 심리학 범위에 **들다**
도시가 적게에 **떨어지다**	도시가 적게에 **넘어가다**
그에게 기획안 발표하는 일이 **떨어지다**	그에게 기획안 발표하는 일이 **주어지다**
떨어지는 것이 되자 산이 붉게 물들다	**가을**이 되자 산이 붉게 물들다
떨어지는 것 소리가 시원하다	**폭포** 소리가 시원하다

drop [쥬롺] [드롭]

뚝 떨어지다 / 뚝 떨어뜨리다 / 뚝 떨어짐

(비가 방울져) 뚝 떨어지다 = 방울방울 내리다, 똑똑 떨어지다	하늘에서 비가 **drop**
(방울져 맺혔다가) 뚝 떨어지다 = 똑똑 떨어지다, 방울져 떨어지다	천장에서 물이 **drop**
(사람, 동물이) 뚝 떨어지다 = 떨어지다	작업 도중 사다리에서 **drop**
(물체가) 뚝 떨어지다 = 떨어지다	수저가 테이블 밑으로 **drop**
(나무에서 과일 등이) 뚝 떨어지다 = 떨어지다	감나무에서 감이 **drop**
(기온, 온도 등이) 뚝 떨어지다 = 내려가다, 낮아지다	비가 내리고 나서 기온이 **drop**
(가치 등이) 뚝 떨어지다 = 하락하다, 감소하다	주식의 가치가 **drop**
(가격 등이) 뚝 떨어지다 = 내려가다, 하락하다	석유 가격이 **drop**
(매출, 정도 등이) 뚝 떨어지다 = 감소하다, 하락하다	전년도 대비 매출이 35% **drop**
(공상, 잠 등의 상태로) 뚝 떨어지다 = 빠지다, (잠에) 들다	공상에 **drop**
(놀라서 턱이) 뚝 떨어지다 = (놀라서 입이) 딱 벌어지다	놀라서 턱이 **drop**
(피곤, 부상 등으로) 뚝 떨어지다 = 푹 쓰러지다 (down), 푹 주저앉다	현기증으로 **drop** down
(장소에) 뚝 떨어지다 = (몸을 떨구어 잠깐) 들르다 (by, in)	콜라를 사려고 편의점에 **drop** by
(눈물, 땀, 피를) 뚝 떨어뜨리다 = 뚝뚝 흘리다, 방울져 떨어뜨리다	눈물을 **drop**
(참기름 등을) 뚝 떨어뜨리다 = (한 방울씩) 똑똑 떨어뜨리다	비빔밥에 참기름을 **drop**
(실수로) 뚝 떨어뜨리다 = 떨어뜨리다	휴대폰을 바닥에 **drop**
(높은 곳에서 물건, 폭탄 등을) 뚝 떨어뜨리다 = 떨어뜨리다	비행기로 구호품을 **drop**
(닻, 낚싯줄, 무대의 막 등을) 뚝 떨어뜨리다 = 내리다	항구에 닻을 **drop**
(정도, 가치 등을) 뚝 떨어뜨리다 = 하락시키다, 떨어뜨리다	폭우가 사과의 품질을 **drop**
(가격, 정도, 분량 등이) 뚝 떨어뜨리다 = 내리다, 줄이다	냉장고 판매 가격을 **drop**
(속도 등을) 뚝 떨어뜨리다 = 줄이다, 내리다	자동차의 속도를 **drop**
(몸을 가볍게) 뚝 떨어뜨리다 = (몸을) 떨구다, 뛰어내리다	그가 담장을 넘어 마당으로 몸을 **drop**
(차로 가는 도중에 사람을) 뚝 떨어뜨리다 = 내려주다 (off), 떨구다	차로 가는 길에 친구를 집 앞에 **drop** off
(차로 가는 도중에 짐을) 뚝 떨어뜨리다 = 떨구다, 내려놓다	운송 기사가 납품할 물건을 가게 안에 **drop**
(꿈, 목표, 계획 등을) 뚝 떨어뜨리다 = 단념하다, 포기하다	배우가 되겠다는 꿈을 **drop**
(학교, 공부, 습관 등을) 뚝 떨어뜨리다 = 그만두다, 중단하다	스페인어 공부를 **drop**
(생각, 아이디어 등을) 뚝 떨어뜨리다 = 그만두다, 중단하다	장사 하겠다는 생각을 **drop**
(하던 일, 이야기, 논의 등을) 뚝 떨어뜨리다 = 멈추다, 그만하다	전화가 와서 하던 일을 **drop**
(소송을) 뚝 떨어뜨리다 = 취하하다, 멈추다, 중단하다	손해 배상 청구 소송을 **drop**
(방울져) 뚝 떨어짐 = (빗) 방울, (물) 방울, (핏) 방울	나뭇잎에 {비의 **drop**}이 맺히다
(한 방울) 뚝 떨어짐 = 조금, 한 방울 (a drop), 소량, 미량	냉면에 식초를 **drop** 넣다
(한 방울) 뚝 떨어짐 = 점안약 (eye drops), 안약	눈이 건조해서 **drop**s를 넣다
뚝 떨어짐 = 하락, 저하, 감소	매출의 **drop**으로 수입이 별로 없다
뚝 떨어짐 = 저하, 하락, 감소	기온의 **drop**으로 내일은 오늘보다 더 춥다

하늘에서 비가 **뚝 떨어지다**	하늘에서 비가 **방울방울 내리다**
천장에서 물이 **뚝 떨어지다**	천장에서 물이 **똑똑 떨어지다**
작업 도중 사다리에서 **뚝 떨어지다**	작업 도중 사다리에서 **떨어지다**
수저가 테이블 밑으로 **뚝 떨어지다**	수저가 테이블 밑으로 **떨어지다**
감나무에서 감이 **뚝 떨어지다**	감나무에서 감이 **떨어지다**
비가 내리고 나서 기온이 **뚝 떨어지다**	비가 내리고 나서 기온이 **내려가다**
주식의 가치가 **뚝 떨어지다**	주식의 가치가 **하락하다**
석유 가격이 **뚝 떨어지다**	석유 가격이 **내려가다**
전년도 대비 매출이 35% **뚝 떨어지다**	전년도 대비 매출이 35% **감소하다**
공상에 **뚝 떨어지다**	공상에 **빠지다**
놀라서 턱이 **뚝 떨어지다**	놀라서 턱이 (입이) **딱 벌어지다**
현기증으로 **뚝 떨어지다**	현기증으로 **푹 쓰러지다**
콜라를 사려고 편의점에 **뚝 떨어지다**	콜라를 사려고 편의점에 **들르다**
눈물을 **뚝 떨어뜨리다**	눈물을 **뚝뚝 흘리다**
비빔밥에 참기름을 **뚝 떨어뜨리다**	비빔밥에 참기름을 **똑똑 떨어뜨리다**
휴대폰을 바닥에 **뚝 떨어뜨리다**	휴대폰을 바닥에 **떨어뜨리다**
비행기로 구호품을 **뚝 떨어뜨리다**	비행기로 구호품을 **떨어뜨리다**
항구에 닻을 **뚝 떨어뜨리다**	항구에 닻을 **내리다**
폭우가 사과의 품질을 **뚝 떨어뜨리다**	폭우가 사과의 품질을 **하락시키다**
냉장고 판매 가격을 **뚝 떨어뜨리다**	냉장고 판매 가격을 **내리다**
자동차의 속도를 **뚝 떨어뜨리다**	자동차의 속도를 **줄이다**
그가 담장을 넘어 마당으로 몸을 **뚝 떨어뜨리다**	그가 담장을 넘어 마당으로 몸을 **떨구다**
차로 가는 길에 친구를 집 앞에 **뚝 떨어뜨리다**	차로 가는 길에 친구를 집 앞에 **내려주다**
운송 기사가 납품할 물건을 가게 안에 **뚝 떨어뜨리다**	운송 기사가 납품할 물건을 가게 안에 **떨구다**
배우가 되겠다는 꿈을 **뚝 떨어뜨리다**	배우가 되겠다는 꿈을 **단념하다**
스페인어 공부를 **뚝 떨어뜨리다**	스페인어 공부를 **그만두다**
장사 하겠다는 생각을 **뚝 떨어뜨리다**	장사 하겠다는 생각을 **그만두다**
전화가 와서 하던 일을 **뚝 떨어뜨리다**	전화가 와서 하던 일을 **멈추다**
손해 배상 청구 소송을 **뚝 떨어뜨리다**	손해 배상 청구 소송을 **취하하다**
나뭇잎에 {비의 **뚝 떨어짐**}이 맺히다	나뭇잎에 {**빗방울**}이 맺히다
냉면에 식초를 **뚝 떨어짐** 넣다	냉면에 식초를 **조금** 넣다
눈이 건조해서 **뚝 떨어짐**을 넣다	눈이 건조해서 **점안약**을 넣다
매출의 **뚝 떨어짐**으로 수입이 별로 없다	매출의 **하락**으로 수입이 별로 없다
기온의 **뚝 떨어짐**으로 내일은 오늘보다 더 춥다	기온의 **저하**로 내일은 오늘보다 더 춥다

go [궈우] [고우]
가다

(다른 장소로) 가다 (to)	영화 보러 극장에 **go**
(다른 장소로) 가다 (to), 들어가다 (into, in)	식사를 마치고 방으로 **go**
(학원, 학교, 직장 등을) 가다 = 다니다 (to)	피아노를 배우려고 학원에 **go**
(여행, 소풍 등을) 가다 = 떠나다 (on)	베트남으로 여행을 **go** on
(데이트 등을 하러) 가다 (on)	데이트하러 **go** on
(산책, 드라이브 등을 하러) 가다 (for)	산책하러 **go** for
(쇼핑, 캠핑, 서핑 등을 하러) 가다 (~ing)	쇼핑하러 **go** ~ing
(각자의 길, 나만의 길, 먼 길 등을) 가다	결별하여 각자의 길을 **go**
(어떤 수단을 이용해서) 가다 (by, on)	제주도를 배로 **go** by
(자동차, 도보 등으로) 가다 (by, on)	학교를 버스로 **go** by
(천천히, 서둘러, 달려서 등 어떤 형태로) 가다	경치를 보면서 천천히 **go**
(출발하여, 떠나) 가다 = 출발하다, 떠나가다	여객선이 울릉도로 **go**
(하늘나라로) 가다, 죽다	동물원의 코끼리가 하늘나라로 **go**
(저세상, 흙으로) 가다 = 죽다, 사망하다, 돌아가다	그가 심장 질환으로 **go**
(통증, 아픔이) 가다 = 사라지다 (away), 낫다	두통이 **go** away
(있던 것이 없어져) 가다 = 사라지다 (away), 없어지다	우리에 있던 돼지들이 어디론가 **go**
(승리, 명예, 유산 등이) 가다 = 돌아가다 (to)	우승은 우리 팀에게 **go**
(물건이 어떤 위치에) 가다 = (어떤 위치에) 놓이다, 넣어지다	양말은 서랍 맨 아래에 **go**
(잠자리, 침대로) 가다 = (잠자리에) 들다 (to)	졸려서 잠자리로 **go**
(전깃불, 전기, 전구, 불꽃 등이) 가다 = 나가다 (out), 꺼지다	정전으로 불이 **go** out
(날, 시간, 휴가 등이 지나) 가다 = 지나가다 (by), 흘러가다	하루가 빨리 **go** by
(널리 퍼져) 가다 = 퍼져가다, 퍼지다, 뻗다, (범위가) 미치다	한국 드라마의 인기가 세계로 **go**
(어디서나 두루 쓰여) 가다 = 통용되다, (어디서나) 사용되다	달러와 금은 세계 어디서나 **go**
(돈, 시간이 들어) 가다 = 들어가다 (to, on), 쓰이다	모아둔 돈은 컴퓨터 구입하는데 **go**
(물건이 어떤 금액에 팔려) 가다 = 팔려 나가다, 팔리다	그 건물은 50억에 **go**
(기계, 전자 제품 등이 작동되어) 가다 = 작동하다, 돌아가다	컴퓨터가 잘 **go**
(일이 잘되어) 가다 = (좋게) 진행되다, 진전되다, 돌아가다, 되다	공연이 순조롭게 **go**
(일이 잘못되어) 가다 = (안 좋게) 진행되다, 되다	일이 안 좋게 **go**
(어떤 상태로) 가다 = (어떤 상태가) 되다 (into), 빠지다, 들어가다	혼수상태에 **go** into
(신체 기능이) 가다 = 귀가 먹다 (go deaf), 눈이 멀다 (go blind)	노환으로 **go** deaf
(정신 상태가) 가다 = 미치다 (go crazy), 열광하다, 열중하다	그 학생은 수학에 **go** crazy
(음식의 맛이) 가다 = 상하다 (go bad), 변질되다	우유가 **go** bad
(색이) 가다 = (머리가) 세다 (go grey), (얼굴이) 하얘지다 (go white)	나이 들어 머리카락이 **go** grey
(재정 상태가) 가다 = 파산하다 (go bankrupt)	사업 실패로 **go** bankrupt

148

영화 보러 극장에 **가다**	영화 보러 극장에 **가다**
식사를 마치고 방으로 **가다**	식사를 마치고 방으로 **가다**
피아노를 배우려고 학원에 **가다**	피아노를 배우려고 학원에 **다니다**
베트남으로 여행을 **가다**	베트남으로 여행을 **떠나다**
데이트하러 **가다**	데이트하러 **가다**
산책하러 **가다**	산책하러 **가다**
쇼핑하러 **가다**	쇼핑하러 **가다**
결별하여 각자의 길을 **가다**	결별하여 각자의 길을 **가다**
제주도를 배로 **가다**	제주도를 배로 **가다**
학교를 버스로 **가다**	학교를 버스로 **가다**
경치를 보면서 천천히 **가다**	경치를 보면서 천천히 **가다**
여객선이 울릉도로 **가다**	여객선이 울릉도로 **출발하다**
동물원의 코끼리가 하늘나라로 **가다**	동물원의 코끼리가 하늘나라로 **가다** (죽다)
그가 심장 질환으로 **가다**	그가 심장 질환으로 **죽다**
두통이 **가다**	두통이 **사라지다**
우리에 있던 돼지들이 어디론가 **가다**	우리에 있던 돼지들이 어디론가 **사라지다**
우승은 우리 팀에게 **가다**	우승은 우리 팀에게 **돌아가다** (차지하다)
양말은 서랍 맨 아래에 **가다**	양말은 서랍 맨 아래에 **놓이다**
졸려서 잠자리로 **가다**	졸려서 잠자리에 **들다**
정전으로 불이 **가다**	정전으로 불이 **나가다**
하루가 빨리 **가다**	하루가 빨리 **지나가다**
한국 드라마의 인기가 세계로 **가다**	한국 드라마의 인기가 세계로 **퍼져가다**
달러와 금은 세계 어디서나 **가다**	달러와 금은 세계 어디서나 **통용되다**
모아둔 돈은 컴퓨터 구입하는데 **가다**	모아둔 돈은 컴퓨터 구입하는데 **들어가다**
그 건물은 50억에 **가다**	그 건물은 50억에 **팔려 나가다**
컴퓨터가 잘 **가다** (돌아가다)	컴퓨터가 잘 **작동하다**
공연이 순조롭게 **가다** (돌아가다)	공연이 순조롭게 **진행되다**
일이 안 좋게 **가다** (돌아가다)	일이 안 좋게 **진행되다**
혼수상태 속에 **가다**	혼수상태가 **되다**
노환으로 귀가 먹은 (상태로) **가다**	노환으로 **귀가 먹다**
그 학생은 수학에 미친 (상태로) **가다**	그 학생은 수학에 **미치다**
우유가 상한 (상태로) **가다**	우유가 **상하다**
나이 들어 머리카락이 회색으로 (상태로) **가다**	나이 들어 머리카락이 회색으로 (하얗게) **세다**
사업 실패로 파산한 (상태로) **가다**	사업 실패로 **파산하다**

drive  [쥬롸입] [드라이브]

몰다 / 몰리다 / 몰기

(자동차를) 몰다 = 운전하다, 달리게 하다	자동차를 **drive**
(차량, 기차를) 몰다 = 운전하다, 달리게 하다	기차를 **drive**
(차에 태워 사람을) 몰다 = (차로) 태워다 주다, (차로) 데려다 주다	집까지 애인을 **drive**
(배를) 몰다 = 조종하다, 전진하게 하다	선장이 어선을 **drive**
(마차를) 몰다 = (마차의 말을) 달리게 하다, 부리다	마차의 말들을 **drive**
(소, 양, 말, 사냥감 등을) 몰다 = 몰아가다	풀이 많은 들판으로 소를 **drive**
(소, 양, 말, 사냥감 등을) 몰다 = 몰아넣다 (into)	양떼를 우리로 **drive** into
(물고기, 새 등을) 몰다 = 몰아넣다 (into)	물고기를 그물로 **drive** into
(범인, 적 등을) 몰다 = 몰아넣다 (into, to)	달아나는 범인을 막다른 길로 **drive** into
(새, 모기 등을) 몰다 = 쫓아내다 (away), 쫓다, 몰아내다	벼 이삭을 쪼아 먹는 참새떼를 **drive** away
(사람을) 몰다 = 쫓아내다 (away), 쫓다, 몰아내다	그녀의 오해가 남자친구를 **drive** away
(적을 밖으로) 몰다 = 몰아내다 (out), 쫓아내다	적을 **drive** out
(시간을 뒤로) 몰다 = 미루다, 연기하다	약속 날짜를 뒤로 **drive**
(전기, 수력 등이 기계를) 몰다 = 작동시키다, 운전시키다	전기가 세탁기를 **drive**
(바람, 해류가 배를) 몰다 = 떠가게 하다, 나아가게 하다	바람과 해류가 요트를 **drive**
(일로 사람을 무리하게) 몰다 = 혹사시키다, 무리한 작업을 시키다	사장이 직원들을 잦은 야근으로 **drive**
(억지로 강하게) 몰다 = (억지로) 내몰다	감독이 선수들을 가혹한 훈련으로 **drive**
(중독, 자살 등으로) 몰다 = 빠지게 하다, 이르게 하다	일에 대한 집착이 그를 일 중독자로 **drive**
(죽음, 사지 등으로) 몰다 = 몰아넣다, 이르게 하다	병마가 그를 죽음으로 **drive**
(어떤 행동을 하도록) 몰다 = ~하게 하다, 빠지게 하다	업무 스트레스가 그를 술 마시게 **drive**
(선택의 어려움 등으로) 몰다 = 일으키다, 빠지게 하다	노트북 종류가 많아서 선택의 어려움으로 **drive**
(미치게 되도록) 몰다 = (미치게) 만들다, (미치게) 하다	아내의 지나친 결벽증이 남편을 미치게 **drive**
(성공이나 실패로) 몰다 = 이끌다, 이르게 하다	품질 좋은 제품이 큰 성공으로 **drive**
(이끌어서) 몰다 = 이끌다, 이르게 하다	열정이 우리를 **drive**
(어떤 결과로) 몰다 = 유발하다, 이끌다, 이르게 하다	오랜 가뭄이 농산물의 가격 상승을 **drive**
(장사, 사업 등을) 몰다 = 꾸려나가다, 해나가다, 경영하다	분식집을 개업하여 잘 **drive**
(못을 벽이나 나무로) 몰다 = (못을) 박다 (into), 박아 넣다	못을 벽에 **drive** into
(지식 등을 머릿속에) 몰다 = 주입시키다 (into), 집어넣다	수학 공식을 머리에 **drive** into
(차, 배 등이 동력으로) 몰리다 = 달리다, 질주하다	자동차가 고속도로를 **drive**
(비, 바람, 파도 등이 강하게) 몰리다 = 몰아치다, 세차게 불다	강한 바람과 굵은 빗방울이 **drive**
(자동차를) 몰기 = 드라이브, 자동차 여행	머리를 식힐 겸 **drive**을 하다
(행동 등을) 몰기 = 몰아붙이기, 추진력, 투지, 박력, 진취성, 충동	공부 **drive**으로 반에서 1등을 하다
(행동 등을) 몰기 = 추진력, 몰아붙이기, 투지, 박력, 진취성, 충동	강한 **drive**으로 밀고 나가다
(테니스, 골프 등의 공을 세게) 몰기 = 몰아치기, 강타, 드라이브	상대편 선수의 **drive**에 속수무책으로 점수를 내주다

150

자동차를 **몰다**	자동차를 **운전하다**
기차를 **몰다**	기차를 **운전하다**
집까지 애인을 (차에 태워) **몰다**	집까지 애인을 **태워다 주다**
선장이 어선을 **몰다**	선장이 어선을 **조종하다**
마차의 말들을 **몰다**	마차의 말들을 **달리게 하다**
풀이 많은 들판으로 소를 **몰다**	풀이 많은 들판으로 소를 **몰아가다**
양떼를 우리 안으로 **몰다**	양떼를 우리로 **몰아넣다**
물고기를 그물 속으로 **몰다**	물고기를 그물로 **몰아넣다**
달아나는 범인을 막다른 길로 **몰다**	달아나는 범인을 막다른 길로 **몰아넣다**
벼 이삭을 쪼아 먹는 참새떼를 떨어지게 **몰다**	벼 이삭을 쪼아 먹는 참새떼를 **쫓아내다**
그녀의 오해가 남자친구를 떨어지게 **몰다**	그녀의 오해가 남자친구를 **쫓아내다** (멀어지게 하다)
적을 밖으로 **몰다**	적을 **몰아내다**
약속 날짜를 뒤로 **몰다**	약속 날짜를 뒤로 **미루다**
전기가 세탁기를 **몰다**	전기로 세탁기를 **작동시키다**
바람과 해류가 요트를 **몰다**	바람과 해류가 요트를 **떠가게 하다**
사장이 직원들을 잦은 야근으로 **몰다**	사장이 직원들을 잦은 야근으로 **혹사시키다**
감독이 선수들을 가혹한 훈련으로 **몰다**	감독이 선수들을 가혹한 훈련으로 **내몰다**
일에 대한 집착이 그를 일 중독자로 **몰다**	일에 대한 집착이 그를 일 중독자로 **빠지게 하다**
병마가 그를 죽음으로 **몰다**	병마가 그를 죽음으로 **몰아넣다**
업무 스트레스가 그를 술 마시게 **몰다**	업무 스트레스가 그를 술 마시게 **하다**
노트북 종류가 많아서 선택의 어려움으로 **몰다**	노트북 종류가 많아서 선택의 어려움을 **일으키다**
아내의 지나친 결벽증이 남편을 미치게 **몰다**	아내의 지나친 결벽증이 남편을 미치게 **만들다**
품질 좋은 제품이 큰 성공으로 **몰다**	품질 좋은 제품이 큰 성공으로 **이끌다**
열정이 우리를 **몰다**	열정이 우리를 **이끌다**
오랜 가뭄이 농산물의 가격 상승을 **몰다**	오랜 가뭄이 농산물의 가격 상승을 **유발하다**
분식집을 개업하여 잘 **몰다**	분식집을 개업하여 잘 **꾸려나가다**
못을 벽 속으로 **몰다**	못을 벽에 **박다**
수학 공식을 머릿속으로 **몰다**	수학 공식을 머리에 **주입시키다**
자동차가 고속도로를 **몰리다**	자동차가 고속도로를 **달리다**
강한 바람과 굵은 빗방울이 **몰리다**	강한 바람과 굵은 빗방울이 **몰아치다**
머리를 식힐 겸 **몰기**를 하다	머리를 식힐 겸 **드라이브**를 하다
공부 **몰기**로 반에서 1등을 하다	공부 **몰아붙이기**로 반에서 1등을 하다
강한 **몰기**로 밀고 나가다	강한 **추진력**으로 밀고 나가다
상대편 선수의 **몰기**에 속수무책으로 점수를 내주다	상대편 선수의 **몰아치기**에 속수무책으로 점수를 내주다

pass [패아스] [패스]

지나가다 / 지나가게 하다 / 지나가게 하는 것

(길, 통로를 걷거나 차로) 지나가다	거리에 많은 사람들과 차가 **pass**
(어떤 장소 근처를) 지나가다 = 지나쳐 가다 (by)	학교에 갈 때 놀이터를 **pass**
(누군가의 옆, 앞을) 지나가다 = 지나쳐 가다, 앞질러 가다	출근하는 길에 동료를 **pass**
(서지 않고) 지나가다 = 지나치다, 지나쳐 가다	약속 장소를 **pass**
(내리지 않고) 지나가다 = 지나치다, 지나쳐 가다	내려야 할 정류장을 **pass**
(길을 따라서) 지나가다 = 따라서 가다 (along), 따라가다	강변의 산책로를 **pass** along
(길을 통해) 지나가다 = 건너가다 (through), 지나쳐 가다	횡단보도를 **pass** through
(터널, 다리, 도시, 숲 등을 관통해) 지나가다 = 통과하다 (through)	자동차가 터널을 **pass** through
(빛, 소리 등이 유리, 공기를 뚫고) 지나가다 = 통과하다 (through)	빛이 유리를 **pass** through
(시간이) 지나가다 = 흘러가다 (by), 경과하다	시간이 30분 **pass**
(때, 날이) 지나가다 = 끝나다 (away, off, over), 경과하다	접수 마감일이 **pass**
(시험 합격 점수를) 지나가다 = 합격하다, 붙다, 통과하다	토목기사 자격증 시험에 **pass**
(시험 합격 점수를) 지나가다 = 붙다, 합격하다, 통과하다	운전면허 시험에 **pass**
(자격 통과 기준을) 지나가다 = 합격하다, 붙다, 통과하다	배우 오디션에 **pass**
(심의 통과 기준을) 지나가다 = 통과하다, 합격하다	이 영화는 심의를 **pass**
(앞차를) 지나가다 = 추월하다, 앞질러 가다, 지나쳐 가다	느리게 가는 앞차를 **pass**
(통증, 아픔, 슬픔 등이) 지나가다 = 사라지다, (통증이) 가시다	쑤시던 무릎 통증이 **pass**
(위험, 위기 등이) 지나가다 = 사라지다	평화 협정으로 전쟁 위험이 **pass**
(폭풍, 사건 등이) 지나가다 = 소멸하다, 끝나다	밤새 폭풍이 **pass**
(이생을) 지나가다 = 죽다 (away), 세상을 떠나다	그가 심장 마비로 **pass** away
(재산, 권한, 왕권 등이) 지나가다 = 넘어가다 (to), 양도되다	회사의 경영권이 아들에게 **pass**
(합격 기준을) 지나가게 하다 = 합격시키다, 통과시키다	그를 방송국 공채 개그맨으로 **pass**
(검사 기준을) 지나가게 하다 = 통과시키다, 합격시키다	이 아기용품의 안전 기준을 **pass**
(법안 등을) 지나가게 하다 = 가결하다, 승인하다, 통과시키다	음주운전 처벌을 강화하는 법안을 **pass**
(퀴즈, 카드 등을) 지나가게 하다 = 통과시키다, 건너뛰다	맞히기 어려운 문제를 **pass**
(기회를) 지나가게 하다 = 포기하다 (up)	스페인 유학의 기회를 **pass** up
(판결, 선고, 판단을) 지나가게 하다 = 내리다	피의자에게 무죄 판결을 **pass**
(스포츠에서 공이) 지나가게 하다 = 건네주다, 패스하다	공격수에게 공을 **pass**
(물건, 돈 등을) 지나가게 하다 = 건네주다, 전달하다	옆 사람에게 수저와 젓가락을 **pass**
(전통, 말, 내용 등을) 지나가게 하다 = 전달하다	전통문화를 다음 세대에 **pass**
(시간을 그냥) 지나가게 하다 = (시간을) 때우다, 보내다	끝말잇기로 시간을 **pass**
(시험 자격을) 지나가게 하는 것 = 합격	가족들과 **pass**의 기쁨을 나누다
(허가를 하여) 지나가게 하는 것 = 출입증, 통행증	자료실은 **pass**가 있어야 들어갈 수 있다
(스포츠에서 공을) 지나가게 하는 것 = 패스	득점을 돕는 정확한 **pass**를 하다

거리에 많은 사람들과 차가 **지나가다**	거리에 많은 사람들과 차가 **지나가다**
학교에 갈 때 놀이터를 **지나가다**	학교에 갈 때 놀이터를 **지나쳐 가다**
출근하는 길에 동료를 **지나가다**	출근하는 길에 동료를 **지나쳐 가다**
약속 장소를 **지나가다**	약속 장소를 **지나치다**
내려야 할 정류장을 **지나가다**	내려야 할 정류장을 **지나치다**
강변의 산책로를 따라서 **지나가다**	강변의 산책로를 **따라서 가다**
횡단보도를 통하여 **지나가다**	횡단보도를 **건너가다**
자동차가 터널을 관통해 **지나가다**	자동차가 터널을 **통과하다**
빛이 유리를 뚫고 **지나가다**	빛이 유리를 **통과하다**
시간이 30분 **지나가다**	시간이 30분 **흘러가다**
접수 마감일이 **지나가다**	접수 마감일이 **끝나다**
토목기사 자격증 시험에 **지나가다**	토목기사 자격증 시험에 **합격하다**
운전면허 시험에 **지나가다**	운전면허 시험에 **붙다**
배우 오디션에 **지나가다**	배우 오디션에 **합격하다**
이 영화는 심의를 **지나가다**	이 영화는 심의를 **통과하다**
느리게 가는 앞차를 **지나가다**	느리게 가는 앞차를 **추월하다**
쑤시던 무릎 통증이 **지나가다**	쑤시던 무릎 통증이 **사라지다**
평화 협정으로 전쟁 위험이 **지나가다**	평화 협정으로 전쟁 위험이 **사라지다**
밤새 폭풍이 **지나가다**	밤새 폭풍이 **소멸하다**
그가 심장 마비로 **지나가다**	그가 심장 마비로 **죽다**
회사의 경영권이 아들에게 **지나가다**	회사의 경영권이 아들에게 **넘어가다**
그를 방송국 공채 개그맨으로 **지나가게 하다**	그를 방송국 공채 개그맨으로 **합격시키다**
이 아기용품의 안전 기준을 **지나가게 하다**	이 아기용품의 안전 기준을 **통과시키다**
음주운전 처벌을 강화하는 법안을 **지나가게 하다**	음주운전 처벌을 강화하는 법안을 **가결하다**
맞히기 어려운 문제를 **지나가게 하다**	맞히기 어려운 문제를 **통과시키다**
스페인 유학의 기회를 **지나가게 하다**	스페인 유학의 기회를 **포기하다**
피의자에게 무죄 판결을 **지나가게 하다**	피의자에게 무죄 판결을 **내리다**
공격수에게 공을 **지나가게 하다**	공격수에게 공을 **건네주다**
옆 사람에게 수저와 젓가락을 **지나가게 하다**	옆 사람에게 수저와 젓가락을 **건네주다**
전통문화를 다음 세대에 **지나가게 하다**	전통문화를 다음 세대에 **전달하다**
끝말잇기로 시간을 **지나가게 하다**	끝말잇기로 시간을 **때우다**
가족들과 **지나가게 하는 것**의 기쁨을 나누다	가족들과 **합격**의 기쁨을 나누다
자료실은 **지나가게 하는 것**이 있어야 들어갈 수 있다	자료실은 **출입증**이 있어야 들어갈 수 있다
득점을 돕는 정확한 **지나가게 하는 것**을 하다	득점을 돕는 정확한 **패스**를 하다

beat [비잍] [비트]

두들기다 / 두들겨지다 / 두들김

(드럼, 북을 계속해서) 두들기다 = (계속해서) 치다, 두드리다	드럼을 beat
(계속해서 세게) 두들기다 = (계속해서) 두드리다	문을 beat
(계속해서 세게) 두들기다 = (계속해서) 두드리다	화면이 떨리자 모니터를 beat
(사람을 연속해서) 두들기다 = 때리다, 치다, 패다	불량배가 학생들을 beat
(사람을 연속해서) 두들기다 = 구타하다, 두들겨 패다 (up)	선배가 후배들을 beat
(사람을 연속해서) 두들기다 = 매질하다, 때리다	거짓말을 했다고 아이를 beat
(동물을 연속해서) 두들기다 = 때리다, 치다, 매질하다	반려동물을 beat
(금속을 계속해서) 두들기다 = 두들겨 펴다, 두들겨 만들다	칼을 만들기 위해 달군 쇠를 beat
(새가 날개를 연속해서) 두들기다 = (새가 날개를) 치다, 퍼덕이다	독수리가 날개를 beat
(계란, 크림 등을) 두들기다 = (섞이도록) 휘젓다, 휘저어 섞다	오므라이스를 만들려고 계란을 beat
(계란, 크림 등을) 두들기다 = (거품이 나도록) 휘젓다	거품이 나게 크림을 beat
(경기에서 상대를) 두들기다 = 패배시키다, 물리치다, 이기다	축구 경기에서 상대편을 3대 1로 beat
(게임에서 상대를) 두들기다 = 이기다, 물리치다, 패배시키다	동생이 게임에서 나를 beat
(경쟁 상대를) 두들기다 = 물리치다, 이기다	선거에서 경쟁자를 beat
(경쟁 상대를) 두들기다 = 물리치다, 이기다	그가 쟁쟁한 연기 대상 후보자들을 beat
(적을) 두들기다 = 물리치다, 이기다	성 밖의 적을 모두 beat
(비교 대상을) 두들기다 = (더) 낫다, 능가하다	여름에 계곡으로 가는 것이 바다로 가는 것을 beat
(비교 대상을) 두들기다 = (더) 낫다, 능가하다	남자친구의 요리가 사 먹는 음식을 beat
(가격을 낮게) 두들기다 = (가격을 더) 싸게 팔다, 싸게 내놓다	여기는 다른 쇼핑몰보다 TV 가격을 5만원 beat
(가격을 높게) 두들기다 = (가격을 더) 높게 부르다, 더 주다	경매 작품을 얻기 위해 다른 입찰자보다 더 beat
(병을) 두들기다 = 이겨내다, 물리치다, 낫게 하다	자연식으로 아토피를 beat
(더위를) 두들기다 = 물리치다, 이기다, 피하다	에어컨으로 더위를 beat
(추위를) 두들기다 = 이겨내다, 물리치다, 피하다	뜨끈한 감자탕으로 추위를 beat
(어떤 현상, 문제 등을) 두들기다 = 억제하다, 통제하다, 피하다	금리 인상으로 인플레이션을 beat
(교통 혼잡, 인파 등을) 두들기다 = 피하다, 물리치다	아침 일찍 출근하여 교통 체증을 beat
(어떤 문제, 상황 등이) 두들기다 = 손들게 만들다, 어리둥절하게 하다	너무 어려운 문제가 전문가마저 beat
(기록을) 두들기다 = 깨다, 경신하다, 갈아치우다	5초 단축하여 종전의 기록을 beat
(수량, 정도를) 두들기다 = 앞지르다, 이기다, 깨다	경기도 인구수가 서울 인구수를 beat
(앞서 미리) 두들기다 = 먼저 하다, 먼저 도착하다, 선행하다	공모전 마감 시간을 beat
(북이) 두들겨지다 = 둥둥 울리다, 울려 퍼지다, (북소리로) 신호하다	공격을 신호하는 북이 beat
(비, 바람, 파도 등이) 두들겨지다 = 세게 부딪치다 (against, on)	굵은 빗방울이 창문에 beat against
(심장, 맥박이) 두들겨지다 = 뛰다, 고동치다	그의 고백에 심장이 beat
두들김 = 박자, 리듬, 비트, 때리기, 구타	beat에 맞춰 랩을 하다
두들김 = 고동, 맥박, 울림	좋아하는 일을 할 때 beat이 느껴지다

드럼을 **두들기다**	드럼을 **치다**
문을 **두들기다**	문을 **두드리다**
화면이 떨리자 모니터를 **두들기다**	화면이 떨리자 모니터를 **두드리다**
불량배가 학생들을 **두들기다**	불량배가 학생들을 **때리다**
선배가 후배들을 **두들기다**	선배가 후배들을 **구타하다**
거짓말을 했다고 아이를 **두들기다**	거짓말을 했다고 아이를 **매질하다**
반려동물을 **두들기다**	반려동물을 **때리다**
칼을 만들기 위해 달군 쇠를 **두들기다**	칼을 만들기 위해 달군 쇠를 **두들겨 펴다**
독수리가 날개를 **두들기다**	독수리가 날개를 **치다**
오므라이스를 만들려고 계란을 **두들기다**	오므라이스를 만들려고 계란을 **휘젓다**
거품이 나게 크림을 **두들기다**	거품이 나게 크림을 **휘젓다**
축구 경기에서 상대편을 3대 1로 **두들기다**	축구 경기에서 상대편을 3대 1로 **패배시키다**
동생이 게임에서 나를 **두들기다**	동생이 게임에서 나를 **이기다**
선거에서 경쟁자를 **두들기다**	선거에서 경쟁자를 **물리치다**
그가 쟁쟁한 연기 대상 후보자들을 **두들기다**	그가 쟁쟁한 연기 대상 후보자들을 **물리치다**
성 밖의 적을 모두 **두들기다**	성 밖의 적을 모두 **물리치다**
여름에 계곡으로 가는 것이 바다로 가는 것을 **두들기다**	여름에 계곡으로 가는 것이 바다로 가는 것보다 **낫다**
남자친구의 요리가 사 먹는 음식을 **두들기다**	남자친구의 요리가 사 먹는 음식보다 **낫다**
여기는 다른 쇼핑몰보다 TV 가격을 5만원 **두들기다**	여기는 다른 쇼핑몰보다 TV 가격을 5만원 **싸게 팔다**
경매 작품을 얻기 위해 다른 입찰자보다 더 **두들기다**	경매 작품을 얻기 위해 다른 입찰자보다 더 **높게 부르다**
자연식으로 아토피를 **두들기다**	자연식으로 아토피를 **이겨내다**
에어컨으로 더위를 **두들기다**	에어컨으로 더위를 **물리치다**
뜨끈한 감자탕으로 추위를 **두들기다**	뜨끈한 감자탕으로 추위를 **이겨내다**
금리 인상으로 인플레이션을 **두들기다**	금리 인상으로 인플레이션을 **억제하다**
아침 일찍 출근하여 교통 체증을 **두들기다**	아침 일찍 출근하여 교통 체증을 **피하다**
너무 어려운 문제가 전문가마저 **두들기다**	너무 어려운 문제가 전문가마저 **손들게 만들다**
5초 단축하여 종전의 기록을 **두들기다**	5초 단축하여 종전의 기록을 **깨다**
경기도 인구수가 서울 인구수를 **두들기다**	경기도 인구수가 서울 인구수를 **앞지르다**
공모전 마감 시간을 **두들기다**	공모전 마감 시간보다 **먼저 하다** (먼저 제출하다)
공격을 신호하는 북이 **두들겨지다**	공격을 신호하는 북이 **둥둥 울리다**
굵은 빗방울이 창문에 부딪쳐 **두들겨지다**	굵은 빗방울이 창문에 세게 **부딪치다**
그의 고백에 심장이 **두들겨지다**	그의 고백에 심장이 **뛰다**
두들김에 맞춰 랩을 하다	**박자**에 맞춰 랩을 하다
좋아하는 일을 할 때 **두들김**이 느껴지다	좋아하는 일을 할 때 **고동**이 느껴지다

hit [히읕] [히트]

때리다 / 때리기

(표적, 목표물을 맞히어) 때리다 = 명중시키다, 적중시키다, 맞히다	포탄이 목표물을 hit
(도구나 손으로 사람, 동물, 물건 등을 맞히어) 때리다 = 치다, 맞히다	야구 방망이로 공을 hit
(도구나 손으로 사람, 동물, 물건 등을 맞히어) 때리다 = 치다, 맞히다	시비가 붙어 상대의 얼굴을 hit
(차로 사람, 동물, 차, 사물 등을) 때리다 = 치다, 부딪치다	차로 사람을 hit
(차로 사람, 동물, 차, 사물 등을) 때리다 = 들이받다, 부딪치다	버스가 가로등을 hit
(신체 부위가 천장, 벽, 바닥 등을) 때리다 = 부딪치다, 찧다	그의 머리가 낮은 천장을 hit
(재난, 곤란, 죽음 등이 장소, 사람을) 때리다 = 덮치다, 몰아치다	해파리 떼가 해수욕장을 hit
(제품, 기사가 시장, 매체 등을) 때리다 = 나오다, (기사가) 나다	새로운 스마트폰이 시장을 hit
(브레이크, 가속 페달, 작동 버튼 등을) 때리다 = 밟다, 누르다	브레이크를 hit
(도착한 장소를 손으로 터치하듯) 때리다 = (~하러) 가다, 도착하다	친구들과 놀이공원을 hit
(어떤 생각이 갑자기 나를) 때리다 = 떠오르다, 생각나다	남편과 첫 데이트하던 날이 나를 hit
(노래, 상품 등이 사람들을 맞히어) 때리다 = 흥행하다, 인기를 끌다	그의 새 노래가 전 연령층을 hit
(정도, 수량, 기록을) 때리다 = 찍다, 이르다, 깨다, 기록하다	4월 낮 최고 기온이 32도를 hit
(비난, 비평, 폭격 등으로) 때리다 = 비난하다, 공격하다, 퍼붓다	내용이 산으로 가는 드라마를 시청자들이 hit
(시장, 사람, 사물, 동물 등을) 때리기 = 타격, 충돌, 명중, 대성공, 안타	외부 악재로 국내 증시가 심한 hit을 입다

strike [스쮸롸잌] [스트라이크]

탁 치다 / 탁 치이다 / 탁 치기

(사람, 동물, 물건 등을 세게) 탁 치다 = 치다	주먹으로 책상을 strike
(사람, 동물, 물건 등을 세게) 탁 치다 = 때리다, 치다, 가격하다	그녀가 내연녀의 뺨을 strike
(공, 종 등을) 탁 치다 = 치다, 때리다, (축구공을) 차다	라켓으로 공을 strike
(부딪쳐서 어딘가를) 탁 치다 = (세게) 부딪치다 (against), 충돌하다	배가 암초를 strike against
(적, 사람, 장소 등을) 탁 치다 = 공격하다, 급습하다, (일격을) 가하다	적의 기지를 strike
(작업, 회사 등을) 탁 치다 = (동맹) 파업하다, (작업을) 중지하다	직원들이 작업 환경 개선을 이유로 strike
(칼, 단도로) 탁 치다 = 찌르다 (into), 꽂다	칼로 반역자의 심장을 strike into
(성냥, 부싯돌을) 탁 치다 = (불이 붙게 탁) 켜다, 긋다, 불을 붙이다	성냥을 strike
(재난, 죽음, 병 등이) 탁 치다 = 덮치다, 쓰러뜨리다 (down)	강한 지진이 도시 전체를 strike
(공포, 두려움 등이) 탁 치다 = 엄습하다 (into, to), 사로잡다	전쟁 소식에 공포감이 사람들을 strike
(생각이 갑자기 나를) 탁 치다 = 떠오르다, 생각나다	기발한 아이디어가 나를 strike
(강한 인상이) 탁 치다 = 인상을 주다, 감명을 주다, 끌다, 매혹하다	그 연예인은 잘 생긴 얼굴로 우리를 strike
(어떤 우연한 것에) 탁 치이다 = (우연히) 발견하다, 마주치다, 만나다	뉴스에 할아버지가 나오는 것에 strike
(작업, 업무 등을) 탁 치기 = (동맹) 파업, 스트라이크	낮은 임금으로 노동자들이 strike을 단행하다
(야구, 볼링의) 탁 치기 = 스트라이크	투수가 strike 존 안으로 공을 던지다

포탄이 목표물을 **때리다** (맞히다)	포탄이 목표물을 **명중시키다**
야구 방망이로 공을 **때리다** (맞히다)	야구 방망이로 공을 **치다**
시비가 붙어 상대의 얼굴을 **때리다** (맞히다)	시비가 붙어 상대의 얼굴을 **치다**
차로 사람을 **때리다**	차로 사람을 **치다**
버스가 가로등을 **때리다**	버스가 가로등을 **들이받다**
그의 머리가 낮은 천장을 **때리다**	그의 머리가 낮은 천장에 **부딪치다**
해파리 떼가 해수욕장을 **때리다**	해파리 떼가 해수욕장을 **덮치다**
새로운 스마트폰이 시장을 **때리다**	새로운 스마트폰이 시장에 **나오다** (출시되다, 발표되다)
브레이크를 **때리다**	브레이크를 **밟다**
친구들과 놀이공원을 **때리다**	친구들과 놀이공원을 **가다**
남편과 첫 데이트하던 날이 나를 **때리다**	남편과 첫 데이트하던 날이 나에게 **떠오르다**
그의 새 노래가 전 연령층을 **때리다** (맞히다, 히트하다)	그의 새 노래가 전 연령층에 **흥행하다**
4월 낮 최고 기온이 32도를 **때리다**	4월 낮 최고 기온이 32도를 **찍다**
내용이 산으로 가는 드라마를 시청자들이 **때리다**	내용이 산으로 가는 드라마를 시청자들이 **비난하다**
외부 악재로 국내 증시가 심한 **때리기**를 입다	외부 악재로 국내 증시가 심한 **타격**을 입다

주먹으로 책상을 **탁 치다** (갑자기 세게 치다)	주먹으로 책상을 **치다**
그녀가 내연녀의 뺨을 **탁 치다** (갑자기 세게 치다)	그녀가 내연녀의 뺨을 **때리다**
라켓으로 공을 **탁 치다** (갑자기 세게 치다)	라켓으로 공을 **치다**
배가 암초를 부딪쳐 **탁 치다**	배가 암초를 **부딪치다**
적의 기지를 **탁 치다**	적의 기지를 **공격하다**
직원들이 작업 환경 개선을 이유로 **탁 치다**	직원들이 작업 환경 개선을 이유로 **파업하다**
칼로 반역자의 심장을 **탁 치다**	칼로 반역자의 심장을 **찌르다**
성냥을 **탁 치다**	성냥을 **켜다**
강한 지진이 도시 전체를 **탁 치다**	강한 지진이 도시 전체를 **덮치다**
전쟁 소식에 공포감이 사람들을 **탁 치다**	전쟁 소식에 공포감이 사람들을 **엄습하다**
기발한 아이디어가 나를 **탁 치다**	기발한 아이디어가 나에게 **떠오르다**
그 연예인은 잘 생긴 얼굴로 우리를 **탁 치다**	그 연예인은 잘 생긴 얼굴로 우리에게 **인상을 주다**
뉴스에 할아버지가 나오는 것에 **탁 치이다**	뉴스에 할아버지가 나오는 것을 **발견하다**
낮은 임금으로 노동자들이 **탁 치기**를 단행하다	낮은 임금으로 노동자들이 **파업**을 단행하다
투수가 (타자의) **탁 치기** 존 안으로 공을 던지다	투수가 **스트라이크** 존 안으로 공을 던지다

fix  [삐익스] [픽스]

고정시키다

(움직이지 않게) 고정시키다 = 고정하다, 고치다	흔들리는 책상다리를 fix
(움직이지 않게) 고정시키다 = 고정하다, 걸다, 붙이다	액자를 벽에 fix
(움직이지 않게) 고정시키다 = 고정하다, 달다, 설치하다	조명을 천장에 fix
(움직이지 않게) 고정시키다 = 고정하다, 놓다	현미경에 미생물 표본을 fix
(말뚝, 기둥 등을) 고정시키다 = 박다, 세우다, 고정하다	텐트의 말뚝을 땅에 단단히 fix
(현수막 등을) 고정시키다 = 달다, 걸다, 붙이다, 고정하다	자연보호 현수막을 나무에 fix
(안전벨트 등을) 고정시키다 = 매다, 채우다, 단단히 하다	안전벨트를 fix
(망가진 곳을 바로잡아) 고정시키다 = 수리하다, 고치다	물이 새는 지붕을 fix
(고장 난 물건을) 고정시키다 = 고치다, 수리하다	고장 난 자동차를 fix
(상처, 다친 곳을) 고정시키다 = 고치다, 치료하다	아픈 무릎을 fix
(문제점을 바로잡아) 고정시키다 = 바로잡다, 고치다, 수정하다	입시 위주의 교육 체계를 fix
(문제점을 바로잡아) 고정시키다 = 해결하다, 바로잡다	통화 정책을 통해 물가가 오르는 것을 fix
(조언, 충고 등을 마음에) 고정시키다 = 새기다	스승님의 조언을 마음에 fix
(얼굴 등을 단정히) 고정시키다 = (화장을) 고치다, 매만지다	그녀가 화장을 fix
(머리카락, 옷 등을 단정히) 고정시키다 = 매만지다, 가다듬다	사진 찍기 전에 머리를 fix
(방 등을 깨끗이) 고정시키다 = 정리하다, 정돈하다, 치우다	어질러진 방을 fix
(몇 개 중 한 개를) 고정시키다 = 결정하다, 선정하다	회의를 통해 첫 번째 기획안을 fix
(장소, 시간을 정해서) 고정시키다 = 정하다, 결정하다	여행 날짜를 fix
(장소, 시간을 정해서) 고정시키다 = 정하다, 결정하다	가게 개업일을 다음 주 토요일로 fix
(장소, 시간을 찾아서) 고정시키다 = 알아내다, 지정하다	조난된 등산객의 위치를 fix
(가격을) 고정시키다 = 정하다, 결정하다, 책정하다	식빵의 가격을 4천원으로 fix
(관심, 애정 등을) 고정시키다 = 쏟다, 기울이다	새로 산 자동차에 애정을 fix
(관심, 주의 등을) 고정시키다 = 끌다, 집중시키다	예쁜 가방이 여자들의 관심을 fix
(눈, 시선을 어떤 대상에) 고정시키다 = 고정하다, 응시하다	그가 눈을 시력 검사표에 fix
(동물을 중성으로) 고정시키다 = 중성화 시키다, 거세하다	키우는 고양이를 fix
(먹을 것을 사람 앞, 식탁에) 고정시키다 = 준비하다, 차리다	아이들을 위해 돈가스를 fix
(마실 것을 누군가에게) 고정시키다 = (만들어, 갖다) 주다	아내에게 커피 한 잔을 fix
(물건을 누군가에게) 고정시키다 = (마련해, 구해) 주다 (up)	최신 장비를 기술자들에게 fix up
(사람을 누군가에게) 고정시키다 = (만남, 모임 등을) 주선하다 (up)	친구에게 학교 후배를 fix up
(일자리 등을 누군가에게) 고정시키다 = (일자리 등을) 주선하다 (up)	좋은 일자리를 동생에게 fix up
(책임, 죄를 누군가에게) 고정시키다 = 씌우다, 지우다, 돌리다	말단 직원에게 모든 책임을 fix
(인식, 관념 등을) 고정시키다 = 자리잡게 하다, 고착되게 하다	음주운전은 살인 행위라는 인식을 fix
(뇌물 등으로 부정한 결과를) 고정시키다 = 짜고 하다, 조작하다	뇌물을 받은 선수들이 승부를 fix
(매수 등으로 부정한 결과를) 고정시키다 = 조작하다, 매수하다	배심원들을 매수하여 판결을 fix

흔들리는 책상다리를 **고정시키다**	흔들리는 책상다리를 **고정하다** (고치다)
액자를 벽에 **고정시키다**	액자를 벽에 **고정하다** (걸다)
조명을 천장에 **고정시키다**	조명을 천장에 **고정하다** (달다)
현미경에 미생물 표본을 **고정시키다**	현미경에 미생물 표본을 **고정하다**
텐트의 말뚝을 땅에 단단히 **고정시키다**	텐트의 말뚝을 땅에 단단히 **박다**
자연보호 현수막을 나무에 **고정시키다**	자연보호 현수막을 나무에 **달다**
안전벨트를 **고정시키다**	안전벨트를 **매다**
물이 새는 지붕을 **고정시키다**	물이 새는 지붕을 **수리하다**
고장 난 자동차를 **고정시키다**	고장 난 자동차를 **고치다**
아픈 무릎을 **고정시키다**	아픈 무릎을 **고치다**
입시 위주의 교육 체계를 **고정시키다**	입시 위주의 교육 체계를 **바로잡다**
통화 정책을 통해 물가가 오르는 것을 **고정시키다**	통화 정책을 통해 물가가 오르는 것을 **해결하다**
스승님의 조언을 마음에 **고정시키다**	스승님의 조언을 마음에 **새기다**
그녀가 화장을 **고정시키다**	그녀가 화장을 **고치다**
사진 찍기 전에 머리를 **고정시키다**	사진 찍기 전에 머리를 **매만지다**
어질러진 방을 **고정시키다**	어질러진 방을 **정리하다**
회의를 통해 첫 번째 기획안을 **고정시키다**	회의를 통해 첫 번째 기획안을 **결정하다**
여행 날짜를 **고정시키다**	여행 날짜를 **정하다**
가게 개업일을 다음 주 토요일로 **고정시키다**	가게 개업일을 다음 주 토요일로 **정하다**
조난된 등산객의 위치를 **고정시키다**	조난된 등산객의 위치를 **알아내다**
식빵의 가격을 4천원으로 **고정시키다**	식빵의 가격을 4천원으로 **정하다**
새로 산 자동차에 애정을 **고정시키다**	새로 산 자동차에 애정을 **쏟다**
예쁜 가방이 여자들의 관심을 **고정시키다**	예쁜 가방이 여자들의 관심을 **끌다**
그가 눈을 시력 검사표에 **고정시키다**	그가 눈을 시력 검사표에 **고정하다**
키우는 고양이를 **고정시키다**	키우는 고양이를 **중성화 시키다**
아이들을 위해 돈가스를 **고정시키다**	아이들을 위해 돈가스를 **준비하다**
아내에게 커피 한 잔을 **고정시키다**	아내에게 커피 한 잔을 **주다**
최신 장비를 기술자들에게 **고정시키다**	최신 장비를 기술자들에게 **주다**
친구에게 학교 후배를 **고정시키다**	친구에게 학교 후배를 **주선하다**
좋은 일자리를 동생에게 **고정시키다**	좋은 일자리를 동생에게 **주선하다**
말단 직원에게 모든 책임을 **고정시키다**	말단 직원에게 모든 책임을 **씌우다**
음주운전은 살인 행위라는 인식을 **고정시키다**	음주운전은 살인 행위라는 인식을 **자리잡게 하다**
뇌물을 받은 선수들이 승부를 **고정시키다**	뇌물을 받은 선수들이 승부를 **짜고 하다**
배심원들을 매수하여 판결을 **고정시키다**	배심원들을 매수하여 판결을 **조작하다**

영어가 트이는 영단어 암기법

국어단어 잘 잡고 영어단어 꽉 잡기

초판 1쇄 발행 2024년 8월 7일

지은이	서정우
펴낸이	류태연

펴낸곳	렛츠북
주소	서울시 영등포구 문래북로 116 트리플렉스 10층 (문래동)
등록	2015년 5월 15일 제 2018-000065호
전화	070-4786-4823
팩스	070-7610-2823
홈페이지	www.letsbook21.co.kr
이메일	letsbook2@naver.com
블로그	blog.naver.com/letsbook2
인스타그램	@letsbook2

ISBN 979-11-6054-713-9 13740